학문 목적 한국어 학습자를 위한 읽기 · 쓰기 연구

학문 목적
한국어
학습자를
위한

박현진

읽기
·
쓰기
연구

역락

머리말

이 책은 연구자로 산 지난 3년의 흔적을 모아놓은 것이다. 박사 학위를 받고 고려대학교 초빙 교수로 자리를 잡으면서 한국연구재단의 신진연구자지원사업에 선정되어 남긴 결과물이기도 하다. 지원을 받는다는 것은 연구의 창의성과 치밀함에 대한 칭찬이기도 하지만 책임과 의무를 동반하는 일이라 논문을 생산해 낼 수 있었다.

이 책에 수록된 논문들의 공통분모는 학문 목적 한국어 학습자이다. 한국어 교육을 시작한 이래 고급 학습자를 가르칠 기회가 많았기 때문에 제자들 중 대다수가 대학과 대학원에서 공부하고 있다. 외국인들이 처음 한국에 왔을 때는 한국어가 즐겁고 신나는 세상으로 들어가는 키같이 느껴졌을 텐데 학문의 장에 들어선 후에는 강의 수강, 세미나 참여, 보고서 쓰기로 무섭고 어려운 한국어가 되는 경우를 많이 보아왔다. 그들의 마음을 달래주며 구체적으로 돕고 싶었다.

1부는 2년간 지원받았던 정의적 요인, 그중 불안을 주제로 한 논문을 모은 것이다. 불안이란 주제를 선택한 이유는 한국어 교육 연구에서 정의적 요인 연구가 많지 않은 데다가 불안은 거의 다루어지지 않았던 감정이었기 때문이다. 2015년부터 2017년까지 고려대학교에서 외국인 학생을 위한 교육 과정 개발을 담당하는 교수로 재직하고 있었기 때문에 방대한 자료를 쉽게 모을 수 있었다. 양적 연구 방법을 처음으로 사용한 연구이기도 한데 동학이자 자문위원으로 함께 해준 전북대 김정은 교수가 있어 가능했다.

2부에는 1년간 지원받았던 학문적 글쓰기, 그중 요약하기, 바꿔 쓰기 기술을 주제로 한 논문을 모았다. 대학에 입학하여 공부하기를 결심한 외국인 학생들이 쓰기를 할 때 필요한 기술은 일반 목적 한국어 학습자들과 같지 않다. 독창적인 생각으로 내용을 구성하는 것도 중요하지만 그 못지않게 중요한 것이 학문적 글쓰기 형식에 맞게 표현하는 것이기 때문이다. 모국어로도 쓰기 어려운 학문적 글쓰기를 외국인에게 잘 가르치고 싶어서 고민하는 시간들이 있었다. 학문적 글쓰기에서 제일 중요한 게 무엇일까? 어떻게 하면 차근차근 가르칠 수 있을까? 배운 효과가 확실히 있어야 하는데…… 이러한 질문의 결과를 일부 논문으로 남겼고 함께 답을 생각해준 동료들이 내 인생에 더 오래 남게 되어 감사하다.

　　공부를 시작한 것은 대학원에 들어온 이후라 해야 할 것 같다. 공부는 했지만 연구 주제를 어떻게 잡을지, 어떤 방법을 사용할지를 두고 막막해 하던 시기가 있었다. 고려대학교 교양교육원에 있는 동안 연구하는 법을 배웠다. 전주대학교에 있는 동안 타지에 산다는 것이 어떤 것인지 체험하며 외국인들이 달리 보였다. 엄격한 교육자에 가까웠을 텐데 이제는 언제든 찾아와 '똑똑' 할 수 있는 교수가 되고 싶다. 연구 주제는 불안(anxiety)에서 즐거움(enjoyment)으로 바꾸고 대상은 학생에서 교사로 넓힐 계획이다. 새로운 주제와 방법론을 발견했을 때 느껴지는 희열과 완성된 논문이 주는 만족이 한결같기를 바란다. 연구자와 교육자로 살면서 닮고 싶은 스승이 있어 기쁘다. 학생들의 눈높이에서 정직하고 바른 스승의 모습을 보여주시는 김정숙 선생님께서 곁에 계셔 안심이다. 언제든 물을 수 있고 답을 들을 수 있다는 것을 생각하면 마음이 따뜻해진다.

　　나의 아빠가 갑자기 사라지고 아직 한 달이 되지 않는데 글을 쓰고 있다는 것이 송구하다. 작년부터 계획했던 출판이지만 지금 할 수밖에 없는 마무리 작업을 하며 잠시 일상을 느낀다. 아빠는 나를 태어나게 해준 사람이면서 가장 긴 시간을 공유한 남자이다. 일찍 일어나 움직이는 아빠의 발소리를 들을 수 없고, 밤늦게 라면 끓여 드시지 말라는 잔소리를 할 수 없고, 내 말 듣고 있냐고 되물을 수 없다는 것이 생각만으로도 아프다. 마지막에 아빠에게 전한 모든 진심과 입맞춤을 받고 가셔서 다행이지만 살갑지 못한 딸이었던 게 오래 미안할 것 같다. 더 잘 살겠다는 다짐으로, 훌륭하게 살았던 나의 아빠에게 이 책을 바친다.

2020년 1월
박현진

차례

제 4 장 중급 한국어 학습자의 한국어와 모국어의 쓰기 불안과 학업 성취도의 관계 / 107

제 5 장 중급 한국어 학습자의 한국어와 모국어의 쓰기 불안과 불안 요인의 상관성 / 143

제 6 장 초급 한국어 학습자의 읽기 불안 요인 / 165

제2부 학문적 글쓰기 방법 / 195

제1장 외국인 학부생의 학문적 글쓰기를 위한 바꿔 쓰기 교육 / 197

제2장 외국인 학부생을 위한 바꿔 쓰기 교육의 효과 / 229

제1부

학문적 읽기·쓰기와 정의적 요인의 관계

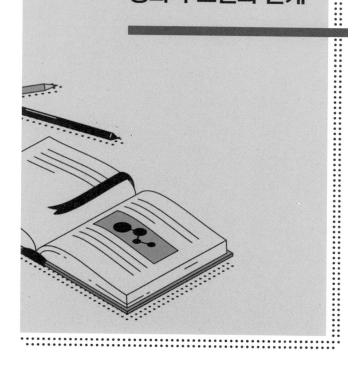

고급 한국어 학습자의 한국어 읽기 불안과 학업 성취도의 관계*

1. 서론

제2언어 학습에 영향을 미치는 변인에는 크게 인지적 요인과 정의적 요인이 있다. 인지적 요인은 학습자의 학습 유형이나 전략과 같이 학습자가 가지는 일정한 특성과 관련된다. 그러나 정의적 요인은 언어 학습 과정에 따라 변화하는 학습자 변인으로 간주되어 왔다(Clément & Kruidenier, 1985; Horwitz, Horwitz & Cope, 1986).

그중 불안은 자아 존중, 자아 효능감, 억제, 모험 시도와 연결된 개념으로 제2언어 습득에서 중요한 역할을 하는 정의적 요인이다(Brown, 2007:171). 학습자가 경험하는 불안은 주로 학습에 대한 우려, 걱정, 무서움, 학습 시간에 집중하지 못함, 결석 등과 같은 심리와 행동으로 나타난다(Tallon, 2009:112). 이러한 불안 반응은 학습자들에게서 일반적으

---

* 김정은(전북대 영어영문학과) 공저.

로 나타나며 학습자의 언어 수행에 부정적인 영향을 미친다고 알려져 왔다(Ely, 1986; Gardner & MacIntyre, 1993; Samimy & Tabuse, 1992; Young, 1986; Saito & Keiko, 1996).

언어 학습에서의 불안은 네 가지 언어 영역에서 모두 기인할 수 있다. 그런데 불안의 대상과 정도, 다른 요인과의 관계 등은 학습자의 특성에 따라 달라질 수 있다. 이 논문에서 주목하고자 하는 학문 목적 학습자에게 읽기는 모든 학문 활동에 기반이 되며 필수적으로 활용되는 언어 기능이다. 외국인 학부생은 읽기를 통해 학문 활동에 필요한 정보를 얻고 아이디어와 이론들에 대해 이해하게 된다. 또한 저자의 관점을 발견하고 글을 쓸 때 필요한 인용과 관점을 표현할 때 필요한 근거를 찾을 수 있다(Jordan, 1997:143).

이런 점에서 외국인 학부생의 읽기 불안은 학업 성취도뿐만 아니라 전체 학업의 성패에도 영향을 미칠 수 있다. 따라서 이 연구에서는 학문 목적 한국어 학습자 중 외국인 학부생이 느끼는 읽기 불안에 주목하며 다음과 같은 연구 문제를 설정한다.

1) 고급 수준의 한국어 학습자들의 한국어 읽기 불안의 특징과 읽기 불안을 구성하는 요인들은 무엇인가?
2) 고급 수준의 한국어 학습자들의 한국어 읽기 불안과 각 불안 항목의 관계는 어떠한가?
3) 고급 수준의 한국어 학습자들의 한국어 읽기 불안과 학업 성취도의 관계는 어떠한가?

2. 이론적 배경

2.1 읽기 불안과 외국인 학부생

학습자의 정의적 요인 중 동기, 불안, 전략 등은 제2언어 학습에서 꾸준히 관심의 대상이 되어 왔다. 그중 언어 불안은 말하기, 듣기 및 학습을 포함한 제2언어 상황과 관련하여 긴장과 불안을 느끼는 것이라고 할 수 있다(Maintyre & Gardner, 1994:284). Horwitz, Horwitz & Cope (1986:128)에 따르면 외국어 학습 불안(foreign language anxiety)은 단순히 외국어 학습에서 비롯된 두려움의 조합물(combination)이 아니며 "특정한 언어 학습 처리 상황에서 일어나는 교실 언어 학습과 관련된 자아 인식, 믿음, 감정 및 행동의 독특한 복합체(complex)"이다. 그런 이유에서 외국어 학습 불안은 여러 가지 다른 정의적 요인들 및 학습자의 개인 상황과 연결시켜 연구할 필요가 있다.

외국어 학습 불안에 대한 연구들을 보면 제2언어 학습에서 말하기를 할 때 가장 많은 불안을 유발하는 것으로 알려져 왔다(Clément, 1987; Horwitz, Horwitz & Cope, 1986; Brantmeier, 2005:68 재인용). 그러나 외국어 학습 불안이 말하기와만 특별히 관련되는 것은 아니다.

Saito, Horwitz & Garza(1999)는 읽기 불안을 일반적인 외국어 학습 불안과 구별되는 언어 기능별 불안이라고 보며 20개의 문항으로 외국어 읽기 불안 척도(Foreign Language Reading Anxiety Scale: FLRAS)를 개발한 바 있다. 이 연구 이후에 읽기 불안에 관한 연구는 읽기 불안에 영향을 미치는 요인, 읽기 불안과 다른 인지적, 정의적 요인들과의 상관관계, 읽기 불안과 학업 성취도의 관계 등 다양한 시도가 있었다. Horwitz, Horwitz & Cope(1986)와 Saito, Horwitz & Garza(1999)의 연구를 토대로 볼 때, 외국어 읽기 불안이란 외국어 학습 불안과 구분되는 것으로 특정한 언어의 읽기 과정 및 결과와 관련된 자아 인식, 믿음, 감정 및 행동의 독특한 복합체라고 정의할 수 있을 것이다.

이러한 읽기 불안은 외국인 학부생에게 중요한 정의적 요인이라고 할 수 있다. 외국인 학부생들에게 읽기는 모든 학문 활동을 위해 가장 기초적이며 필수적인 기능이기 때문이다. 이는 Ostler(1980)과 Hohl(1982)가 설문 연구를 통해 대학에서 제2언어로 영어를 공부하는 학습자들이 읽기 기능을 가장 필요로 한다고 밝힌 바를 통해서도 알 수 있다. 한국어 교육 연구에서도 읽기는 듣기와 함께 학업에서 가장 필요한 언어 기능으로 조사된 바 있다(이덕희, 2003). 이런 필요에 대한 반영으로 학문 목적 한국어 읽기 교육 및 교재 관련 연구들은 계속 이어지고 있다.

본래 읽기는 단순히 독자가 정보를 이해하고 획득하기 위한 활동이 아니라 독자와 텍스트의 상호작용을 통한 능동적인 정보처리 과정이다(Eskey, 1973; Coady, 1979). 그렇게 볼 때 학문 활동을 하는 학습자에게 읽기는 정보 획득과 함께 이론에 대해 이해하고 저자의 관점을 발견하며 인용할 대상을 찾는 과정이다. 따라서 학문이라는 목적이 정해진 학습자들에게 읽기 불안은 제2언어 학습 및 학문 활동에 큰 영향을 미칠 수 있는 정의적 요인이라고 할 수 있다.

2.2 읽기 불안 관련 선행 연구

언어 학습과 불안을 관련시킨 다수의 연구들 중 읽기 불안을 독립적으로 보기 시작한 것은 Saito, Horwitz & Garza(1999)이다. Saito, Horwitz

& Garza(1999)는 읽기 불안에 주목하여 외국어 교실 불안 척도(Foreign Language Classroom Anxiety Scale: FLCAS)와 구분되는 외국어 읽기 불안 척도(Foreign Language Reading Anxiety Scale: FLRAS)를 개발하였다. 그들은 20개의 문항으로 구성되어 있는 이 척도로 외국어 학습 불안과 읽기 불안의 관계와 언어에 따른 불안의 차이, 언어 수준과 읽기 불안의 관계에 대해 연구하였다. 그 결과 학습 언어에 따라 불안에 차이가 존재하며 학습자의 학업 성취도와 읽기 불안이 부정적 상관관계를 갖는 것으로 나타났다.

읽기 불안에 영향을 미치는 요인에 관한 연구로는 Sellers(2000), Shi & Liu(2006), Zhao, Dynia & Guo(2013) 등이 있다. Saito, Horwitz & Garza(1999)는 언어에 따른 표기 체계의 차이가 읽기 불안에 영향을 미친다는 것을 밝힌 바 있다. 이후 Sellers(2000), Shi & Liu(2006) 등은 FLRAS를 활용한 연구를 통해 Saito, Horwitz & Garza(1999)의 연구 결과를 지지하였다. 그러나 아직 표기 체계의 차이가 정확히 어떻게 읽기 불안과 관련되는지는 연구되지 않았다. 이외에도 Zhao, Dynia & Guo(2013)는 구절의 난이도가 높거나 익숙하지 않은 주제도 읽기 불안에 영향을 미친다고 보았다.

읽기 불안과 성취도의 관계를 살펴본 연구로는 Tucker, Hamayam & Genesee(1976), Hsu(2004), Zhao, Dynia & Guo(2013) 등이 있다. 읽기 불안과 성취도의 관계에 대한 연구는 상반된 결과를 보인다. Tucker, Hamayam & Genesee(1976)은 읽기 불안이 학습자의 읽기 능력과 부정적 상관관계를 보인다고 밝혔다. 반면 Hsu(2004)는 대만에서 영어를 공부하는 중학생을 대상으로 연구한 결과 읽기 불안과 읽기 능력 사이에 유의미한 상관관계나 나타나지 않았다. 또한 Zhao, Dynia & Guo(2013)는 중국어를 배우는 미국인 학부생을 대상으로 FLRAS를 사용하여 연구한 결과 언어 수준에 따라 다른 결과를 얻을 수 있었다. 초급1과 중급 수준에서는 읽기 불안과 읽기 성취도 간에 부정적인 상관이 있었으나 초급2 수준에서는 유의미한 상관관계가 없는 것으로 나타났다.[1]

　외국어로서의 한국어 교육에서 불안에 대한 연구는 많지 않다. 그러나 최근에는 일반적인 외국어 불안, 수업 불안, 의사소통 불안에 대한 연구에 이어 특정 언어 기능에 주목한 연구가 이루어지고 있다. 정설군·김영주(2016)은 말하기 불안과 구어 숙달도의 상관관계를 살펴보았으며 조인·김영주(2015)는 중국인을 대상으로 한국어 숙달도와 학습 기간에 따른 쓰기 불안에 대해 연구한 바 있다. 읽기 불안은 읽기 전략과 연계하여 살펴본 연구인 리셔첸(2010)과 김영주(2014)가 있고 장혜·김영주(2014)는 중국인 학습자의 읽기 불안에 대해 연구하였다. 또한 이효신(2012)는 읽기 불안이 읽기 동기 및 전략과 어떤 관계가 있는지 살펴보았다.

　읽기 불안에 주목한 연구를 자세히 보면 리셔첸(2010)은 읽기 불안과 읽기 전략 사이의 상관관계와 불안 수준에 따른 읽기 전략 사용의 차이를 살펴본다. 이 연구는 중국에서 한국어를 공부하는 KFL 학습자 131명에게 읽기 불안과 읽기 전략 설문을 한 후 자료를 분석한다. 읽기 불안은 FLRAS 20문항에 연구자가 중국인 학습자를 고려하여 5문항을 추가한 설문지를 통해 측정되었다. 그 결과 읽기 불안은 읽기 전략 사용에 전체적으로 부적 상관성을 보였으며 중·고급 학습자들에게 읽기 불안이 전략 사용에 더 큰 영향을 미치는 것으로 나타났다. 이 연구는 읽

---

1) 이러한 상반된 결과는 일반 외국어 불안과 학업 성취도에서도 유사하게 나타난다. Aida (1994), Horwitz, Horwitz & Cope(1986), MacIntyre & Gardner(1991) 등은 외국어 불안과 학업 성취도가 부정적 상관관계를 갖는다고 한 반면, Sparks & Ganschow(1991)은 이 둘 사이의 상관관계가 없다고 보고 정의적 요인이 아닌 학습자의 모국어 능력 차이가 학업 성취도 차이의 원인이라고 주장한다.

기 교육에서 학습자가 읽기 전략을 활발히 사용하게 하기 위해서 읽기 불안이 중요하게 다루어져야 한다고 정리한다. 특히 중·고급 학습자의 읽기 불안 조정이 전략 활용에 미치는 영향이 크다는 점을 강조하며 환경과 분위기가 성공적인 읽기의 중요한 요건임을 보여주었다는 점에서 의의가 있다고 할 수 있다.

김영주(2014)는 미국인 대학생 중 한국어 학습자를 대상으로 읽기 불안과 전략 사용에 대해 연구한다. 그는 미국인 한국어 학습자 100명을 대상으로 FLRAS를 사용하여 읽기 과정 중 불안과 전략 사용 양상을 알아보고, 이 둘의 상관관계를 살펴보고자 하였다. 설문과 인터뷰 방법을 통해 조사한 결과를 보면 설문 자료에서는 읽기 불안과 전략 사용에 명확한 상관성이 발견되지는 않았으나 개별 인터뷰를 통해 읽기 불안이 전략에 영향을 미치는 요인이 된다는 점을 언급하고 있다. 학습자의 언어 수준을 알 수 없다는 점이 아쉽지만 미국에서 한국어를 공부하는 학습자를 대상으로 연구 방법을 다각화하여 읽기 불안과 전략 사용에 대해 살펴보았다는 점에서는 의미가 있다고 하겠다.

장혜·김영주(2014)는 중국인 한국어 학습자의 읽기 불안에 집중하여 연구한다. 그들은 중국에서 KSL, KFL로 한국어를 배우는 중국인 학습자 174명을 대상으로 FLRAS를 사용하여 설문 조사하고 인터뷰 방법을 추가하여 읽기 불안 구성 요인과 학습자 변인에 따른 불안의 변화에 대해 살펴보았다. 그 결과 중국인 한국어 학습자의 읽기 불안 수준은 상당히 높은 편이었으며 불안 요인으로는 '생소한 주제와 언어 형태로 인한 불안', '이해에 대한 두려움', '한국어 읽기에 대한 부정적인 태도로 인한 두려움', '생소한 문화에 대한 두려움'을 도출하였다. 또한 여성의 불안이 남성보다 높았으며 학습 환경에서는 KSL 학습자보다 KFL 학습자가, 학습 기간에서는 1~2년 학습한 집단이 1년 이하나 2년 이상 학습한 집단보다 읽기 불안이 더 큰 것으로 나타났다. 이 연구는 중국인 학습자의 읽기 불안 요인과 학습자 변인에 따른 차이, 요인 간 상관관계를 꼼꼼히 살펴보고 있다는 점에서 의의가 있다고 하겠다. 그러나 남녀의 비율이 불균형한 점과 학습자의 수준이 고려되지 않은 점은 아쉬움으로 남는다.

이상의 연구들을 보면 특정 언어 기능에 대한 주목은 최근에 시도되고 있으며 그중 읽기 불안 연구는 한국이 아닌 학습자의 모국에서 조사된 경우가 많다는 것을 알 수 있다. 또한 학습자의 언어 수준과 학습 목적이 동일하지 않은 환경에서 읽기 불안이 측정된 경우가 대부분이다. 불안과 같은 정의적 요인은 학습자의 배경 및 학습 환경과 같은 요인이 결과에 큰 영향을 미칠 수 있다. 따라서 이 연구에서는 학문을 목적으로 한국 대학에서 공부하는 외국인 학부생들 중 언어 수준이 고급인 학습자들만을 대상으로 읽기 불안에 대해 살펴보고자 한다.

3. 연구 방법

3.1 학습 환경 및 연구 참여자 정보

이 연구에 참여한 학습자는 서울에 소재한 대학교에서 필수교양 과목인 '사고와 표현'을 수강하고 있는 1학년 학부생 40명이다. '사고와 표현'은 학부생의 학업 수행에 필요한 이해 및 표현 능력 함양을 목표로 하는 과목으로 모든 신입생이 필수로 수강하게 되어 있다. 특히 외국인 학부생을 대상으로 한 '사고와 표현'은 내용 중심 접근법 중 주제 중심 모형과 기능 중심 교수요목을 기반으로 교육 과정이 설계되어 있다.

참여자 중 남자 학습자는 7명, 여자 학습자는 33명이었으며 국적은 중국, 대만, 캐나다, 미국, 인도네시아, 벨기에, 우즈베키스탄으로 총 7개국이었다. 연령은 18세부터 24세까지 분포되어 있다. 이들은 모두 한국어능력시험 5급, 6급을 합격하여 한국어 능력이 고급임을 인증 받은 외국인 학부생이었다.

〈표 1〉 연구 참여자 정보

구분	변수
성별	남자(7명), 여자(33명)
국적	중국(31명), 대만(2명), 캐나다(2명), 미국(2명), 인도네시아(1명), 벨기에(1명), 우즈베키스탄(1명)
연령	18(2명), 19(11명), 20(10명), 21(11명), 22(3명), 23(1명), 24(2명)
한국어 능력	TOPIK 5급(22명), TOPIK 6급(18명)

3.2 연구 도구

3.2.1 읽기 불안 설문 조사

읽기 불안 조사 항목은 선행 연구에서 한국어 읽기 불안 측정 도구로 주로 쓰인 바 있는 Saito, Horwitz & Garza(1999)가 개발한 외국어 읽기 불안 척도(FLRAS)의 20개 문항을 수정 없이 그대로 사용하였다. 앞서 언급된 선행 연구를 통해 FLRAS는 제2언어로서의 한국어 연구 분야에서도 신뢰도 및 타당도가 상당 부분 검증되었을 뿐만 아니라 동일한 측정 도구를 사용함으로써 연구 간 결과 비교를 가능하게 한다는 장점이 있다. 연구에 사용된 문항은 "1=전혀 그렇지 않다, 2=그렇지 않은 편이다, 3=보통이다, 4=그런 편이다, 5=매우 그렇다"로 제시하여 5점 리커트 척도로 구성하였다. 설문 문항은 학습자의 이해를 돕기 위해 한국어, 영어, 중국어를 병기하였다.[2]

3.2.2. 학업 성취도 평가

학업 성취도는 학기 중 중간과 기말시험 점수를 활용하였다. 각 시험은 수업 중 배운 내용 지식을 평가하는 항목으로 구성되어 있었다. 따라서 중간, 기말시험에서는 내용 지식[3]에 대한 이해와 내용 지식에 기반한 비판적 사고 능력을 평가한다. 시험 문항은 객관식 문항(60%)과 서술형(40%)[4]으로 구성되었다. 이런 점에서 본 중간 및 기말시험은 일상생활에서 필요한 의사소통능력 함양을 목표로 하고 한국어 능력을 평가하는 일반적인 한국어 교육과 구분되며, 학습자들이 여타의 전공 및 교양 과목에서 치르게 되는 총괄 평가 형태의 시험과 유사하다. 이와 같은 이유로 본 시험은 학생들의 학업 성취도 능력을 반영한다고 할 수 있다. 이 연구에서 분석 시 사용한 학업 성취도 점수는 중간과 기말시험 성적의 합을 백분율로 변환하여 적용하였다.

---

2) 한국어 읽기 불안 측정 문항 20개는 부록1로 첨부한다.
3) 학습 단원별 주제를 보면 '역사와 사관', '철학과 사유', '인간을 위한 의인문학' 등으로 주제 중심 모형을 기반으로 교수요목이 설계되어 있다.
4) 서술식 답안의 세부 평가 항목은 조건 수행, 내용, 구성, 표현으로 구분하였으며 각각의 비율은 1:3:2:2로 적용하여 평가하였다.

3.3 연구 절차

한국어 읽기 불안에 대한 조사는 2016학년도에 대학 글쓰기 과목 수강생 중 언어 수준이 고급인 외국인 학부생을 대상으로 실시되었다. 읽기 불안 설문 조사 및 기초 인적 사항 조사는 학습자들에게 동의를 받은 후 2016년 12월 첫 번째 주에 온라인 설문 방식을 통해 이루어졌다. 학업 성취도 평가는 학기 중 중간, 기말시험 기간 중 각 한 차례씩 60분 동안 이루어졌다.

설문 조사 결과는 통계처리 프로그램인 SPSS 22를 사용해 분석하였다. 먼저 기술통계를 활용하여 설문 문항별 불안 평균과 표준편차를 조사하였다. 그 후 읽기 불안의 구성 요인을 알아보기 위해 요인분석과 신뢰도 분석을 실시하였다. 또한 전체 읽기 불안과 문항별 및 요인별 상관관계, 학업 성취도와의 상관관계를 알아보기 위해 스피어만 상관계수를 산출하여 상관관계 분석(Spearman rank-order correlation coefficient)을 실시하였다. 피어슨 상관계수와 달리 스피어만 상관계수는 서열척도(ordinal data)를 이용한 데이터 분석에 적합한 통계 분석 방법이다.

4. 결과 분석

4.1 한국어 읽기 불안의 특징

외국인 학부생의 한국어 읽기 불안에 대한 특징을 알아보기 위해 설문지의 신뢰도 검사를 실시하였다. 20개 문항으로 구성된 읽기 불안 설문지의 전체 신뢰도 계수는 0.893으로 높은 신뢰도를 보였다. 20개의 문항에 대한 평균은 2.6으로 다른 연구들과 비슷한 수준의 불안을 보였다. 20개 문항에 대한 평균과 표준편차를 <표 2>로 제시한다. 이 표는 불안 정도를 내림차순으로 정리한 것이다.

읽기 불안 설문 문항 중 외국인 학부생의 한국어 읽기 불안 정도가 가장 큰 문항은 평균 3.31의 불안도를 보인 문항 1이다. 문항 1은 "나는 한국어 읽기를 할 때 글 전체의 의미를 정확히 파악하고 있다는 확신이 들지 않으면 불안하다"라는 내용이다. 학습자가 전체 의미를 정확하게 파악해야 한다고 생각하며, 확신이 들지 않으면 불안이 유발된다는 것이다. 이는 연구 대상자가 학문 목적 학습자이며 언어 수준이 고급인 상황이기 때문에 특별히 높아진 수치라고 볼 수 있다. 고급 학습자의 경우, 모르는 어휘나 문법이 많지 않을 가능성이 높으며 오히려 단어의 일차적인 의미보다 행간의 의미나 주제가 파악되지 않을 때 불안이 야기될 수 있기 때문이다. 두 번째로 불안이 높은 것은 평균 3.23의 불안도를 보인 문항 16으로 "한국어 독해보다는 한국어 말하기를 배우는 것이 좋다"라는 내용이다. 학습자들이 독해보다 말하기 학습을 선호한다고 대답한 것을 통해 읽고 해석하는 것에 대한 학습 선호도가 말하기보다 낮다는 것을 알 수 있다.

그다음으로 읽기 불안도가 높은 문항은 평균 3.13의 불안도를 보인 문항 2로 "나는 한국어 읽기를 할 때 글 속의 단어들의 의미를 알고 있지만 필자가 하고자 하는 말이 무엇인지 이해하지 못 할 때가 있다"이다. 단어와 관련되는 다른 문항들 7, 11, 9의 내용은 모든 단어를 이해하지 못했을 때의 긴장감(평균 2.82), 새로운 단어에 대한 부담감(평균 2.79), 단어 하나하나를 번역하는 독해 습관(평균 2.76)이다. 이러한 문항들에 비해 문항 2가 높은 불안도를 보인 것은 고급 수준의 학습자의 특징이 반영된 결과라 하겠다. 즉 단어를 모르거나 새로운 단어의 의미를 학습하는 것에 대한 부담보다 의미를 알지만 맥락 내에서 필자

의 의도를 파악하는 것이 더 어려울 수 있으며 불안으로 인식될 수 있
다는 것을 보여준다.

네 번째로 높은 불안도를 보인 문항 20은 "한국어 독해를 잘하기 위
해서 한국의 역사와 사회, 문화에 대하여 잘 알고 있어야 한다고 생각
한다"(평균 2.95)이며 다섯 번째는 문항 5로 "나는 한국어 읽기를 할 때,
내가 잘 알지 못하는 장르, 주제에 대한 내용이 나오면 긴장된다"(평균
2.87)이다. 이 두 문항은 글의 배경, 주제와 관련된 것으로 내용 측면에
서 생소한 읽기가 제시될 때 외국인 학부생들의 불안이 커진다는 것
을 알 수 있다.

반면 읽기 불안 정도가 가장 낮은 문항부터 보면 문항 14, 12, 15의
순이다. 이들 문항은 "한국어 읽기는 어렵다", "나는 한국어 읽기를 싫
어한다", "한국어를 배우는데 가장 어려운 부분이 읽기이다"라는 내용
의 문항이다. 이들 문항의 불안 정도가 낮은 것으로 보아 고급 수준의
한국어를 구사하는 외국인 학부생은 학습자 학습 목적이 분명하며 언어
수준이 초·중급이 아니기 때문에 학습이나 읽기 자체에 대한 거부감을
크게 느끼지 않는다고 볼 수 있다. 그다음으로 읽기 불안 정도가 낮은
문항은 문항 13이다. 문항 13은 "한국어 읽기를 할 때 자신감이 없다"는
내용인데 고급 수준의 외국인 학부생의 경우 한국어를 읽을 때 자신
감 저하로 불안이 야기되는 정도는 크지 않다는 것을 확인할 수 있다.

〈표 2〉 한국어 읽기 불안 문항별 평균 및 표준편차

문항 번호	내용	평균	표준 편차
1	나는 한국어 읽기를 할 때 글 전체의 의미를 정확히 파악하고 있다는 확신이 들지 않으면 불안하다.	3.31	1.10
16	한국어 독해보다는 한국어 말하기를 배우는 것이 좋다.	3.23	1.33

2	나는 한국어 읽기를 할 때 글 속의 단어들의 의미를 알고 있지만 필자가 하고자 하는 말이 무엇인지 이해하지 못 할 때가 있다.	3.13	1.03
20	한국어 독해를 잘하기 위해서 한국의 역사와 사회, 문화에 대하여 잘 알고 있어야 한다고 생각한다.	2.95	0.86
5	나는 한국어 읽기를 할 때, 내가 잘 알지 못하는 장르, 주제에 대한 내용이 나오면 긴장된다.	2.87	1.26
3	나는 한국어 읽기를 할 때, 긴장되고 혼란스러워 지금 읽고 있는 내용에 대하여 기억을 잘 못한다.	2.82	1.23
7	한국어 읽기를 할 때, 모든 단어를 이해하지 못하면 긴장이 되고 당황스럽다.	2.82	1.23
11	한국어 읽기를 할 때, 새로운 한국어 단어를 알아야 한다는 것은 괴로운 일이다.	2.79	1.30
9	나는 한국어 읽기를 할 때 단어 하나하나를 번역한다.	2.77	1.27
17	여러 사람 앞에서 큰소리로 한국어 지문을 읽는 것은 긴장되고 불편하다.	2.72	1.23
6	한국어 읽기를 할 때, 모르는 문법규칙이 나오면 당황스럽다.	2.69	1.15
10	처음 보는 한국어 단어를 보면, 나는 읽고 있는 내용을 기억하기 힘들다.	2.67	1.01
4	나는 온통 한국어로 쓰인 페이지를 보면 두려워진다.	2.62	1.23
18	* 지금 나의 한국어 읽기능력 수준에 만족한다.5) (불만족한다)	2.59	0.94
19	한국의 문화와 사고방식이 나에게는 익숙하지 않다.	2.44	0.97
8	한국어 읽기를 할 때, 내가 발음할 수 없는 단어가 나오면 혼란스러워진다.	2.38	1.25
13	* 나는 한국어 읽기를 할 때 자신감이 있다. (자신감이 없다)	2.15	1.01
15	한국어를 배우는데 가장 어려운 부분은 읽기(독해)이다.	2.08	1.09
12	* 나는 한국어 읽기를 좋아한다. (싫어한다)	1.67	0.93
14	* 일단 익숙해지면 한국어 읽기는 별로 어렵지 않다. (어렵다)	1.31	0.98

---

5) *표가 되어 있는 문항은 역방향 문항이었기 때문에 불안 정도를 분석하는 과정에서 척도 값을 역으로 처리하였다.

4.2 한국어 읽기 불안의 구성 요인

첫 번째 연구 문제 중 한국어 읽기 불안을 구성하는 구성 요인을 조사하기 위해 요인분석을 실시하였다. 표본이 요인분석을 하기에 적합한지 확인하기 위해 표본 적합도(Kaiser-Meyer-Olkin, KMO)와 Bartlett의 구형성 검정을 하였다. 그 결과 표본 적합도(KMO)는 0.755이고 구형성 검정치의 유의 수준이 0.001 이하로 나타났다. 이를 통해 요인분석에 적합하다는 것을 확인할 수 있다.

〈표 3〉 KMO와 Bartlett의 구형성 검정

표준형성 적절성의 Kaiser-Meyer-Olkin 측도		0.755
Bartlett의 구형성 검정	근사 카이제곱	443.994
	자유도	190
	유의확률	0.000

20개 문항을 주성분 분석(principal component analysis)과 직각회전 방식 중 베리맥스 회전(varimax rotation)을 사용하여 요인분석을 실시하였다. 요인의 수를 결정하는 방법에는 다음의 세 가지가 사용되었는데, 이는 각각 아이겐값(eigenvalue, 아이겐값이 1보다 클 경우), 설명력(variance, 설명력의 누적 총 합이 70일 때), 그리고 스크리 도표(scree plot, 스크리 도표의 선 그래프가 체감하기 직전까지의 요인의 수)이다〈표 4〉. 이와 같은 기준을 통해 본 요인분석은 총 5개의 요인을 추출하였다.

〈표 4〉 주성분 분석을 위한 요인별 아이겐값과 설명력

요인	아이겐값	설명력(%)	누적 설명력 (%)
1	7.943	39.713	39.713
2	1.932	9.660	49.373
3	1.719	8.595	57.967
4	1.356	6.781	64.783
5	1.185	5.924	70.672

   Comrey & Lee(1992)에 따르면 요인적재값(factor loading)은 0.71 이상일 경우, 아주 적합(excellent)으로 판정되며, 0.50 이상일 경우 적합(good)으로 판정된다. 반면 0.50 미만일 경우에는 다소 부적합, 부적합 혹은 매우 부적합으로 판정된다. 이에 따라 본 연구에서는 요인적재값이 0.5 이상인 경우 유의미한 적재값으로 판단하였다. 한 문항에서 두 요인 이상에 걸쳐 비슷한 요인적재값을 보이는 경우(예: 문항 3의 경우, 요인1에 대한 요인적재값이 0.445, 요인2에 대한 요인적재값이 0.591), Bedford(1997)가 제안한 방법에 따라 교차적재(cross-loading)로 판단, 추후 분석에서 제외하였다. Bedford(1997)은 요인 간 절대값 0.2 이하의 적재값 차이는 교차적재이며, 이는 한 문항이 두 요인 이상에 대해서 유의미한 상관관계를 보이기 때문이라고 하였다. 따라서 이와 같은 기준에 의해 0.2 이하의 적재값 차이를 보이는 5개의 항목인 문항 3, 5, 6, 11, 15의 가장 큰 요인적재값이 0.5 이상을 보임에도 불구하고, 다음으로 높은 요인적재값과의 차이가 0.2 이하이기에 교차적재로 판단, 이후 분석 및 논의에서 제외되었다. 요인분석을 통해 얻어진 한국어 읽기 불안의 5개 하부 요인은 〈표 5〉와 같다.

〈표 5〉 회전된 성분 행렬

문항 번호	요인 1	요인 2	요인 3	요인 4	요인 5
1	0.096	0.801	0.379	0.051	−0.141
2	0.751	0.274	0.251	0.093	−0.224
3	0.445	0.591	0.378	0.022	−0.219
4	0.432	0.781	0.014	0.034	0.111
5	0.580	0.492	0.343	−0.090	0.019
6	0.453	0.321	0.533	0.062	0.015
7	0.362	0.371	0.646	−0.095	−0.287
8	0.116	0.214	0.859	0.065	0.115
9	0.658	0.083	0.283	0.094	−0.341
10	0.726	0.320	0.133	−0.186	−0.036
11	0.392	0.447	0.599	−0.015	−0.090
12	−0.755	−0.126	0.306	−0.083	0.059
13	−0.693	−0.330	−0.201	−0.061	−0.005
14	−0.760	−0.106	−0.246	0.043	−0.316
15	0.236	−0.052	0.085	−0.407	0.560
16	−0.183	0.098	−0.048	0.158	0.795
17	0.132	0.689	0.135	−0.082	0.391
18	−0.560	−0.025	−0.285	0.191	−0.025
19	0.073	0.083	−0.086	0.867	0.028
20	−0.049	−0.217	0.484	0.695	0.121

요인 1에는 문항 2, 9, 10, 12, 13, 14, 18이 해당한다. 요인 2는 문항 1, 4, 17이 해당하며, 요인 3에는 문항 7, 8이 해당한다. 요인 4는 문항 19, 20으로, 요인 5는 문항 16으로 구축되었다. 이러한 과정을 통해 5개의 요인과 그에 해당하는 문항이 정리되었다.

다음으로 추출된 5개의 요인들에 해당하는 설문 문항들의 문항 내적 일치도를 알아보기 위해 문항들의 신뢰도(reliability)를 측정하였다. <표 6>에서 볼 수 있듯이 대부분의 요인들의 Cronbach's 알파값이 0.60을 넘어 본 연구 분석 자료로 채택하는데 적합한 것으로 판단되었다(한 개의 항목으로 구성된 요인 5 제외). 요인분석과 신뢰도 분석을 통해 타당성을 갖춘 한국어 읽기 불안의 5개 요인과 이에 해당하는 설문 문항 및 Cronbach's 알파값을 정리하면 다음과 같다.

〈표 6〉 읽기 불안 구성 요인별 설문 문항과 신뢰도 계수

읽기 불안 요인	문항 수	문항 번호	Cronbach's 알파값
요인 1	7	2, 9, 10, 12, 13, 14, 18	0.861
요인 2	3	1, 4, 17	0.798
요인 3	2	7, 8	0.736
요인 4	2	19, 20	0.613
요인 5	2	16	--6)

요인 1을 구성하는 문항들은 "나는 한국어 읽기를 할 때 글 속의 단어들의 의미를 알고 있지만 필자가 하고자 하는 말이 무엇인지 이해

---

6) Cronbach's 알파값을 이용한 신뢰도 검사는 두 문항 이상 간의 내적 합치도 지수를 말한다. 따라서 한 문항으로 구성된 요인 5의 경우, 이와 같은 신뢰도 검사가 불가능하다.

하지 못 할 때가 있다", "나는 한국어 읽기를 할 때 단어 하나하나를 번역한다", "처음 보는 한국어 단어를 보면, 나는 읽고 있는 내용을 기억하기 힘들다", "한국어 읽기를 싫어한다", "자신감이 없다", "읽기는 어렵다", "읽기 수준에 만족하지 않는다"라는 내용의 문항들이다. 요인 1에 해당하는 문항 중 요인적재값이 가장 높은 것은 문항 2로 단어의 의미를 알아도 필자의 메시지 파악이 안 될 때 느끼는 불안감이다. 이와 함께 다른 문항들도 읽기 행위보다 내용이나 의도 파악과 같은 이해에서 비롯된 불안이라고 볼 수 있어 "이해 관련 불안"이라고 명명한다.

요인 2를 구성하는 문항들은 "나는 한국어 읽기를 할 때 글 전체의 의미를 정확히 파악하고 있다는 확신이 들지 않으면 불안하다", "나는 온통 한국어로 쓰인 페이지를 보면 두려워진다", "여러 사람 앞에서 큰 소리로 한국어 지문을 읽는 것은 긴장되고 불편하다"이다. 이 문항들은 읽기 이해에 관한 불안도 있지만 한국어 문자를 볼 때나 한국어를 소리 내어 읽을 때와 같이 읽기 행위가 동반되는 불안을 말한다. 따라서 이들을 "외국어 읽기 관련 불안"으로 명명한다.

요인 3을 구성하는 문항들은 "한국어 읽기를 할 때, 모든 단어를 이해하지 못하면 긴장이 되고 당황스럽다", "한국어 읽기를 할 때, 내가 발음할 수 없는 단어가 나오면 혼란스러워진다"이다. 이 문항들은 낯선 단어에 대한 당혹스러움과 의미 파악에서 비롯된 긴장에 대해 말하고 있다. 따라서 이들을 "어휘 관련 불안"이라고 하겠다.

요인 4를 구성하는 문항들은 "한국의 문화와 사고방식이 나에게는 익숙하지 않다", "한국어 독해를 잘하기 위해서 한국의 역사와 사회, 문화에 대하여 잘 알고 있어야 한다고 생각한다"이다. 이 문항들은 한국 문화에 대한 이해가 읽기에 영향을 미친다는 생각을 반영하고 있다. 따라서 이들을 "문화 관련 불안"이라고 명명한다.

요인 5의 문항은 "한국어 독해보다는 한국어 말하기를 배우는 것이 좋다"이다. 이는 독해에 대한 비선호에 대한 의식을 보여준다. 따라서 "부정적 인식 관련 불안"이라고 명명하고자 한다. 5개 읽기 불안 구성 요인과 각 요인에 해당하는 문항 내용을 정리하면 <표 7>과 같다.

<표 7> 한국어 읽기 불안 구성 요인과 내용

불안 요인	문항 번호	문항 내용
이해 관련 불안	2	나는 한국어 읽기를 할 때 글 속의 단어들의 의미를 알고 있지만 필자가 하고자 하는 말이 무엇인지 이해하지 못 할 때가 있다.
	9	나는 한국어 읽기를 할 때 단어 하나하나를 번역한다.
	10	처음 보는 한국어 단어를 보면, 나는 읽고 있는 내용을 기억하기 힘들다.
	12	나는 한국어 읽기를 좋아한다. (역방향: 싫어한다)
	13	나는 한국어 읽기를 할 때 자신감이 있다. (역방향: 자신감이 없다)
	14	일단 익숙해지면 한국어 읽기는 별로 어렵지 않다. (역방향: 어렵다)
	18	지금 나의 한국어 읽기능력 수준에 만족한다. (역방향: 만족하지 않는다)
외국어 읽기 관련 불안	1	나는 한국어 읽기를 할 때 글 전체의 의미를 정확히 파악하고 있다는 확신이 들지 않으면 불안하다.
	4	나는 온통 한국어로 쓰인 페이지를 보면 두려워진다.
	17	여러 사람 앞에서 큰소리로 한국어 지문을 읽는 것은 긴장되고 불편하다.

어휘 관련 불안	7	한국어 읽기를 할 때, 모든 단어를 이해하지 못하면 긴장이 되고 당황스럽다.
	8	한국어 읽기를 할 때, 내가 발음할 수 없는 단어가 나오면 혼란스러워진다.
문화 관련 불안	19	한국의 문화와 사고방식이 나에게는 익숙하지 않다.
	20	한국어 독해를 잘하기 위해서 한국의 역사와 사회, 문화에 대하여 잘 알고 있어야 한다고 생각한다.
부정적 인식 관련 불안	16	한국어 독해보다는 한국어 말하기를 배우는 것이 좋다.

한국어 읽기 불안 요인들의 평균과 표준편차는 <표 8>을 통해 확인할 수 있다. 표에서 알 수 있듯이 '외국어 읽기 관련 불안'이 평균 2.88로 가장 높은 불안을 보였으며 그다음으로 '문화 관련 불안'이 평균 2.73의 불안도를 보였다. 전체적으로 5개 불안 요인의 평균값은 큰 차이를 보이지 않았다.

<표 8> 한국어 읽기 불안 요인들의 평균과 표준편차

읽기 불안 구분	평균	표준편차
이해 관련 불안	2.70	0.89
외국어 읽기 관련 불안	2.88	0.98
어휘 관련 불안	2.58	1.10
문화 관련 불안	2.73	0.79
부정적 인식 관련 불안	2.26	0.51

4.3 한국어 읽기 불안과 읽기 불안 항목의 관계

두 번째 연구 문제인 한국어 학습자의 읽기 불안이 읽기 불안 항목과 어떤 관계를 가지고 있는지 알아보기 위해 전체 읽기 불안과 문항별 읽기 불안, 요인별 읽기 불안 사이의 상관관계 분석을 실시하였다. 우선 전체 읽기 불안과 문항별 읽기 불안의 상관관계를 분석하였다. 이중 읽기 불안 요인분석에서 설명력이 낮아 제거된 문항은 분석에서 제외하였다.

분석 결과를 보면 문항 16, 19, 20을 제외한 모든 문항에서 유의미한 관계를 가지는 것으로 나타났다. 전체 읽기 불안과 상관관계가 가장 높은 것은 0.777의 상관관계를 보인 문항 2였다. 이 문항은 "나는 한국어 읽기를 할 때 글 속의 단어들의 의미를 알고 있지만 필자가 하고자 하는 말이 무엇인지 이해하지 못 할 때가 있다"는 내용으로 요인 1을 구성하는 문항 중 요인적재값이 가장 높은 문항이기도 하다. 두 번째로 높은 0.775의 상관관계를 보인 문항 7은 "한국어 읽기를 할 때, 모든 단어를 이해하지 못하면 긴장이 되고 당황스럽다"는 내용이다. 단어에 대한 완벽한 이해가 되지 않으면 불안감이 높아진다는 것을 확인할 수 있다. 문항 13, 10도 0.751, 0.718의 높은 상관을 보이고 있다. 이 두 문항은 이해 부족에서 야기되는 자신감 저하와 처음 보는 단어에 대한 부담에 대한 내용으로 전체 읽기 불안과 높은 상관관계를 보였다.

다섯 번째로 높은 상관을 보인 문항은 0.682의 상관을 보인 한국어 읽기가 어렵다는 내용의 문항 14이었다. 그다음은 0.669의 상관을 보인 한국어 문자로 가득 쓰여진 페이지가 야기하는 불안을 말한 문항 4였다. 단어 번역에서 오는 불안 내용인 문항 9는 0.651의 상관을 보였으며 의미 이해에 대한 불확신에서 오는 불안 내용인 문항 1은 0.634의 상관을, 발음하지 못하는 단어에서 오는 불안 내용인 문항 8은 0.616의 상관을 전체 불안과 갖는 것으로 나타났다.

상대적으로 낮은 상관관계를 보인 문항은 문항 18, 17, 12였다. 전체 읽기 불안과 읽기 수준에 대한 불만족은 0.518의 상관관계를 보였으며 (문항 18), 큰 소리로 읽는 것에 대한 불안은 0.501(문항 17), 읽기를 싫어 한다는 내용인 문항 12는 0.459로 가장 낮은 상관관계를 나타냈다. 전체 읽기 불안과 문항별 읽기 불안의 상관관계를 표로 정리하면 <표 9>와 같다.

<표 9> 전체 읽기 불안과 문항별 읽기 불안의 상관관계

문항 번호	전체 한국어 읽기 불안	
	Spearman 상관	유의확률(양측)
1	0.634**	0.000
2	0.777**	0.000
4	0.669**	0.000
7	0.775**	0.000
8	0.616**	0.000
9	0.651**	0.000
10	0.718**	0.000
12	0.459**	0.003
13	0.751**	0.000
14	0.682**	0.000
16	0.023	0.888

17	0.501**	0.001
18	0.518**	0.001
19	0.151	0.352
20	0.124	0.447

*: $p < 0.05$ 수준, **: $p < 0.01$ 수준

　다음으로 전체 읽기 불안과 요인별 읽기 불안의 상관관계를 분석하였다. 읽기 불안 구성 요인 5개와 전체 읽기 불안의 상관관계를 살펴본 결과 3개의 요인, 즉 '이해 관련 불안', '외국어 읽기 관련 불안', '어휘 관련 불안'과 유의미한 관계를 가지는 것으로 나타났다. 가장 높은 상관관계를 보이는 것은 '이해 관련 불안'으로 0.881의 상관관계를 보였다. 이를 통해 의미 이해가 잘 이루어지지 않을 때 전체 읽기 불안이 커진다는 것을 확인할 수 있었다. '외국어 읽기 관련 불안'도 0.841의 높은 상관성을 보였는데 문자를 읽는 행위나 문자 자체에서 외국어가 야기하는 불안이 전체 읽기 불안을 높이는 요인으로 작용함을 알 수 있었다. 또한 어휘 관련 불안과 전체 읽기 불안도 0.780의 상관관계를 나타냈다. 이상의 내용은 다음 <표 10>을 통해 확인할 수 있다.

<표 10> 전체 읽기 불안과 요인별 읽기 불안의 상관관계

		이해	외국어 읽기	어휘	문화	부정적 인식
전체 한국어 읽기 불안	Spearman 상관	0.881**	0.841**	0.780**	0.162	0.023
	유의확률 (양측)	0.000	0.000	0.000	0.318	0.888
	N	40	40	40	40	40

*: $p < 0.05$ 수준, **: $p < 0.01$ 수준

제 1 부 학문적 읽기 · 쓰기와 정의적 요인의 관계 41

4.4 읽기 불안과 학업 성취도의 관계

세 번째 연구 문제인 외국인 학부생의 읽기 불안과 학업 성취도의 관계를 알아보기 위해 전체 학습자 대상 한국어 읽기 불안과 학업 성취도의 상관분석을 실시하였다. 그 결과 전체 읽기 불안과 학업 성취도는 상관관계를 갖지 않는 것으로 나타났다. 즉 언어 수준이 고급에 해당하는 외국인 학부생의 경우 전체 한국어 읽기 불안이 학업 성취도에 유의미한 영향을 미치지는 않는다는 것을 알 수 있다. 분석 내용은 <표 11>을 통해 확인할 수 있다.

<표 11> 전체 한국어 읽기 불안과 학업 성취도의 상관관계

		학업 성취도
	Spearman 상관	−0.286
전체 한국어 읽기 불안	유의확률(양측)	0.073
	N	40

*: $p < 0.05$ 수준, **: $p < 0.01$ 수준

전체 한국어 읽기 불안과 학업 성취도 사이에 상관관계는 없지만 특정 읽기 불안 요인과 학업 성취도 간의 상관관계가 있는지를 보기 위해 각 불안 요인들과의 상관관계 분석을 시도하였다. 그 결과 학업 성취도와 요인 1인 '이해 관련 불안'이 −0.341의 부정적 상관관계가 있는 것으로 나타났다. 이외에 요인2~5에 해당하는 외국어 읽기와 어휘, 문화, 부정적 인식 관련 불안과는 상관관계를 가지지 않는 것으로 나타났다. 이를 통해 '이해 관련 불안'이 높아지면 학업 성취도 점수가 낮아진다는 것을 알 수 있었다.

〈표 12〉 요인별 한국어 읽기 불안과 학업 성취도의 상관관계

		이해	외국어 읽기	어휘	문화	부정적 인식
학업 성취도	Spearman 상관	-0.341*	-0.213	-0.166	0.078	0.105
	유의확률 (양측)	0.031	0.187	0.305	0.633	0.521
	N	40	40	40	40	40

*: $p < 0.05$ 수준, **: $p < 0.01$ 수준

5. 논의

이 연구는 한국에서 학문 목적으로 한국어를 공부하는 외국인 학부생을 대상으로 읽기 불안의 특징과 읽기 불안을 구성하는 요인, 읽기 불안과 읽기 불안 문항 및 요인과의 관계, 읽기 불안과 학업 성취도의 관계를 분석하는 것을 목적으로 하였다.

첫 번째 연구 문제는 외국인 학부생의 한국어 읽기 불안의 특징 및 구성하는 요인을 알아보는 것이었다. 먼저 읽기 불안을 측정한 결과 고급 수준의 한국어를 구사하는 외국인 학부생의 읽기 불안 평균은 2.6이었다. 이는 Saito, Horwitz & Garza(1999)의 2.64, Zhao, Dynia & Guo(2013)의 2.68, 이효신(2012)의 2.74와 비슷한 수준이었으며 장혜·김영주(2014)의 3.12보다는 낮은 결과였다. 기존의 연구들이 제2언어나 외국어 읽기 불안을 학습자의 모국에서 측정한 결과였던 데 반해 이 연구는 학습자의 모국이 아닌 곳에서 읽기 불안을 측정했다는 점이 영향을 미친 것이라 본다. 또한 특정 수준의 학습자로 대상자를 제한하지 않았던 기존 연

구와 달리 이 연구는 언어 수준이 고급인 학습자들만을 대상으로 했기 때문에 다른 연구에서 측정된 불안보다 높지 않은 불안도를 나타냈다고 보인다.

불안 구성 요인분석 결과 불안 요인은 5개로 분류되었다. 요인 1은 '이해 관련 불안', 요인 2는 '외국어 읽기 관련 불안', 요인 3은 '어휘 관련 불안', 요인 4는 '문화 관련 불안', 요인 5는 '부정적 인식 관련 불안'으로 명명하였다. 이러한 구성 요인은 중국 소재 대학의 중국인 한국어 학습자를 대상으로 한 이효신(2012), 장혜・김영주(2014)와 미국 소재 대학에서 한국어를 학습하는 미국인 대학생을 대상으로 한 김영주(2014)의 읽기 불안 구성 요인분석 결과와 비교해 볼 수 있다. 그들의 연구에 따르면 이효신(2012)가 분류한 ① 단어 및 문법 불안, ② 한국어 읽기의 두려움, ③ 자신감의 부족, ④ 읽기 습관, ⑤ 부정적 인식, ⑥ 문화 및 주제 불안의 6개 구성 요인 중 ①, ②, ⑤, ⑥이 비슷한 구성요인이라는 것을 알 수 있었다. 그러나 본 연구의 대상자들은 이효신(2012)의 요인 1에 포함된 문법에 대한 불안은 특별히 높지 않았다는 점에서 차이가 있었다.

장혜・김영주(2014)의 요인분석 결과인 ① 생소한 주제와 언어 형태로 인한 불안, ② 글의 이해에 대한 두려움, ③ 한국어 읽기에 대한 부정적인 태도로 인한 두려움, ④ 생소한 문화에 대한 두려움은 ②, ③, ④의 요인이 본 연구의 결과와 비슷한 요인이었다. 그러나 장혜・김영주(2014)에서는 '생소한 주제와 언어 형태로 인한 불안'의 설명력이 가장 높았던 것에 반해 본 연구에서는 '외국어 읽기 관련 불안'이 가장 설명력이 높았으며 그중에서도 정확한 의미 파악에 대한 확신이 없을 시 불안이 야기된다에 대한 설명력이 높았다. 이는 오랜 기간 한국어를 접하고 대학에 진학한 학습자이기 때문에 생소한 언어 형태에서 오는 불안은 높지 않았던 것으로 볼 수 있다.

또한 김영주(2014)는 ① 새로운 단어와 읽기에 대한 부정적인 태도로 인한 두려움, ② 문법, 단어, 의미 이해, 소리내어 읽기에 대한 두려움, ③ 저자의 의도 및 친숙하지 않은 주제로 인한 두려움으로 읽기 구성 요인을 나누었다. 그의 연구에서 요인 1이 가장 높은 설명력을 가지고 있는 것을 볼 때 영어권 학습자에게 한국어는 문자 체계와 생성원리가 다른 언어이므로 새로운 단어에 대한 두려움이 본 연구와 달리 커진 것이라 보인다.

두 번째 연구 문제는 외국인 학부생의 한국어 읽기 불안과 읽기 불안 문항 및 요인과의 관계에 대한 것이다. 전체 읽기 불안과 문항별 읽기 불안 상관분석은 16개 문항을 대상으로 이루어졌다. 그 결과 4개의 문항을 제외한 12개의 문항과 전체 읽기 불안 사이에 상관관계가 있는 것으로 나타났다. 전체 읽기 불안과 가장 높은 상관을 보인 문항은 "나는 한국어 읽기를 할 때 글 속의 단어들의 의미를 알고 있지만 필자가 하고자 하는 말이 무엇인지 이해하지 못 할 때가 있다"였다. 이를 통해 고급 수준의 한국어를 구사하는 외국인 학부생들의 경우 새로운 단어나 단어의 일차적인 의미 때문에 불안을 느끼는 것이 아니라 필자의 의도, 맥락 내 의미 파악에서 불안이 야기된다는 것을 확인할 수 있었다.

전체 읽기 불안과 요인별 읽기 불안의 상관관계 분석에서는 요인 1 '이해 관련 불안'과 요인 2 '외국어 읽기 관련 불안', 요인 3인 '어휘 관련 불안'과 상관관계가 있는 것으로 나타났다. 그중 요인 1 '이해 관련 불안'이 가장 높은 0.881의 상관관계를 나타냈다. 이는 외국인 유학생에게 읽기가 단순히 읽는 행위에서 그치지 않고 의미 파악 활동으로 인식되며 불안이 동반된다는 것을 확인할 수 있는 결과였다. 요인

2 '외국어 읽기 관련 불안'(0.841)은 많은 양의 한국어 읽기나 수업 환경과도 관련되는 불안이라고 보인다. 학습자가 독해할 양이 많아지거나 타인들 앞에서 낭독해야 할 상황에서 외국어로서의 한국어가 낳는 불안이 전체 읽기 불안에 유의미한 영향을 미친다는 것을 알 수 있었다. 또한 '어휘 관련 불안'도 전체 읽기 불안에 유의미한 영향을 미치는 것으로 나타났는데 이를 통해 고급 수준의 외국인 유학생의 경우 문법이 아닌 어휘에 대한 부담이 크다는 것을 알 수 있었다. 이는 대학 입학 후 외국인 유학생이 학문 활동을 하기 위해 알아야 하는 전공 관련 어휘의 양과 수준이 입학 전과 많이 다르기 때문인 것으로 보인다.

반면에 요인 4와 5에 해당하는 '문화 관련 불안'과 '부정적 인식 관련 불안'은 전체 읽기 불안에 유의미한 영향을 미치지 않는 것으로 나타났다. 학습자가 놓인 환경이 목표어 환경이기 때문에 사회 문화적인 지식 부족이 상대적으로 큰 불안을 야기하지 않는다는 것을 알 수 있었다. 또한 독해를 선호하지 않더라도 그것이 전체 읽기 불안과 상관관계를 보이지는 않는다는 것을 알 수 있었다.

세 번째 연구 문제는 외국인 학부생의 한국어 읽기 불안과 학업 성취도의 관계에 대한 것이다. 분석 결과 전체 한국어 읽기 불안은 학업 성취도에 유의미한 영향을 미치지 않는 것으로 나타났다. 이는 외국어 불안과 학업 성취도 사이에 상관관계가 없다고 말한 Sparks & Ganschow(1991)의 결과와 같다. 그러나 모든 수준의 학습자에게서 외국어 불안과 학업 성취도 간에 부정적인 관계가 있었으며 특히 고급 수준의 집단에게서 가장 높은 부정적인 상관관계가 나타났던 권유진 · 김영주(2014)의 연구와는 다른 결과이다. 한편 Zhao, Dynia & Guo(2013)와 같이 초급1과 중급 집단에서는 읽기 불안과 읽기 성취도 간에 보통 정도의 부정적인 상관이 있었으나 초급2에서는 상관관계가 나타나지 않았다는 결과도 있다. 이와 같이 다양한 결과가 도출된 것으로 볼 때 읽기 불안과 학업 성취도 간의 상관관계는 학습 환경이나 목적의 차이가 결과에 크게 영향을 미치는 것으로 보인다. 권유진·김영주(2014)는 대학 부설 한국어 교육 기관의 학습자를 대상으로 한 연구이며 Zhao, Dynia & Guo(2013)는 미국 내 대학생 중 중국어 학습자를 대상으로 한 연구였다. 본 연구는 한국 소재 외국인 학부생을 대상으로 하였기 때문에 기존 연구 결과와 차이가 발생했다고 보인다.

읽기 불안 요인별로 보았을 때는 요인 1인 '이해 관련 불안'과 학업 성취도 사이에 -0.341의 부정적 상관관계가 있는 것으로 나타났다. 이를 통해 학습자가 '이해 관련 불안'이 클 때는 학업 성취도에 부정적인 영향을 미칠 수 있다는 것을 알 수 있었다.

6. 결론

이 연구는 외국인 학부생을 대상으로 그들이 느끼는 읽기 불안의 구성 요인과 읽기 불안과 각 항목의 관계, 읽기 불안과 학업 성취도의 관계를 분석하는 데에 목적이 있었다. 한국에 소재한 대학에서 공부하는 고급 수준의 한국어 능력을 인증 받은 학습자를 연구 대상으로 했다는 점은 기존의 연구들과의 차별점이라고 할 수 있다.

고급 수준의 한국어를 구사하는 외국인 학부생을 대상으로 읽기 불안 척도를 통해 읽기 불안을 연구한 결과 외국인 유학생들은 다른 연구에서와 유사한 수준의 읽기 불안을 경험하고 있는 것으로 나타났다. 읽기 불안 구성 요인으로는 '이해 관련 불안', '외국어 읽기 관련 불안', '어휘 관련 불안', '문화 관련 불안', '부정적 인식 관련 불안'이 나타났다. 불안 요인 중 '외국어 읽기 관련 불안'의 설명력이 가장 컸으며 다른 연구들에서 나타나는 문법 관련 불안은 불안 구성 요인으로 나타나지 않았다. 또한 '문화 관련 불안'과 '부정적 인식 관련 불안'이 타 연구에 비해 설명력이 크지 않은 것으로 나타났다. 전체 읽기 불안과 문항별, 요인별 불안의 상관관계 분석에서는 12개의 문항과 전체 읽기 불안 사이에 상관관계가 있는 것으로 나타났으며 요인별 불안에서는 '이해 관련 불안', '외국어 읽기 관련 불안', '어휘 관련 불안'과 높은 상관관계를 보였다. 마지막으로 전체 읽기 불안과 학업 성취도의 상관관계를 분석한 결과 전체 읽기 불안이 학업 성취도에 미치는 유의미한 영향은 나타나지 않았으나 요인별로 분석하였을 때 '이해 관련 불안'은 학업 성취도에 부정적인 영향을 미치는 것으로 나타났다.

이 연구는 증가하고 있는 외국인 학부생들이 독해 시 느끼는 불안이라는 정의적 요인에 대한 관심에서부터 시작되었다. 학습 전략과 유형 등의 인지적 요인은 정의적 요인보다 학문 활동에 직접적인 영향을 미칠 수 있다. 그러나 확고한 학습 목적이 있으며 외국어 사용에 어려움이 거의 없는 학습자의 경우에는 정의적 요인의 영향력이 커질 수 있다. 이런 지점에서 착안하여 시작된 이 연구는 학습자의 특성 및 언어 수준, 학습 환경 등을 기존 연구와 달리 언어 수준이 고급인 외국인 학부생으로 지정하여 진행하였다는 데에 의미가 있다. 그 결과가 읽기 활동이 필수적인 외국인 학부생들의 교육 환경 조성에 직접적인 영향을 미칠 수 있기 때문이다. 또한 전체 불안에 어떤 불안 항목이 영향을 미치는지 세부적으로 보려고 했다는 점에서도 새로운 시도라고 할 수 있다.

반면 본 연구에 내재한 한계점은 다음과 같다. 우선 대학에서 한국어 능력시험 고급을 인증 받은 학습자가 많지 않아 연구 참여자의 수가 적었고, 이 때문에 학습자의 다른 변인(성별, 국적 등)을 효과적으로 통제하지 못했다. 또한 양적 연구에 대한 추가적인 질적 연구(인터뷰 등) 방법을 함께 시도하지 못했으며, 고급 학습자만을 연구 대상으로 하였기에 초급 및 중급 학생들과의 그룹 간 비교가 불가능했다. 따라서 본 연구에 내재한 한계점을 극복할 수 있는 후속 연구가 필요하다.

　아직까지 한국어 교육에서 정의적 요인, 특히 불안에 관한 연구는 많지 않은 실정이다. 앞으로 본 연구의 양적, 질적 한계점을 보완하여 불안의 정도에 따른 학업 성취도의 차이, 한국어 숙달도별 읽기 불안의 차이 등을 후속 연구로 기약한다. 이러한 정의적 요인과 관련된 기초 연구들이 계속 이루어져 한국어 교육의 저변을 넓히고 학문 목적 학습자의 한국어 학습뿐만 아니라 학문 활동에도 도움이 될 수 있기를 바란다.

불안 요인이 고급 한국어 학습자의 읽기 불안 증감에 미치는 차별적 영향[*]

1. 서론

제2언어 학습 시 학습자 변인은 환경이나 수업 변인과 함께 많은 연구자들의 관심의 대상이 되어 왔다. 그중 가치관, 태도, 불안, 동기 등의 정의적 요인은 학습자의 학습 과정 및 결과에 지대한 영향을 미치기 때문에 제2언어 학습에서 학습자의 정의적 요인은 적절히 조절될 필요가 있다(Krashen, 1982). 또한 Krashen & Terrell(1983)은 목표 언어 화자들에 대한 긍정적인 생각과 낮은 불안감, 어느 정도의 자신감이 제2언어 학습에 필수적이라고 하였다.

새로운 언어를 학습할 때 학습자가 불안을 느끼는 것은 자연스러운 현상이다. 학습자가 느끼는 외국어 불안은 의사소통 불안, 시험 불안, 부정적 평가에 대한 불안으로 나눌 수 있다(Horwitz, Horwitz & Cope, 1986).

---

[*] 김정은(전북대 영어영문학과) 공저.

이러한 불안들은 학습자의 언어 수행에 부정적인 영향을 미친다고 알려져 왔다(Ely, 1986; Gardner & MacIntyre, 1993; Samimy & Tabuse, 1992; Young, 1986; Saito & Keiko, 1996; 이길영·이숙정, 2007; 김성연, 2010). 그러나 지나치지 않은 불안은 학습을 촉진시키는 요인으로 작용하기도 한다(Scovel, 1978).

이 논문에서 주목하는 외국인 학부생이 경험하는 읽기 불안은 학문 활동을 하는 외국인이 가장 빈번히 경험하게 되는 불안이다. 외국인 학부생에게 읽기 활동은 모든 학문 활동의 기반이 되기 때문이다. 외국인 학부생들이 읽기를 통해 학문에 필요한 정보들을 수집하고 다른 언어 기술로 산출해 내는 학문적 환경을 생각한다면 읽기 불안은 그들의 언어 및 학업 수행 결과에 큰 영향을 미치는 요인이라 할 것이다. 또한 고급 수준의 학습자는 한국어 사용에 대한 어려움이 거의 없는 학습자로서 초중급 학습자들과는 다른 차원에서 정의적 요인의 영향을 받을 수 있다. 이런 점에서 고급 수준의 한국어를 구사하는 외국인 학부생의 읽기 불안 요인과 불안 상중하위 그룹이 어떤 읽기 불안 요인의 영향을 더 받는지, 그 크기는 어떤지를 알아보는 것은 학습자들의 학습에 실제적인 도움이 될 수 있을 것이다.

2. 이론적 배경

2.1 외국어 학습 불안과 읽기 불안

불안은 다른 정의적 요인들과 얽혀있는 것으로 Scovel(1978:134)는 불안에 대해 막연한 걱정과 두려움의 상태라고 말한 바 있다. 또한

Speilberger(1983)에 따르면 불안은 상황을 위협적인 것으로 인지하는 것으로 상태 불안(state anxiety)와 특성 불안(trait anxiety)로 구분할 수 있다. 상태 불안은 시간의 경과에 따라 상태가 변화하는 개인의 정서적 상태를 말하며, 특성 불안은 비교적 지속적인 특징의 불안으로 위협적인 상황에 대한 반응이다. 특성 불안은 그 범위가 넓고 정의에 모호한 성격이 있기 때문에 제2언어 학습의 성공을 예측하는 데에는 주로 상태 불안의 특징에 초점을 맞춘다(성일호, 1995).

Horwitz, Horwitz & Cope(1986:128)에 의하면 외국어 학습 불안(foreign language anxiety)은 단순히 외국어 학습에서 비롯된 두려움의 조합물(combination)이 아니며 "특정한 언어 학습 처리 상황에서 일어나는 교실 언어 학습과 관련된 자아 인식, 믿음, 감정 및 행동의 독특한 복합체(complex)"이다(박현진·김정은, 2017). 그런 이유에서 외국어 불안은 학습자의 다른 정의적 변인과 연계되어 연구되어 왔으며 교수 설계 및 방법의 여러 요인들과도 관계가 있는 것으로 알려져 왔다.

외국어 학습 불안은 학문적·사회적 맥락에서의 수행과 연결된 것으로 수행 불안은 세 가지로 구분하여 설명할 수 있다. 첫째는 다른 사람들에게 적절하게 표현하지 못하게 하는 의사소통 불안이며 둘째는 타인에게 평가를 받는다는 사실 및 부정적 평가에 대한 불안이다. 셋째는 시험 불안으로 성적 평가에 대한 전반적인 불안을 말한다(Horwitz, Horwitz & Cope, 1986). 이러한 불안들은 양면적인 성격이 있어서 수행에 대한 좌절을 가져오기도 하지만 학업에 도전적인 태도를 취하게 하는 촉진적인 역할을 하기도 한다(Scovel, 1978).

외국어 학습 불안과 구별되는 개념으로서의 외국어 읽기 불안을 주장한 것은 Saito, Horwitz & Garza(1999)이다. 읽기는 학습자가 언어적·비언어적 자원을 활용해 텍스트의 의미를 찾아가는 과제(Goodman, 1976)

로 불안 연구에서 처음부터 주목받던 대상은 아니다. 그러나 학습자의 학습 목적과 특성에 따라 불안을 야기하는 언어 영역은 차이가 생길 수 있다. 그런 점에서 읽기 불안은 학문 목적 학습자의 제2언어 학습과 학업의 과정 및 결과에 큰 영향을 미치는 요인으로 중요성을 새롭게 고찰할 필요가 있다.

2.2 외국어 읽기 불안 선행 연구

외국어 읽기 불안 연구는 Saito, Horwitz & Garza(1999)로부터 시작되었다. Saito, Horwitz & Garza(1999)는 읽기 불안을 다른 말하기, 듣기 및 학습 불안과 구별되는 요인으로 규정하였다. 그들은 읽기 불안의 원인으로 생소한 글자 모양, 표기 체계의 차이, 익숙하지 않은 문화 내용과 지식을 주장하였다. 이 연구에서 제시된 외국어 읽기 불안 척도(Foreign Language Classroom Anxiety Scale: FLCAS)는 20개의 문항으로 구성되어 있다. 이들은 이 척도를 통해 불어, 러시아어, 일본어를 학습하는 영어권 학습자들을 대상으로 읽기 불안을 연구하였다. 그 결과 읽기 불안이 높을수록 학업 성취도가 낮은 경향을 보임을 알 수 있었다. 또한 외국어 학습 불안과 읽기 불안의 관계에 대해 측정한 결과 두 불안의 상관관계가 0.64($p<0.01$)로 나타났으며, 이는 설명력 혹은 결정계수(R^2)가 41%에 이르며, 59%에 이르는 영역은 두 변수에 의해 설명되지 않다는 것을 의미한다. 따라서 이들 외국어 학습 불안과 외국어 읽기 불안은 서로 일정한 양의 상관관계는 있으나, 상대적으로 낮은 설명력으로 인해 동일 변인으로 취급할 수는 없는 서로 다른 요인이라는 것을 보여준다.

이후에 외국어 읽기 불안 척도를 활용한 많은 연구들이 보고되고 있다. 그중 읽기 불안과 학업 성취도 사이의 부정적 상관관계를 증명한 연구로는 Tucker, Hamayam & Genesee(1976), Matsumura(2001), Hsiao (2002) 등이 있다. Tucker, Hamayam & Genesee(1976)는 영어권 프랑스어 학습자를 대상으로, Matsumura(2001)는 일본인 영어 학습자를, Hsiao (2002)는 대만 대학교에서 공부하는 영어 학습자를 대상으로 같은 결과를 도출한 바 있다.

그러나 Hsu(2004), Zhao, Dynia & Guo(2013)은 다수의 연구와 다른 결과를 보이기도 했다. Hsu(2004)는 대만에서 영어를 공부하는 중학생을 대상으로 읽기 불안과 읽기 능력의 관계를 연구한 결과, 유의미한 상관관계가 나타나지 않았다. Zhao, Dynia & Guo(2013)는 미국에서 중국어를 배우는 대학생들을 대상으로 연구하였는데 언어 수준이 초급1, 중급인 경우는 부정적인 상관을 보였으나 초급2 수준에서는 유의미한 상관관계가 발견되지 않았다.

읽기 불안 요인 관련 연구로는 생소한 문자와 표기 체계, 문화 차이를 언급한 Saito, Horwitz & Garza(1999) 이외에도 Sellers(2000), Matsumura (2001), Kuru-Gonen(2005), Shi & Liu(2006), Zhao, Dynia & Guo(2013) 등이 있다. Sellers(2000), Shi & Liu(2006)는 기존의 연구를 지지하고 있으나 표기 체계의 차이가 정확히 어떻게 읽기 불안과 관련되는지는 언급하지 않았다. Zhao, Dynia & Guo(2013)는 구절의 난이도가 높거나 익숙하지 않은 주제도 읽기 불안에 영향을 미친다고 보았다. 또한 Matsumura (2001)는 읽기 불안 유발 요인으로 생소한 내용, 제한된 상태에서의 읽기 활동, 학습자의 개인 특성, 특정 주제에 대한 지식 부족을 언급했다. Kuru-Gonen(2005)는 개인적 요인, 읽기 텍스트 관련 요인, 읽기 수업 관련 요인으로 나누어 설명한다. 개인적 요인에는 타당하지 않은 전략 사용, 이해에 대한 두려움, 동기나 자신감 부족, 부정적 경험이 포함되며 읽기 텍스트 관련 요인에는 문화적 내용이나 주제에 대한 지식 부족, 복잡한 언어 구조와 서식이 포함된다. 읽기 수업 관련 요인은 교과서, 교실 환경, 교수법을 말한다.

외국어로서의 한국어 교육에서 읽기 불안에 대한 연구는 2010년부터 시작되었다. 리셔첸(2010)과 김영주(2014)는 읽기 불안과 읽기 전략 사용을 연구하였고 장혜·김영주(2014)는 중국인 학습자의 개인적인 변인에 따른 한국어 읽기 불안을 연구하였다. 이효신(2012)는 읽기 불안과 읽기 동기 및 전략의 관계를 분석한 바 있다.

읽기 불안과 전략 사이의 관계를 살펴본 리셔첸(2010), 김영주(2014)는 각각 중국의 한국어 학습자와 미국의 한국어 학습자를 대상으로 읽기 불안과 전략 사용에 대해 연구하였다. 그 결과 리셔첸(2010)에서는 읽기 불안과 전략 사이에 부정적 상관관계가 나타났으며 특히 중·고급 학습자의 경우 읽기 불안이 전략에 미치는 영향이 크다는 것을 알 수 있었다. 김영주(2014)에서는 읽기 불안과 전략 사용 사이에 통계적으로 유의미한 영향관계는 밝혀지지 않았으나 인터뷰 조사를 통해 불안이 전략에 영향을 미친다는 결론을 도출하였다. 이 두 연구는 목표어 환경이 아닌 곳에서 학습자가 느끼는 읽기 불안이 전략 사용에 미치는 영향을 연구하여 읽기 전략 사용을 활성화 시키고자 하였다는 데에 의의가 있다.

중국인 학습자에게만 주목한 장혜·김영주(2014)는 중국에서 KSL, KFL로 한국어를 배우는 학습자 174명을 대상으로 읽기 불안 구성 요인과 학습자 변인에 따른 불안의 변화에 대해 설문과 인터뷰 방법을 통해 연구하였다. 그 결과 중국인 한국어 학습자의 읽기 불안 수준은 높은 편이었으며 불안 요인으로는 '생소한 주제와 언어 형태로 인한 불안', '이해에 대한 두려움', '한국어 읽기에 대한 부정적인 태도로 인한 두려움', '생소한 문화에 대한 두려움'의 4가지로 나타났다. 남녀를 비교했을 때 남성의 불안이 높았으며 학습 환경에서는 KSL 학습자보다 KFL 학습자가, 학습 기간에서는 1~2년 학습한 집단이 1년 이하나 2년 이상 학습한 집단보다 읽기 불안이 더 높은 것으로 나타났다. 이 연구는 학습자 변인에 따른 읽기 불안에 대해 세밀하게 살펴보고 있다는 점에서 의의가 있다. 그러나 남녀를 비교하기에는 비율이 적절하지 않고 학습자의 언어 수준도 통제되지 않았다는 점은 앞으로의 연구에서 고려해야 할 부분이라 본다.

박현진·김정은(2017)은 한국어 학습자 중 외국인 학부생 40명을 대상으로 읽기 불안 요인과 학업 성취도의 관계를 분석한 바 있다. 특히 한국어 수준이 고급인 학습자를 대상으로 연구를 실시한 결과, 읽기 불안 구성 요인으로는 아래 표와 같이 다섯 가지 요인이 나타났다. 이는 각각 '이해 관련 불안', '외국어 읽기 관련 불안', '어휘 관련 불안', '문화 관련 불안', '부정적 인식 관련 불안'으로 명명되었다. 내용은 <표 1>과 같다.

〈표 1〉 한국어 읽기 불안 구성 요인과 내용(박현진·김정은, 2017)

불안 요인	문항 번호	문항 내용
요인 1. 이해	2	나는 한국어 읽기를 할 때 글 속의 단어들의 의미를 알고 있지만 필자가 하고자 하는 말이 무엇인지 이해하지 못 할 때가 있다.
	9	나는 한국어 읽기를 할 때 단어 하나하나를 번역한다.
	10	처음 보는 한국어 단어를 보면, 나는 읽고 있는 내용을 기억하기 힘들다.
	12	나는 한국어 읽기를 좋아한다. (역방향: 싫어한다)

	13	나는 한국어 읽기를 할 때 자신감이 있다. (역방향: 자신감이 없다)
	14	일단 익숙해지면 한국어 읽기는 별로 어렵지 않다. (역방향: 어렵다)
	18	지금 나의 한국어 읽기능력 수준에 만족한다. (역방향: 만족하지 않는다)
요인 2. 외국어 읽기	1	나는 한국어 읽기를 할 때 글 전체의 의미를 정확히 파악하고 있다는 확신이 들지 않으면 불안하다.
	4	나는 온통 한국어로 쓰인 페이지를 보면 두려워진다.
	17	여러 사람 앞에서 큰소리로 한국어 지문을 읽는 것은 긴장되고 불편하다.
요인 3. 어휘	7	한국어 읽기를 할 때, 모든 단어를 이해하지 못하면 긴장이 되고 당황스럽다.
	8	한국어 읽기를 할 때, 내가 발음할 수 없는 단어가 나오면 혼란스러워진다.
요인 4. 문화	19	한국의 문화와 사고방식이 나에게는 익숙하지 않다.
	20	한국어 독해를 잘하기 위해서 한국의 역사와 사회, 문화에 대하여 잘 알고 있어야 한다고 생각한다.
요인 5. 부정적 인식	16	한국어 독해보다는 한국어 말하기를 배우는 것이 좋다.

또한 학업 성취도와의 상관관계 분석 결과, 전체 읽기 불안과 12개의 문항 사이에 상관관계가 있는 것으로 나타났다. 요인별 불안과의 상관관계에서는 '이해 관련 불안', '외국어 읽기 관련 불안', '어휘 관련 불안'과 높은 상관을 보였다. 이와 함께 학업 성취도와의 상관관계를 분석한 결과 전체 읽기 불안과 학업 성취도 사이에는 유의미한 영

향 관계가 보이지 않았으나 요인별로 보았을 때는 '이해 관련 불안'이
학업 성취도에 부정적인 영향을 미치는 것으로 나타났다. 내용은 <표
2>와 같다.

〈표 2〉 요인별 한국어 읽기 불안과 한국어 성취도의 상관관계 (박현진·김정은, 2017)

		요인 1. 이해	요인 2. 외국어 읽기	요인 3. 어휘	요인 4. 문화	요인 5. 부정적 인식
학업 성취도	Spearman 상관	−0.341*	−0.213	−0.166	0.078	−0.001
	유의확률 (양측)	0.031	0.187	0.305	0.633	0.995

*: $p < 0.05$ 수준

　이 연구는 학문 목적 한국어 학습자 중 언어 수준이 고급인 학습자
에 집중하여 읽기 불안을 연구했으며 불안을 하나의 개념으로 보지
않고 구성 요인별로 학업 성취도와의 관계를 세밀하게 보려 했다는 점
에서 선행 연구와 차이가 있다. 그러나 고급 학습자 안에서도 불안 정도
에 차이가 있을 수 있으며 불안 수준에 따라 영향을 받는 불안 요인이
다를 수 있으므로 이에 대한 연구가 이어져야 할 것이다.

　이상의 한국어 읽기 불안과 관련된 선행 연구들을 보면 박현진·김
정은(2017)을 제외하고는 학습자의 모국에서 외국어로서의 한국어 읽
기 불안을 조사한 경우가 대부분이다. 또한 학습 목적을 명시하지 않
은 경우를 포함하고 있어 읽기 불안 요인과 다른 요인들의 상관관계
분석 결과가 어떤 의의를 가질 수 있는지 판단하기 어려울 수도 있다.
불안이 정의적인 요인인 만큼 세밀하게 요인의 특성과 그들의 관계를
살펴볼 필요가 있다. 박현진·김정은(2017)이 고급 수준의 외국인 학부생
을 대상으로 연구하였으므로 이에 대한 후속 연구로서 본 연구는 같은

고급 수준의 한국어 학습자들의 불안을 상중하로 나누어 차별성을 살펴보고자 한다. 언어 수준이 고급인 학습자들이라도 불안 수준의 차이에 따라 불안 요인이 다를 수 있기 때문이다. 이에 본 연구에서 상정한 연구 문제는 다음과 같다.

1) 고급 수준의 한국어 학습자들의 읽기 불안 정도에 따라 각 요인별 읽기 불안 정도는 차이를 보이는가?
2) 고급 수준의 한국어 학습자들의 읽기 불안 정도에 따라 그룹을 나누었을 때, 그룹별 읽기 불안 정도와 각 항목별/요인별 불안 정도는 상관관계를 보이는가?
3) 고급 수준의 한국어 학습자들의 읽기 불안 증가 혹은 감소에 유의미한 영향을 미치는 불안 요인은 무엇인가?

3. 연구 방법

3.1 연구 참여자

한국어 읽기 불안과 관련된 이 연구에 참여한 학습자는 서울에 소재한 대학교에서 필수교양으로 '사고와 표현' 수업을 수강하고 있는 1학년 학부생 40명이다. 성별은 남자 7명, 여자 33명이었으며 국적은 중국 31명, 대만, 캐나다, 미국 각 2명, 인도네시아, 벨기에, 우즈베키스탄 각 1명으로 총 7개국이었다. 연령은 18세부터 24세까지 분포되어 있다. 이들은 수강신청 시 한국어능력시험(TOPIK) 5급, 6급을 소지한 외국인 학부생이었다.

3.2 연구 도구

한국어 읽기 불안 조사를 위해 Saito, Horwitz & Garza(1999)가 개발한 외국어 읽기 불안 척도(FLRAS)의 20개의 문항을 사용하였다. 외국어 읽기 불안 척도는 외국어 교실 불안 척도(Saito & Keiko, 1996) 개발 이후에 읽기에 초점을 맞춰 개발된 설문지이다. 연구에 사용된 문항에 대한 답은 "1=전혀 그렇지 않다, 2=그렇지 않은 편이다, 3=보통이다, 4=그런 편이다, 5=매우 그렇다"의 5점 리커트 척도 중 하나를 선택하여 답하게 하였다. 설문 문항 내용은 한국어뿐 아니라 영어와 중국어를 병기하여 제시하였다.

3.3 연구 절차

이 조사는 2016학년도에 '사고와 표현' 과목 수강생 중 언어 수준이 고급인 외국인 학부생을 대상으로 실시되었다. 읽기 불안 설문 조사 및 기초 인적 사항 조사는 학습자들에게 동의를 받은 후 2016년 12월 첫 번째 주에 온라인으로 진행되었다.

설문 조사를 통해 수집된 자료는 통계처리 프로그램인 SPSS 22를 사용해 분석하였다. 읽기 불안 수준에 따라 요인별로 불안 정도에 차이가 있는지를 보기 위해 학습자들의 불안 수준을 상, 중, 하 세 그룹으로 나눈 뒤, 일원분산분석을 통해 각 불안 요인별로 그룹 차이가 있는지 관찰하였다(연구 문제 1). 또한 전체 읽기 불안의 수준에 따른 그룹과 문항별 및 요인별 상관관계를 알아보기 위해 스피어만 상관계수를 산출하여 상관관계 분석(Spearman rank-order correlation coefficient)을 실시하였다(연구 문제 2). 스피어만 상관계수는 서열척도(ordinal data)를 이용한 데이터 분석에 적합한 통계 분석 방법이다. 또한 다섯 개의 불안 요인들이 읽기 불안 정도에 미치는 차별적인 영향을 알아보기 위해 다중회귀분석을 사용하여 분석하였다(연구 문제 3).

4. 결과 분석

4.1 읽기 불안 수준에 따른 읽기 불안 정도 차이

박현진 · 김정은(2017)의 연구 결과, 외국인 학부생 중 고급 수준의 한국어 구사자의 한국어 읽기 불안 구성 요인으로는 '이해 관련 불안', '외국어 읽기 관련 불안', '어휘 관련 불안', '문화 관련 불안', '부정적 인식 관련 불안'의 다섯 가지 요인이 나타났다.[1] 이 결과를 기반으로 본 연구에서는 읽기 불안 수준에 따른 불안 요인의 차이를 분석하였다.

첫 번째 연구 문제인 읽기 불안 수준에 따른 불안 요인분석을 위해 전체 학생의 불안 수준을 세 개의 그룹으로 구분하였다. 불안 수준을 상, 중, 하 세 그룹으로 나눈 방법은 다음과 같다. 우선 전체에 해당하는 40명의 학생들의 읽기 불안에 대한 평균(M)과 표준편차(SD)를 구한 후, 평균에 표준편차를 각각 더하고(M+SD) 뺐다(M−SD). 이를 통해 세 개의 구간을 만들었는데 이들은 각각 구간 1(38점 이하), 구간 2(39점~44점), 구간3(46.17점 이상)이다. 그 후 구간 1에 해당하는 읽기 불안을 보인 학생들을 하 그룹, 구간 2에 해당하는 학생들을 중 그룹, 구간 3에 해당하는 학생들을 상 그룹으로 분류하였다. 불안 수준에 따른 세 그룹의 평균

---

1) 다섯 가지 요인의 Cronbach's 알파값은 요인1이 0.861, 요인2가 0.798, 요인3이 0.736, 요인4가 0.613으로 대부분이 0.60을 넘어 본 연구 분석 자료로 채택하는데 적합한 것으로 판단되었다. 한 개의 문항으로 구성된 요인5는 신뢰도 검사가 불가능했다.

과 표준편차를 다음 <표 3>에 제시한다.

〈표 3〉 읽기 불안 수준에 따른 그룹 별 평균과 표준편차

그룹	불안 정도 (최대=80)	인원 수	평균	표준편차
불안 상	46.17점 이상	13	50.69	4.35
불안 중	35.39점 이상 41.17점 미만	12	41.75	1.86
불안 하	35.39점 미만	15	31.40	6.36
합계		40	40.78	5.39

위와 같이 분류된 불안 상중하 세 그룹이 요인별로 다른 읽기 불안을 느끼는지 확인하였다. 읽기 불안 요인 다섯 가지는 이해 관련 불안(요인1), 외국어 읽기 관련 불안(요인2), 어휘 관련 불안(요인3), 문화 관련 불안(요인4), 부정적 인식 관련 불안(요인5)이다. 각각의 불안 요인 내에서 불안 수준에 따라 불안을 느끼는 정도의 차이를 살펴본 결과 불안 그룹에 따라 유의한 차이가 나타났다.

요인1 '이해 관련 불안'의 읽기 불안 평균을 보면, 불안 상위 그룹은 21.15, 불안 중위 그룹은 16.17, 읽기 불안 하위 그룹은 12임을 알 수 있다. 일원분산분석에 따르면 이런 읽기 불안 수준에 따른 그룹별 차이는 통계적으로 유의미했다($F=20.63$, $p<0.05$). Tukey를 이용한 사후검정에 따르면 세 그룹의 요인1에 대한 불안 정도는 서로 유의미한 차이를 보였다(각 $p<0.05$). 이를 통해 불안이 높은 집단일수록 '이해 관련 불안'이 높은 것으로 나타났다.

요인2 '외국어 읽기 관련 불안'의 읽기 불안 평균을 보면 불안 상위 그룹은 11.38, 불안 중위 그룹은 9.42, 읽기 하위 그룹은 5.67로 나타났

다. 이러한 읽기 불안 수준에 따른 그룹별 차이는 통계적으로 유의한 차이를 나타냈다($F=42.412$, $p<0.05$). Tukey를 이용한 사후검정에 따르면 세 그룹의 요인2에 대한 불안 정도는 서로 유의미한 차이를 보였다(각 $p<0.05$). 즉, 불안이 높은 집단일수록 '외국어 읽기 관련 불안'도 높다는 것을 알 수 있었다.

요인3 '어휘 관련 불안'의 읽기 불안 평균을 보면 불안 상위 그룹은 7.23, 불안 중위 그룹은 5.42, 읽기 하위 그룹은 3.13으로 나타났다. 이러한 읽기 불안 수준에 따른 그룹별 차이는 통계적으로 유의미했다 ($F=30.802$, $p<0.05$). Tukey를 이용한 사후검정에 따르면 세 그룹의 요인3에 대한 불안 정도는 서로 유의미한 차이를 보였다(각 $p<0.05$). 이를 통해 앞의 요인1, 2와 마찬가지로 읽기 불안이 높은 집단일수록 '어휘 관련 불안' 역시 높다는 것을 알 수 있었다.

요인4와 5는 요인1, 2, 3과 다른 결과가 나타났다. 요인4 '문화 관련 불안'은 불안 상, 중, 하위 그룹에 따라 통계적($F=0.627$, $p>0.05$)으로 유의미한 차이가 나타나지 않았다. 요인5 '부정적 인식 관련 불안'도 통계적 ($F=0.237$, $p>0.05$)으로 유의미한 차이를 보이지 않았다. 즉, 읽기 불안 수준에 따른 '문화 관련 불안'과 '부정적 인식 관련 불안'의 차이가 없는 것으로 나타났다. 이상의 내용을 표로 정리하면 다음과 같다.

〈표 4〉 읽기 불안 요인 별 읽기 불안 수준의 차이 검정

	불안 그룹	평균	표준편차	통계	사후검증
요인 1. 이해 (최대=35)	상	21.15	4.08	$F=20.630^{**}$, $p<0.05$	하<중<상
	중	16.17	3.64		
	하	12.00	3.57		

요인 2. 외국어 읽기 (최대=15)	상	11.38	1.80	$F=42.412**$, $p < 0.05$	하<중<상
	중	9.42	1.73		
	하	5.67	1.45		
요인 3. 어휘 (최대=10)	상	7.23	1.64	$F=30.802**$, $p < 0.05$	하<중<상
	중	5.42	1.56		
	하	3.13	0.92		
요인 4. 문화 (최대=10)	상	5.85	1.52	$F=0.627$, $p > 0.05$	하=중=상
	중	5.17	1.64		
	하	5.33	1.63		
요인 5. 부정적 인식 (최대=10)	상	5.08	1.93	$F=0.237$, $p > 0.05$	하=중=상
	중	5.58	1.38		
	하	5.27	2.09		

*: $p < 0.05$ 수준, **: $p < 0.01$ 수준

4.2 읽기 불안 수준별 집단과 읽기 불안 문항 및 요인 간 관계

4.2.1 읽기 불안 수준별 그룹과 읽기 불안 문항 간 상관관계 분석

두 번째 연구 문제인 불안 수준에 따른 그룹과 불안 요인이 어떤 관계를 가지고 있는지 알아보기 위해 상관관계 분석을 실시하였다. 우선 불안 수준에 따라 나눈 상, 중, 하위 그룹과 불안 문항 15개의 상관관계를 분석하였다.

분석 결과를 보면 읽기 불안 상위 그룹과 읽기 불안 문항 2, 9, 10, 12, 14가 유의미한 관계를 가지는 것으로 나타났다. 그중 가장 큰 영향관계를 보이는 문항은 문항 12 "나는 한국어 읽기를 싫어한다"로 0.733의 상관을 나타냈다. 두 번째로 높은 상관을 보인 것은 문항 10 "처음 보는 한국어 단어를 보면 나는 읽고 있는 내용을 기억하기 힘들다"로 0.721의 상관관계를 보였다. 그다음으로는 문항 2 "나는 한국어 읽기를 할 때 글 속의 단어들의 의미를 알고 있지만 필자가 하고자 하는 말이 무엇인지 이해하지 못 할 때가 있다"(r=0.616), 문항 9 "나는 한국어 읽기를 할 때 단어 하나하나를 번역한다"(r=0.616), 문항 14 "한국어 읽기는 어렵다"(r=0.563)의 순으로 나타났다. 이들은 모두 요인1에 해당하는 문항이라는 공통점이 있다. 이를 통해 불안 상위 그룹은 이해에 대한 불안이 크게 작용한다는 것을 알 수 있었다.

읽기 불안 중위 그룹의 경우 읽기 불안 문항 2와 유의미한 관계를 가지는 것으로 나타났다. 문항 2는 "나는 한국어 읽기를 할 때 글 속의 단어들의 의미를 알고 있지만 필자가 하고자 하는 말이 무엇인지 이해하지 못 할 때가 있다"로 0.692의 상관관계를 나타냈다.

읽기 불안 하위 그룹의 경우 읽기 불안 문항 2, 4, 7, 10, 12, 13, 14, 16과 유의미한 관계를 가지는 것으로 나타났다. 그중 가장 높은 상관을 보인 것은 문항 16 "한국어 독해보다는 한국어 말하기를 배우는 것이 좋다"로 0.721의 높은 상관을 보였다. 그다음으로는 문항 2(r=0.687), 문항 12(r=0.636), 문항 14(r=0.605), 문항 4(r=0.57), 문항 7(r=0.528), 문항 10(r=0.521), 문항 13(r=0.517) 순으로 나타났다. 이상의 내용을 표로 정리하면 <표 5>와 같다.

〈표 5〉 읽기 불안 수준 별 그룹과 읽기 불안 문항의 상관관계

문항번호	상		중		하	
	Spearman 상관	유의확률 (양측)	Spearman 상관	유의확률 (양측)	Spearman 상관	유의확률 (양측)
1	0.254	0.402	0.261	0.412	0.057	0.841
2	0.616*	0.025	0.692*	0.013	0.687**	0.005
4	0.194	0.526	0.408	0.188	0.570*	0.026
7	0.396	0.181	0.015	0.962	0.528*	0.043
8	0.396	0.181	0.084	0.794	0.018	0.949
9	0.616*	0.025	0.214	0.505	0.250	0.368
10	0.721**	0.005	0.415	0.180	0.521*	0.046
12	0.733**	0.004	0.330	0.296	0.636*	0.011
13	0.396	0.18	0.018	0.955	0.517*	0.048
14	0.563*	0.045	0.380	0.224	0.605*	0.017
16	−0.194	0.525	−0.115	0.722	0.721**	0.002
17	0.330	0.271	0.010	0.975	0.236	0.397
18	0.350	0.241	0.000	1.000	0.380	0.162
19	−0.040	0.896	−0.461	0.131	0.309	0.263
20	−0.097	0.754	−0.456	0.136	0.311	0.259

*: $p < 0.05$ 수준, **: $p < 0.01$ 수준

4.2.2 읽기 불안 수준별 그룹과 읽기 불안 요인 간 상관관계 분석

다음으로는 두 번째 연구 문제 중 불안 수준별 그룹과 불안 요인 간 상관관계를 분석하기 위해 불안 수준에 따라 나눈 상중하위 그룹과 읽기 불안 요인 다섯 개의 상관관계를 분석하였다.

분석 결과 읽기 불안 상위 그룹의 경우 요인 1 '이해 관련 불안'과 0.856의 높은 상관관계가 있는 것으로 나타났다. 그 외에 나머지 요인과는 유의미한 상관관계가 나타나지 않았다. 읽기 불안 중위 그룹은 읽기 불안 요인 5개 모두와 통계적으로 유의미한 상관을 보이지 않았다. 이와 달리 읽기 불안 하위 그룹은 요인 1 '이해 관련 불안'과 0.857의 가장 큰 상관관계를 보였으며 그다음으로 요인 5 '부정적 인식 관련 불안'과 0.751, 요인 2 '외국어 읽기 관련 불안'과 0.551의 상관관계가 있는 것으로 나타났다. 이상의 내용을 표로 정리하면 다음 <표 6>과 같다.

<표 6> 읽기 불안 수준 별 그룹과 읽기 불안 요인의 상관관계

읽기 불안 수준		요인 1. 이해	요인 2. 외국어 읽기	요인 3. 어휘	요인 4. 문화	요인 5. 부정적 인식
상	Spearman 상관	0.853**	0.441	0.490	−0.083	−0.314
	유의확률(양측)	0.001	0.131	0.089	0.786	0.296
중	Spearman 상관	0.476	0.402	0.070	−0.490	0.097
	유의확률(양측)	0.118	0.196	0.829	0.106	0.764
하	Spearman 상관	0.857**	0.551*	0.371	0.365	0.751**
	유의확률(양측)	0.001	0.033	0.174	0.181	0.001

*: $p < 0.05$ 수준, **: $p < 0.01$ 수준

4.3 읽기 불안 정도에 영향을 미치는 요인분석

　마지막으로 다중회귀분석(multiple regression analysis)을 통해 한국어 학습자들의 읽기 불안에 영향을 미치는 불안 요인을 살펴보았다. 다중회귀분석 시 고려해야 하는 다중 공선성을 살펴본 결과, 공차한계(이해 =0.593, 외국어 읽기=0.342, 어휘=0.412, 문화=0.967, 부정적 인식=0.986)은 모두 0.1 이상으로 나타났고, 분산팽창요인(이해=1.686, 외국어 읽기 =2.923, 어휘=2.427, 문화=1.034, 부정적 인식=1.014) 이하였다. 따라서 공선성의 문제는 없으며 본 연구에서 제시한 다중회귀분석의 결과는 타당하다고 볼 수 있다. 읽기 불안에 영향을 미치는 각 불안 요인의 영향을 예측하는 모형의 통계적 유의성을 검증한 결과, $F_{(5, 34)}=29.933$, $p<0.001$로 유의미한 것으로 나타났으며 읽기 불안의 81.5%가 독립변인들인 불안 요인에 의해 설명되는 것으로 나타났다. 회귀식에 의한 회귀계수의 검정 결과, 불안요인 중에서도 요인2인 '외국어 읽기 관련 불안' ($β=0.385$, $t=3.237$, $p=0.003$)이 가장 큰 영향을 미치며, 요인3인 '어휘 관련 불안'($β=0.325$, $t=3.005$, $p=0.004$)과 요인1인 '이해 관련 불안'($β =0.310$, $t=2.830$, $p=0.008$) 순으로 큰 영향을 미치는 것으로 나타났다. 반면 요인4인 '문화 관련 불안'($β=0.116$, $t=1.544$, $p=0.132$)과 요인7의 '부정적 인식에 관련 불안'($β=0.003$, $t=0.045$, $p=0.964$)은 읽기 불안 정도에 미치는 영향이 미미한 것으로 나타났다.

〈표 7〉 다중회귀분석을 통한 읽기 불안에 영향을 미치는 읽기 불안 요인분석 결과

	비표준화 계수		표준화 계수	t	유의 확률	공선성 통계량	
	B	표준 오차	β			공차한계	분산팽창 요인
(상수)	-0.794	0.376		-2.113	0.042		

이해	0.049	0.015	0.310	3.237**	0.003	0.593	1.686
외국어 읽기	0.111	0.036	0.385	3.055**	0.004	0.342	2.923
어휘	0.125	0.044	0.325	2.830**	0.008	0.412	2.427
문화	0.062	0.040	0.116	1.544	0.132	0.967	1.034
부정적 인식	0.002	0.035	0.003	0.045	0.964	0.986	1.014

R=0.903, R2=0.815, Adjusted R2=0.788, F(5, 34)=29.933**
*: $p < 0.05$ 수준, **: $p < 0.01$ 수준

5. 논의

이 연구는 한국 내 대학에서 한국어를 공부하는 외국인 학부생을 대상으로 한국어 읽기 불안 수준을 조사하고 읽기 불안 수준에 따라 각 요인별 불안 정도에 차이가 있는지, 읽기 불안 수준별 그룹과 읽기 불안 문항 및 요인과의 관계가 어떠한지를 알아보는 것을 목적으로 하였다.

첫 번째 연구 문제는 외국인 학부생들의 불안 정도에 따라 각 요인별 불안 정도의 차이가 있는지를 알아보는 것이었다. 박현진·김정은(2017)에서 도출한 읽기 불안 요인 다섯 개를 기반으로 분석을 실시한 결과, 읽기 불안 상중하 그룹이 요인별로 불안을 느끼는 정도에 차이가 있었다. 요인1 '이해 관련 불안'과 요인2 '외국어 읽기 관련 불안', 요인3 '어휘 관련 불안'은 불안 상위 그룹에서 더 큰 영향을 받는 것으로 나타났고 중위, 하위 그룹의 순으로 영향 정도가 나타났다. 즉, 전반적인 읽기

이해와 외국어로 읽고 쓰는 환경 그리고 학문적인 어휘와 같은 것들은 읽기 불안이 높은 집단에게 불안 중, 하위 집단보다 더 큰 영향을 미친다는 것을 알 수 있었다. 반면 요인4 '문화 관련 불안', 요인5 '부정적 인식 관련 불안'의 경우는 불안 상중하 그룹 사이에 유의미한 차이가 나타나지 않았다. 즉 낯선 문화에서 비롯된 불안이나 독해 자체에 대한 부정적인 인식 같은 것은 불안의 정도에 상관없이 모든 그룹에 비슷하게 나타난다는 것을 확인할 수 있었다.

이러한 결과는 박현진·김정은(2017)에서 읽기 불안과 요인 간 상관관계 결과와 비교해 볼 수 있다. 박현진·김정은(2017)을 보면 요인1, 2, 3은 전체 읽기 불안과 높은 상관관계를 갖는 반면 요인4, 5는 유의미한 영향관계를 보이지 않았다. 이를 통해 요인1, 2, 3은 불안 수준에 상관없이 읽기 불안에 영향을 미치는 요인이라는 것을 알 수 있었다.

두 번째 연구 문제는 외국인 학부생의 불안 정도에 따라 나눈 그룹과 불안 문항 및 요인들의 상관관계에 대한 것이다. 불안 상중하위 그룹과 문항별 읽기 불안의 상관관계 분석은 요인분석을 통해 선별된 15개의 문항을 대상으로 이루어졌다. 그 결과 불안 상위 그룹의 경우 문항 12, 10, 2, 9, 14의 순으로 정적인 상관관계를 보였다. 이들 문항은 대부분 요인1에 해당하는 문항이었으므로 불안이 높은 그룹의 경우 이해가 완벽하지 않은 것으로부터 큰 영향을 받는다는 것을 알 수 있었다.

불안 중위 그룹의 경우는 읽기 불안 문항 2와만 유의미한 관계가 있는 것으로 나타났다. 읽기 불안 하위 그룹은 문항 16, 2, 12, 14, 4, 7, 10, 13의 순으로 상관관계를 보였다. 이 중 문항 2, 10, 12, 14는 불안 상위 그룹에서도 유의미한 관계가 있는 것으로 나타난 문항이다. 불안 하위 그룹에서는 추가적으로 문항 4 '나는 온통 한국어로 쓰여진 페이지를 보면 두려워진다'와 문항 7 '한국어 읽기를 할 때, 모든 단어를 이해하지 못하면 긴장이 되고 당황스럽다', 문항 16 '한국어 독해보다는 한국어 말하기를 배우는 것이 좋다'가 유의미한 관계를 보였다.

이를 통해 불안 상위 그룹과 하위 그룹은 여러 불안 내용들의 영향을 받지만 불안 중위 그룹의 경우 특정 불안 항목의 영향이 두드러지지는 않는다는 것을 알 수 있다. 또한 불안 상위 그룹이 특정 항목으로부터 큰 영향을 받는다면 불안 하위 그룹의 경우 더 다양한 항목으로부터 영향을 받는다는 것을 알 수 있다. 세부적으로 보면 불안 상위 그룹만이 문항 9 "나는 한국어 읽기를 할 때 단어 하나하나를 번역한다"와 높은 상관을 보이고 있다. 이는 불안이 높은 그룹일수록 단일 어휘에 집중하는 경향이 있으며 이것이 불안의 요인이 될 수 있다는 것을 나타낸다. 반면 불안 하위 그룹에서만 나타나는 문항은 4, 7, 13, 16인데 이들은 대개 인식과 관련되어 있다는 점에서, 불안 하위 그룹은 읽기에 대한 인식 변화를 통해 불안을 완화할 수 있을 것으로 보인다.

두 번째 연구 문제 중 읽기 불안 상중하위 그룹과 요인별 읽기 불안의 상관관계를 분석하였다. 그 결과 불안 상위 그룹은 요인1과 0.856의 높은 상관관계를 나타냈으며 불안 하위 그룹은 요인1(0.857), 요인5(0.751), 요인2(0.551)의 순으로 큰 상관을 나타냈다. 그러나 불안 중위 그룹은 불안 요인들과 유의미한 상관을 보이지 않았다. 이를 통해서도 불안 상위 그룹의 경우 특정 항목으로부터 큰 영향을 받는다는 것을 확인할 수 있었다. 또한 불안 중위 그룹은 특별히 영향을 받는 불안 요인이 있지 않다는 것을 확인할 수 있었다.

박현진·김정은(2017)에서 전체 읽기 불안과 요인별 읽기 불안의 상관관계를 분석했을 때 요인1, 2, 3이 유의미한 영향을 미친다는 것은 밝혀진 바 있다. 이에 후속 연구인 본 연구를 통해 읽기 불안 수준별로 영향을 받는 요인이 다르다는 것을 알 수 있었다. 즉 같은 고급 수준의 한국어 학습자라고 해도 불안 정도가 다르며 그에 따라 영향을 받는 불안 요인도 차이가 있다는 것을 확인할 수 있었다.

세 번째 연구 문제는 읽기 불안에 영향을 미치는 불안 요인의 정도를 요인별로 보는 것이다. 다중회귀분석을 통해 요인별로 읽기 불안에 미치는 영향의 크기를 분석한 결과, 요인2 '외국어 읽기 관련 불안'(β=0.385, t=3.237, p=0.003), 요인3 '어휘 관련 불안'(β=0.325, t=3.005, p=0.004), 요인1 '이해 관련 불안'(β=0.310, t=2.830, p=0.008) 순으로 미치는 영향이 크다는 것을 알 수 있었다. 반면 요인 4, 5는 미치는 영향이 미미해 읽기 불안에 유의미한 영향을 미치지는 못하는 것으로 나타났다. 이는 첫 번째 연구 문제에서 분석한 연구 결과와 일치한다. 이를 볼 때, 학습자의 읽기 불안을 효과적으로 낮추기 위해서는 외국어 읽기 환경이나 조건의 변화를 도모하고 학술 어휘의 제시 방식과 이해를 돕는 장치의 다양화, 전략적인 독해 방법 등을 고려해 보아야 할 것으로 보인다.

6. 결론

이 연구는 외국인 학부생 중 고급 수준의 언어를 구사하는 학습자를 대상으로 그들이 느끼는 읽기 불안을 불안 수준별로 나누어 분석하는 데에 목적이 있었다. 이 연구는 읽기 영역이 상대적으로 중요한 의미를 갖는 국내 외국인 학부생을 대상으로 했으며 이들은 모두 학문 목적의 고급 학습자였다. 또한 다른 정의적 변인들과의 관계로 연구 문제를 설정하지 않고 읽기 불안에만 집중하여 불안 상중하 그룹에 따라 불안에 미치는 요인이 다르다는 것을 세밀하게 살펴보고자 했다.

읽기 불안 수준에 따라 그룹을 나누고 읽기 불안을 분석한 결과, 불안 요인별로 보았을 때 '이해 관련 불안', '외국어 읽기 관련 불안', '어휘 관련 불안' 요인에서는 불안 상>중>하위 그룹 순으로 영향을 받는 데에 차이가 있는 것으로 나타났다. 그러나 '문화 관련 불안', '부정적 인식 관련 불안'에서는 불안 수준에 따른 유의미한 영향의 차이가 나타나지 않았다. 또한 불안 상중하 그룹과 문항별 및 요인별 읽기 불안의 상관관계를 살펴본 결과, 불안 상위 그룹은 5개 문항, 불안 하위 그룹은 9개 문항과 유의미한 관계가 있는 것으로 나타났다. 반면 불안 중위 그룹은 한 개의 문항과만 유의미한 관계를 보였다. 불안 상위 그룹과 하위 그룹이 유의미한 관계를 보인 문항은 거의 유사하였다. 읽기 불안 수준별 그룹과 요인별 읽기 불안의 관계를 분석한 결과를 보면 불안 상위 그룹은 '이해 관련 불안'과 유의미한 관계를 보였으며 불안 하위 그룹은 '이해 관련 불안', '부정적 인식 관련 불안', '외국어 읽기 관련 불안' 순으로 영향을 받는 것을 알 수 있었다. 마지막으로 읽기 불안에 영향을 미치는 불안 요인의 크기를 분석한 결과 외국인 학습자의 읽기 불안에 '외국어 읽기 관련 불안'이 가장 큰 영향을 미치는 것으로 나타났으며 '어휘 관련 불안'과 '이해 관련 불안'이 크게 영향을 미친다는 것을 확인할 수 있었다. 반면 문화와 부정적 인식에 대한 것은 읽기 불안에 미치는 영향이 미미했다.

이 연구는 박현진·김정은(2017)의 후속 연구로 한국어 학습에 대한 확실한 목적이 있고 학습 환경이 유사한 외국인 학부생들을 대상으로 진행되었다. 외국인 학부생들이 느끼는 읽기 불안에 주목한 이유는 학습자 특성상 학문 목적의 학습자에게 독해가 가지는 중요성 때문이었다. 외국인 학부생에게 독해는 교실 안팎에서 끊임없이 이루어지는 것으로 언어활동을 넘어선 학문 활동이다. 이런 점에서 외국인 학부생의 읽기 불안이 언어 수준이 고급인 학습자 내에서도 불안의 정도에 차이가 있으며, 그 불안 수준에 따라 영향을 미치는 요인이 다르다는 것을 분석하였다는 점에서 이 연구의 의의를 찾을 수 있을 것이다. 또한 다른 인지적, 정의적 요인들과의 관계를 보기보다 읽기 불안 자체를 깊이 있게 살펴보고자 했다는 점도 기존의 연구와 차별되는 지점이라 하겠다. 그러나 다수의 학습자를 대상으로 하지 못했으며 읽기 불안을 다양한 연구 방법을 통해 살펴보지 못한 점은 아쉬움으로 남는다.

현재 외국인 학부생의 수는 꾸준히 증가하고 있으나 그들이 성공적인 학업 수행을 하기 위해서 필요한 일정 수준 이상의 한국어 능력은 담보하지 못한 경우가 많다. 따라서 앞으로 언어 수준에 따른 읽기 불안의 차이와 모국어와 한국어 읽기 불안을 비교 연구한다면 학습자의 읽기 불안을 낮출 수 있는 요인들을 찾을 수 있을 것이다. 이러한 연구들의 결과가 모여 외국인 학부생들의 성공적인 학문 활동을 위한 수업 및 환경 조성에 근거로 활용될 수 있기를 바란다.

제 3 장

중급 한국어 학습자의 한국어 읽기 불안도와 불안 요인의 상관성

1. 서론

학문 목적으로 한국에 유입하는 외국인 학습자의 수는 2000년 이래 꾸준히 증가해 왔다. 특히 2023년까지 20만 명의 유학생을 유치하겠다는 정부 계획은 유학생의 양적 증가에 직접적인 영향을 미칠 것이다.[1] 이러한 정책의 일환으로 외국인의 대학 입학 조건 중 한국어 능력은 하향 조정되거나 필수적이지 않은 경우가 많아졌다. 그 결과 현재 외국인 학부생들의 한국어 수준은 고급 수준에 미치지 못하는 상태이다.[2] 외

---

[1] 정부는 2004년 '외국인 유치 확대 종합 방안'으로 '스터디 코리아 프로젝트'를 처음 발표하였다. 2015년에는 2023년까지 20만 명의 유학생을 유치하겠다는 목표를 조정하여 제시한 바 있다.(세계일보, 2015.7.7. 기사 참조)

[2] 2017년 기준 전국 대학 중 외국인 학부생이 재학중인 175개 대학 중 한국어능력시험 4급 이상의 언어능력을 충족하는 학생의 평균 비율은 43%로 절반 이하였다. 본 연구가 실시된 서울 소재 K대학의 경우 2017년 외국인 학부생 중 초급이 6.3%, 중급이 62%, 고급이 31.7%이다. 이러한 자료를 통해 중급 수준의 학습자가 최대다수를 차지한다는 것을 알 수 있다(대학알리미 2017년 '외국인 유학생 현황' 참조).

국인 학부생의 낮은 언어 능력은 성공적인 대학 생활을 영위하는 데에 어려움을 초래하는 가장 큰 원인이 될 수 있다. 이러한 문제에 대한 대안으로 많은 대학들에서는 언어 능력 향상을 위한 어학 과정을 전공 전에 필수적으로 도입하고 있다.

한국어 교육계에서도 학문 목적 학습자를 위한 연구를 통해 그들의 학문 활동에 도움이 되고자 노력해 왔다. 지금까지의 학문 목적 한국어 교육 연구 주제를 보면 교육 내용과 수업 방법, 교재나 자료 개발, 평가가 대다수를 차지하며 그중에서도 내용과 방법 연구가 65%를 이루고 있다(최정순, 2012:16). 최근에는 보다 다양한 분야의 연구가 시도되고 있지만 여전히 다수의 연구들이 인지적 요인을 변화시키는 데에 일차적인 관심을 두고 있기 때문에 상대적으로 학습자의 정의적인 요인에는 관심이 부족한 것이 사실이다.

가치관, 태도, 불안, 동기와 같은 정의적인 요인은 학습 과정에 따라 변화하는 학습자 변인이다(Clément & Kruidenier, 1985; Horwitz, Horwitz & Cope, 1986). 이러한 변인은 인지적 요인 못지않게 학습 결과에 지대한 영향을 미치는 것으로 학습 과정에서 적절히 조절되어야 한다. 그중 불안은 다른 요인들과 연결되는 복합적인 개념으로 제2언어 습득에서 중요한 역할을 한다(Brown, 2007:171). 제2언어 학습에서의 불안은 학습을 방해하는 '저하적 불안(debilitating anxiety)'도 있지만 학습을 촉진하고 동기를 부여하는 '촉진적 불안'(facilitating anxiety)으로도 기능한다(Scovel, 1978).

이 연구에서는 학문 목적 외국인 학부생들이 경험하는 읽기 불안에 주목하고자 한다. 외국인 학부생에게 읽기는 학문의 기본이 되는 기능이다. 그런데 언어 수준이 높지 않은 외국인 학습자에게 많은 분량의 난이도가 높은 읽기는 불안 요인으로 작용하여 말하기, 듣기, 쓰기 불안이나 전반적인 학습 불안으로 이어질 수 있다. 따라서 이 연구에서는 외국인 학부생 다수자의 언어 수준을 고려하여 한국어 중급 학습자를 대상으로 불안에 대해 연구하고자 한다. 중급 수준은 학부에서 학문을 하기에는 부족한 언어 능력이지만 대학 입학 충족 조건을 갖춘 상태이다. 이들이 느끼는 읽기 불안 요인을 분석하고, 읽기 불안 정도에 따라 각 요인들과 어떤 관계를 가지는지를 살펴볼 것이다. 이를 통해 다수의 외국인 학부생들이 경험하는 읽기 불안을 면밀히 살펴보는 것은 외국인 학부생들의 학습과 불안의 관계를 이해하고 교육적인 변화를 도모하는 데에 근거가 될 것이다.

2. 이론적 배경

2.1 불안과 외국어 불안 척도

불안은 막연한 걱정과 두려움의 상태로 다른 정의적 요인들과 얽혀 있는 것이다(Scovel, 1978:134). Spielberger(1983)는 이러한 불안을 상태 불안(state anxiety)와 특성 불안(trait anxiety)로 구분한다. 상태 불안은 시간의 경과에 따라 변하는 개인의 정서적 상태를 말하며, 특성 불안은 비교적 지속적인 특징의 불안으로 위협적인 상황에 대한 반응을 말한다. Ellis(1994)는 불안 중 언어 불안은 특수한 상황적 불안에 포함된다고 주장한 바 있다.

불안은 제2언어 학습의 성공을 예측하는 데에 중요한 요인으로 작용한다. 이에 대한 관심의 일환으로 제2언어 학습에서 학생들이 느끼는 불안을 처음으로 수치화하고자 한 것은 Horwitz, Horwitz & Cope

(1986)이었다. 그들은 외국어 학습 불안에 대해 "특정한 언어 학습 처리 상황에서 일어나는 교실 언어 학습과 관련된 자아 인식, 믿음, 감정 및 행동의 독특한 복합체"라고 말했다(Horwitz, Horwitz & Cope, 1986: 128). 이러한 복합체로서의 불안을 측정하기 위해 그들은 33개의 문항으로 구성된 외국어 교실 불안 척도(Foreign Language Classroom Anxiety Scale: FLCAS)를 개발하였다. 이후 Saito, Horwitz & Garza(1999)에 의해 읽기 불안만을 측정하는 외국어 읽기 불안 척도(Foreign Language Reading Anxiety Scale: FLRAS)가 개발되었다.

제2언어 불안을 측정하는 척도가 개발된 이후 불안과 다른 정의적 요인의 관계, 불안과 학업성취도, 숙달도에 따른 불안 차이 등 다양한 연구들이 FLCAS와 FLRAS를 활용하여 이루어졌다(Tucker, Hamayam & Genesee, 1976; Sellers, 2000; Matsumura, 2001; Hsu, 2004; Shi & Liu, 2006; Zhao, Dynia & Guo, 2013).

2.2 제2언어 읽기 불안 선행 연구

Saito, Horwitz & Garza(1999)는 읽기 불안을 학습 불안과 구분되는 것으로 인식했다. 이들은 20개의 문항으로 구성된 외국어 읽기 불안 척도(FLRAS)를 개발하고 이를 활용하여 외국어 학습 불안과 읽기 불안의 관계와 언어(불어, 러시아어, 일본어)에 따른 불안의 차이, 언어 수준과 읽기 불안의 관계에 대해 연구하였다. 그 결과 제2언어로 선택한 언어에 따라 불안에 차이가 존재하며 학습자의 학업 성취도와 읽기 불안 및 외국어 학습 불안이 부적 상관을 갖는다는 것을 알 수 있었다.

이후 읽기 불안과 관련된 연구에는 Matsumura(2001), Shi & Liu(2006), Zhao, Dynia & Guo(2013) 등이 있다. 그중 요인분석을 연구 문제로 상정

한 연구로는 Matsumura(2001), Zhao, Dynia & Guo(2013)이 있다.

Matsumura(2001)은 일본에서 영어를 공부하는 여대생 75명을 대상으로 외국어 학습 불안과 읽기 불안을 연구하였다. 학습자들의 영어 수준은 초급, 중급1, 중급2로 구분되었다. 그는 FLCAS와 FLRAS의 상관을 분석하고 읽기 불안과 읽기 능력의 관계, 불안 요인에 대해 양적으로 분석하였다. 연구 결과 중 요인분석 결과를 보면 4가지 요인이 추출되었는데 요인 1은 낯선 것과 이해되지 않는 것에 대한 불안, 요인 2는 통제하의 읽기에 익숙하지 않아서 발생하는 불안, 요인 3은 자신감과 긍정적인 태도 부족, 요인 4는 주제에 대한 지식 부족이었다. 4가지 요인 중 모든 수준의 그룹에서 가장 높은 불안을 보인 것은 요인 3 자신감과 긍정적인 태도 부족에서 발생하는 불안이었다. 이 연구는 일정 수준 이상의 학습자를 대상으로 하고 있으며 Saito, Horwitz & Garza(1999)의 연구를 재증명하고 있다는 점에서 의의가 있다. 그러나 학습자가 여자로 제한되고 언어 수준별 그룹의 수가 충분하지 않은 점은 보완이 필요하다고 본다.

Zhao, Dynia & Guo(2013)는 미국에서 제2언어로 중국어를 배우는 대학생 114명을 대상으로 연구하였다. 그들은 FLCAS와 FLRAS를 모두 활용하여 두 변수의 관계와 학습자 변인별 차이, 읽기 수행과의 관계 및 핵심 요인을 연구하였다. 요인과 관련된 결과를 보면 문항 11이 3.40으로 가장 높은 불안도를 보였다. 이를 통해 미국인 대학생들은 중국어를 배울 때 낯선 문자로 된 새로운 단어를 보면 불안이 높아진다는 것을 알 수 있었다.

한국어 교육에서 불안과 같이 정의적인 요인과 관련된 연구는 아직 많이 시도되지 않았다. 그중 리셔첸(2010), 김영주(2014)가 초기에 수행된 한국어 불안 연구라고 할 수 있다. 이후 장혜·김영주(2014)는 중국인 학습자의 읽기 불안에 대해 연구하였으며 이효신(2012)는 읽기 불안이 읽기 동기 및 전략과 어떤 관계가 있는지 살펴보았다. 최근에는 박현진·김정은(2017a, 2017b)이 고급 수준의 한국어 학습자를 대상으로 읽기 불안에 대해 연구한 바 있다.

우선 리셔첸(2010)은 읽기 불안과 읽기 전략의 상관관계와 불안 수준에 따른 읽기 전략 사용의 차이를 연구하였다. 중국에서 외국어로서 한국어 학습자 131명을 대상으로 읽기 불안과 전략을 조사한 후 양적으로 분석하였다. 읽기 불안은 FLRAS에 5개의 문항을 추가하여 25개의 문항으로 측정되었다. 연구 결과 읽기 불안과 읽기 전략은 부적 상관관계가 있었고 중·고급 학습자들의 읽기 불안이 전략 사용에 더 큰 영향을 미치는 것으로 나타났다. 이 연구는 읽기 불안이 전략 사용에 미치는 영향을 교육적으로 활용하고자 했다는 데에 의의가 있다고 하겠다.

김영주(2014)는 미국에서 한국어를 학습자는 대학생 100을 대상으로 FLRAS을 사용하여 읽기 불안과 전략의 관계를 연구하였다. 그는 양적, 질적 연구를 병행하여 읽기 불안과 전략 사용에 상관이 있음을 주장한다. 이 연구는 미국에 있는 한국어 학습자를 대상으로 진행된 연구이며 연구 방법을 다각화하려고 했다는 점에서 의미가 있다고 할 수 있다. 다만 요인으로 추출된 3개의 요인 내 문항들의 특성이 다양하여 요인별 특성이 두드러지지 않는 경향이 있다.

장혜·김영주(2014)는 중국과 한국에서 KSL, KFL로 한국어를 배우는 중국인 학습자 174명을 대상으로 FLRAS를 사용하여 설문 조사하고 인터뷰 방법을 추가하여 읽기 불안 요인분석을 실시하고 학습자 변인에 따른 불안의 변화에 대해 분석하였다. 연구 결과 중국인 한국어 학습자의 읽기 불안은 3.12로 상당히 높았으며 불안 요인으로 '생소한 주제와 언어 형태로 인한 불안', '이해에 대한 두려움', '한국어 읽기에 대한 부정적인 태도로 인한 두려움', '생소한 문화에 대한 두려움'의 5개 요인이 추출되었다. 이 연구는 중국인 학습자의 읽기 불안 요인뿐만 아니라 학습자 변인 차이, 요인 간 상관관계까지 살펴보고 있다는 점에서 의의가 있다고 하겠다. 그러나 남녀를 비교하기에 수의 차이가 크고 학습자의 언어 수준을 알 수 없다는 점이 아쉬움으로 남는다.

박현진·김정은(2017a, 2017b)는 외국인 학부생 중 고급 수준의 학습자 40명을 대상으로 불안과 학업성취도의 관계 및 불안의 증감에 영향을 미치는 불안 요인을 분석하였다. 이 연구들은 비교적 학문 활동을 순조롭게 할 수 있는 한국어 고급 학습자가 경험할 불안이 학업성취도와 불안 수준에 따라 나눈 그룹들의 불안과 어떠한 관계를 보이는지를 분석하고 있다. 이들의 연구는 학습자의 언어 수준을 한정하여 고급 학습자의 불안 특성을 면밀히 파악하며 불안과 학업성취도, 불안과 각 요인들이 관계를 깊이 있게 살펴보고 있다는 점에서 새로운 접근이라 할 수 있다. 그러나 연구 참여자의 수가 충분하지 않고 설문 연구로 연구 방법이 제한된 점은 아쉬운 점이라 하겠다.

이상의 제2언어 불안과 관련된 연구들을 보면 참여자의 언어 수준을 구분하여 진행된 연구가 드물고 박현진·김정은(2017a, 2017b)을 제외하고는 학습자의 모국에서 다수의 참여자를 모집한 경우가 대부분임을 알 수 있다. 또한 학습 목적이 명확하지 않아 학습자가 느끼는 불안의 특성 파악과 다른 요인들과의 상관관계 분석 결과를 서로 비교하는 데에 무리가 따를 수 있다. 이러한 점을 보완하여 이 연구에서는 대학에서 학문 목적으로 공부하는 외국인 학부생 중 중급 수준의 학습자를 대상으로 연구를 시행하고자 한다. 대학 내 외국인 중 60% 이상을 차지하는 중급 학습자를 대상으로 이들이 느끼는 읽기 불안의 특성과 불안 요인간 관계, 불안 수준에 따라 그룹을 나누었을 때 각 그룹의 불안과 불안 요인들의 관계를 살펴봄으로 외국인 학부생의 읽기 불안을 면밀히 살펴볼 것이다. 이에 본 연구는 다음과 같이 연구 문제를 상정한다.

1) 한국어 읽기 불안의 특징과 읽기 불안을 구성하는 요인들은 무엇 인가?
2) 한국어 읽기 불안과 각 문항별/요인별 불안은 어떠한 관계를 가지는가?
3) 한국어 읽기 불안 수준에 따라 학습자 그룹을 나누었을 때, 각 그룹과 문항별/요인별 불안은 어떠한 관계를 가지는가?

3. 연구 방법

3.1 연구 참여자

제2언어 읽기 불안과 관련된 이 연구의 참여자는 서울에 소재한 K대 학교 '사고와 표현' 수강생 중 언어 수준이 중급인 외국인 학부생 62명 이다. 성별은 남자 13명, 여자 49명이었으며 국적은 중국 51명, 말레이 시아 3명, 노르웨이, 사우디아라비아, 러시아, 미국, 브라질, 일본, 카자 흐스탄, 홍콩이 각 1명이었다. 연령은 18세부터 26세까지 분포되어 있었 다. 이들은 한국어능력시험(TOPIK) 3, 4급을 합격하거나 이에 준하는 어 학기관의 교육을 받고 대학에 입학한 학부생이었다.

3.2 연구 도구

한국어 읽기 불안 조사는 Saito, Horwitz & Garza(1999)가 개발한 외국어 읽기 불안 척도(FLRAS)의 20개 문항을 그대로 활용하였다. 선행 연구에서 알 수 있듯이 FLRAS는 제2언어로서의 한국어 연구에서도 신뢰도와 타당도를 검증받은 바 있다. 또한 동일한 측정 도구를 사용함으로 연구 간 비교가 용이하다는 장점이 있어 긍정형 문항 4개, 부정형 문항 16개로 구성된 설문지를 수정 없이 사용하였다.

연구에 사용된 문항에 대한 답은 "1=전혀 그렇지 않다, 2=그렇지 않은 편이다, 3=보통이다, 4=그런 편이다, 5=매우 그렇다"의 5점 리커트 척도 중 하나를 선택하여 답하게 하였다. 설문 문항 내용은 한국어, 영어, 중국어를 병기하여 제시하였다.

3.3 연구 절차

연구 참여자들은 2017년 6월 첫째 주에 연구에 대한 설명을 들은 후 연구 참여 동의서를 작성하였다. 이후 기초 인적 사항과 읽기 불안 설문 조사에 응하였다.

설문 조사 결과는 통계처리 프로그램인 SPSS 22를 사용해 분석하였다. 설문 문항별 불안 평균과 표준편차를 알아보기 위해 기술통계를 사용하였다. 그 후 읽기 불안의 구성 요인을 알아보기 위해 요인분석과 신뢰도 분석을 실시하였다(연구 문제1). 마지막으로 전체 읽기 불안과 문항별 및 요인별 상관관계, 불안 수준 상중하 그룹과 문항별 및 요인별 상관관계를 알아보기 위해 스피어만 상관관계 분석(Spearman rank- order correlation coefficient)을 실시하였다(연구 문제2, 3). 스피어만 상관계수는 서열척도(ordinal data)를 이용한 데이터 분석에 적합한 통계 분석 방법이다.

4. 결과 분석

4.1 읽기 불안 요인

4.1.1 읽기 불안 문항별 기술통계

제2언어로서의 한국어 읽기 불안에 대한 특징을 알아보기 위해 설문지의 신뢰도 검사를 실시하였다. 20개 문항으로 구성된 읽기 불안 설문의 신뢰도 계수는 0.891로 높게 나타났다. 읽기 불안 문항 20개의 평균은 2.97로 다른 연구들보다 다소 높은 수치를 보였다.

읽기 불안을 측정한 결과 불안도가 가장 높은 것은 문항 18(M=3.64)로 "지금 나의 한국어 읽기능력 수준에 불만족한다"라는 내용이다. 연구 대상자가 중급 수준의 한국어 학습자로 자신의 한국어 수준이 향상되어야 한다는 생각을 가지고 있기 때문에 나타난 결과라고 보인다.

두 번째로 높은 불안도를 보인 것은 문항 1(M=3.56)로 "나는 한국어 읽기를 할 때 글 전체의 의미를 정확히 파악하고 있다는 확신이 들지 않으면 불안하다"라는 내용이다. 읽기가 전체 의미 파악을 동반하는 행위이며 의미를 정확하게 파악했다는 확신이 학습자들에게 안정감을 준다는 것을 알 수 있다.

세 번째는 문항 2(M=3.27)로 "나는 한국어 읽기를 할 때 글 속의 단어들의 의미를 알고 있지만 필자가 하고자 하는 말이 무엇인지 이해하지 못 할 때가 있다"이다. 이는 단순히 모르는 의미의 단어가 야기하는 불안이 아니라 핵심 내용을 파악하지 못할 때 발생하는 불안이다. 문항 1이 높은 것과 같은 맥락에서 이해 부족이 낳는 불안이라고 보인다.

반면 읽기 불안 정도가 가장 낮은 문항의 1위부터 4위를 보면 문항 15(M=2.22) "한국어를 배우는데 가장 어려운 부분이 읽기이다", 문항 19(M=2.25) "한국의 문화와 사고방식에 익숙하지 않다", 문항 14(M= 2.35) "한국어 읽기는 어렵다", 문항 8(M=2.45) "발음할 수 없는 단어가 나오면 혼란스럽다"는 내용의 순으로 나타났다.

문항 15, 14가 낮은 것을 볼 때 제2언어 읽기보다 더 어렵게 느끼는 언어 영역이 있을 것이라고 보인다. 또한 문화에 대한 이질감이 크지 않았던 것은 참여자 중 아시아권의 학습자가 56명으로 다수를 차지하고 있었기 때문이라고 본다. 중국과 일본 학습자의 경우 문화 차이로 인한 적응 장애가 타문화권보다 적기 때문이다. 또한 문항 8이 낮은 것은 한국어의 특성 상 한글을 알면 발음하는 데에는 문제가 없기 때문에 발음에 대한 불안이 높지 않았던 것이라고 할 수 있다. 문항별 평균을 내림차순으로 정리하면 <표 1>과 같다.

〈표 1〉 한국어 읽기 불안 문항별 평균 및 표준편차

문항 번호	내용	평균	표준 편차
18	*지금 나의 한국어 읽기능력 수준에 만족한다.3)(불만족한다)	3.64	0.95
1	나는 한국어 읽기를 할 때 글 전체의 의미를 정확히 파악하고 있다는 확신이 들지 않으면 불안하다.	3.56	0.96
2	나는 한국어 읽기를 할 때 글 속의 단어들의 의미를 알고 있지만 필자가 하고자 하는 말이 무엇인지 이해하지 못 할 때가 있다.	3.27	1.13

20	한국어 독해를 잘하기 위해서 한국의 역사와 사회, 문화에 대하여 잘 알고 있어야 한다고 생각한다.	3.22	1.09
16	한국어 독해보다는 한국어 말하기를 배우는 것이 좋다.	3.21	1.30
13	*나는 한국어 읽기를 할 때 자신감이 있다. (자신감이 없다)	3.19	0.74
6	한국어 읽기를 할 때, 모르는 문법규칙이 나오면 당황스럽다.	3.16	1.04
4	나는 온통 한국어로 쓰인 페이지를 보면 두려워진다.	3.14	1.08
9	나는 한국어 읽기를 할 때 단어 하나하나를 번역한다.	3.08	1.16
3	나는 한국어 읽기를 할 때, 긴장되고 혼란스러워 지금 읽고 있는 내용에 대하여 기억을 잘 못한다.	3.06	0.93
5	나는 한국어 읽기를 할 때, 내가 잘 알지 못하는 장르, 주제에 대한 내용이 나오면 긴장된다.	3.06	1.02
10	처음 보는 한국어 단어를 보면, 나는 읽고 있는 내용을 기억하기 힘들다.	3.03	1.11
7	한국어 읽기를 할 때, 모든 단어를 이해하지 못하면 긴장이 되고 당황스럽다.	3.01	0.98
11	한국어 읽기를 할 때, 새로운 한국어 단어를 알아야 한다는 것은 괴로운 일이다.	2.93	1.09
12	*나는 한국어 읽기를 좋아한다. (싫어한다)	2.80	0.76
17	여러 사람 앞에서 큰소리로 한국어 지문을 읽는 것은 긴장되고 불편하다.	2.71	1.15
8	한국어 읽기를 할 때, 내가 발음할 수 없는 단어가 나오면 혼란스러워진다.	2.45	1.18
14	*일단 익숙해지면 한국어 읽기는 별로 어렵지 않다. (어렵다)	2.35	0.81
19	한국의 문화와 사고방식이 나에게는 익숙하지 않다.	2.25	0.72
15	한국어를 배우는데 가장 어려운 부분은 읽기(독해)이다.	2.22	0.98

3) *표가 되어 있는 문항은 역방향 문항이었기 때문에 불안 정도를 분석하는 과정에서 척

4.1.2 읽기 불안의 내부 구성 요인

요인분석을 하기에 표본이 적합한지를 알아보기 위해 표본 적합도 (Kaiser-Meyer-Olkin, KMO)와 Bartlett의 구형성 검정을 실시하였다. 그 결과 표본 적합도(KMO)는 0.801이고 구형성 검정치의 유의 수준이 0.000 이하로 나타났다. 이를 통해 표본이 요인분석을 하기에 적합하다는 것을 확인할 수 있었다.

〈표 2〉 KMO와 Bartlett의 구형성 검정

표준형성 적절성의 Kaiser-Meyer-Olkin 측도		0.801
Bartlett의 구형성 검정	근사 카이제곱	650.019
	자유도	190
	유의확률	0.000

중급 수준의 한국어 학습자의 읽기 불안 구성 요인을 추출하기 위해 주성분 분석(principal component analysis)과 직각회전 방식 중 베리맥스 회전(varimax rotation)을 사용하였다. 그 결과 아이겐값(eigenvalue)이 1보다 크고 설명력(variance)의 누적 총합이 70%이며 스크리 도표(scree plot)의 그래프 감소폭이 체감하기 직전까지의 요인 수는 총 6개였다. 또한 요인적재값이 0.5 이상인 경우를 유의미하다고 판단하여 0.5 이하의 요인적재값을 보인 17번 문항을 이후 분석에서 제외하였다.[4]

다음으로 추출된 6개 요인에 해당하는 문항들의 내적 일치도를 알

도 값을 역으로 처리하였다.

4) Comrey & Lee (1992)에 따르면 요인적재값(factor loading)은 0.70 이상일 경우 아주 적합 (excellent)으로 판정되며, 0.50 이상일 경우 적합(good)으로 판정된다. 반면 0.50 미만일 경우에는 다소 부적합, 부적합 혹은 매우 부적합으로 판정된다.

아보기 위해 신뢰도(reliability)를 측정하였다. 요인들의 Cronbach's 알파 값을 보면 요인 1, 2, 3이 0.6이상이며 요인 4, 5도 0.5를 넘어 문항들을 동질적이라고 보고 분석 자료로 채택하였다.[5] 요인분석과 신뢰도 분석을 통해 타당성을 갖춘 한국어 읽기 불안의 6개 요인과 해당하는 설문 문항 및 Cronbach's 알파값을 정리하면 다음과 같다.

〈표 3〉 읽기 불안 요인분석 결과

문항 번호	요인 1	요인 2	요인 3	요인 4	요인 5	요인 6	Cronbach's 알파값
6	0.827	0.282	-0.049	0.173	-0.002	0.132	
7	0.824	0.189	0.190	-0.070	-0.100	-0.046	
5	0.746	0.207	0.126	0.147	0.079	0.374	
11	0.614	0.329	0.114	0.294	0.058	-0.221	0.890
10	0.575	0.396	-0.058	0.445	0.191	0.126	
8	0.546	0.067	0.127	0.421	0.207	0.356	
9	0.515	0.418	0.084	0.104	0.111	-0.091	
2	0.176	0.798	0.029	0.187	-0.039	0.134	
3	0.331	0.750	0.125	0.088	0.302	0.095	0.854
4	0.495	0.654	0.156	-0.038	0.211	0.139	
1	0.472	0.636	0.005	0.177	-0.240	0.120	
17	0.335	0.382	0.262	0.379	0.049	0.288	-
12	-0.107	0.226	0.834	0.029	-0.128	0.007	0.755

---

5) Cronbach's 알파값을 이용한 신뢰도 검사는 두 문항 이상 간의 내적 합치도 지수를 말한다. 따라서 한 문항으로 구성된 요인 6은 신뢰도 검사를 할 수 없었다.

14	0.147	0.116	0.811	0.049	0.145	−0.132	
13	0.274	−0.171	0.722	−0.063	0.021	0.350	
20	−0.003	0.119	−0.090	0.847	0.034	0.059	0.560
19	0.399	0.119	0.158	0.586	−0.219	−0.136	
16	−0.080	0.220	−0.180	−0.022	0.834	0.041	0.514
15	0.189	−0.109	0.434	0.044	0.710	0.077	
18	0.035	0.221	0.022	0.048	0.068	0.864	−
아이겐값	7.259	2.148	1.619	1.260	1.129	1.084	
설명력 (%)	36.293	10.738	8.095	6.300	5.647	5.421	
누적 설명력 (%)	36.293	47.032	55.126	61.426	67.073	72.494	

　각 요인을 문항별로 살펴보면 요인 1은 문항 6, 7, 5, 11, 10, 8, 9의 총 7개 문항으로 구성되었다. 이들은 "한국어 읽기를 할 때, 모르는 문법규칙이 나오면 당황스럽다", "한국어 읽기를 할 때, 모든 단어를 이해하지 못하면 긴장이 되고 당황스럽다", "나는 한국어 읽기를 할 때, 내가 잘 알지 못하는 장르, 주제에 대한 내용이 나오면 긴장된다", "처음 보는 한국어 단어를 보면, 나는 읽고 있는 내용을 기억하기 힘들다", "한국어 읽기를 할 때, 내가 발음할 수 없는 단어가 나오면 혼란스러워진다", "나는 한국어 읽기를 할 때 단어 하나하나를 번역한다"이다. 요인 1에 해당하는 문항 중 요인적재값이 가장 높은 것은 문항 6, 7로 모르는 문법 규칙과 단어가 나왔을 때의 당황스러움에 대해 말하고 있다. 이외에도 독해 시 단어 번역과 새로운 단어에 대한 긴장에 대한 내용이 요인 1을 구성하고 있다. 따라서 이를 "어휘 및 문법 관

련 불안"이라고 하겠다.

요인 2는 문항 2, 3, 4, 1의 총 4개 문항으로 구성되었다. "나는 한국어 읽기를 할 때 글 속의 단어들의 의미를 알고 있지만 필자가 하고자 하는 말이 무엇인지 이해하지 못 할 때가 있다", "나는 한국어 읽기를 할 때, 긴장되고 혼란스러워 지금 읽고 있는 내용에 대하여 기억을 잘 못한다", "나는 온통 한국어로 쓰인 페이지를 보면 두려워진다", "나는 한국어 읽기를 할 때 글 전체의 의미를 정확히 파악하고 있다는 확신이 들지 않으면 불안하다"가 이에 해당하는 내용이다. 이 문항들은 개별 단어나 문자로부터 유발된 불안이라기보다 읽은 내용이 정확히 이해되지 않거나 기억할 수 없을 때 유발되는 불안을 말한다. 따라서 이들을 "이해 관련 불안"으로 명명한다.

요인 3은 문항 12, 14, 13으로 구성되어 있으며 이들 내용은 "나는 한국어 읽기를 싫어한다", "한국어 읽기는 어렵다", "나는 한국어 읽기를 할 때 자신감이 없다"이다. 이 문항들은 잘 읽고 이해할 수 있다는 확신과 관련된다. 따라서 이들을 "자신감 관련 불안"이라고 하겠다.

요인 4에 해당하는 문항은 20, 19로 "한국어 독해를 잘하기 위해서 한국의 역사와 사회, 문화에 대하여 잘 알고 있어야 한다고 생각한다", "한국의 문화와 사고방식이 나에게는 익숙하지 않다"는 내용이다. 이 문항들은 한국 문화이해가 읽기에 영향을 미친다는 생각을 반영하고 있다. 따라서 이들을 "문화 관련 불안"이라고 명명한다.

요인 5에 해당하는 문항은 16, 15로 "한국어 독해보다는 한국어 말하기를 배우는 것이 좋다"와 "한국어를 배우는데 가장 어려운 부분은 읽기(독해)이다"라는 내용이다. 이들은 읽기를 배울 때의 어려움과 비선호를 표현하고 있다. 따라서 이를 "부정적 인식 관련 불안"이라고 명명한다.

 마지막으로 요인 6에 해당하는 문항 18은 "지금 나의 한국어 읽기 능력 수준에 만족하지 않는다"는 내용이다. 이는 학습자가 느끼는 본인의 읽기 능력이 자신이 설정한 기준보다 낮아서 생기는 불안을 의미한다. 따라서 "능력 수준 관련 불안"이라고 명명한다.

 각 읽기 불안 요인들의 평균과 표준편차를 보면 '능력 수준 관련 불안'이 평균 3.64로 가장 높았으며 '이해 관련 불안'이 평균 3.26으로 나타났다. 나머지 4개 요인의 불안 평균은 2점 후반대로 큰 차이가 없었다.

〈표 4〉 한국어 읽기 불안 요인들의 평균과 표준편차

읽기 불안 구분	평균	표준편차
1. 어휘와 문법 관련 불안	2.96	0.84
2. 이해 관련 불안	3.26	0.85
3. 자신감 관련 불안	2.78	0.63
4. 문화 관련 불안	2.74	0.73
5. 부정적 인식 관련 불안	2.72	0.94
6. 능력 수준 관련 불안	3.64	0.95

4.2 읽기 불안과 읽기 불안 항목의 상관관계

4.2.1 읽기 불안과 문항 간 관계

 앞 절에서 추출된 요인들을 기반으로 전체 읽기 불안과 각 문항 사이의 상관관계 분석을 실시하였다. 분석 결과 문항 12를 제외한 모든 문항에서 유의미한 결과가 나타났다.

 가장 높은 상관관계를 보인 것은 문항 10으로 0.802의 상관관계를 보였다. 이 문항은 "처음 보는 단어를 보면 읽고 있는 내용을 기억하기 힘들다"는 내용이다. 이외에 0.7이상의 높은 상관관계를 보인 것은 문항 8, 5, 4, 6, 11이었다. 이들은 "발음할 수 없는 단어", "낯선 주제와 장르", "한국어로 가득 찬 읽기", "모르는 문법", "새로운 단어"가 야기하는 불안에 대한 내용이다. 높은 상관관계를 보인 문항들은 모두 요인 1과 2에 해당하는 문항으로 대부분이 어휘, 문법을 알아야 한다는 부담감과 읽은 것을 제대로 해석해야 한다는 생각에서 오는 긴장감이 전체 불안에 영향을 미친다는 것을 알 수 있었다.

0.4이상 0.7미만의 다소 높은 상관관계를 보인 것은 문항 3, 9, 2, 1, 7, 19였다. 0.6이상의 상관관계를 보인 것은 긴장으로 인해 내용 기억을 잘 못한다는 문항 3과 단어 하나하나를 번역한다는 문항 9가 각각 0.677, 0.641의 상관관계를 나타냈다. 이어서 "필자의 의도 파악"(문항 2), "전체 의미 파악"(문항 1), "모든 단어에 대한 이해"(문항 7), "문화와 사고방식"(문항 19)가 0.4이상의 정적인 상관을 갖는 것으로 나타났다. 다소 높은 상관관계를 보인 문항들은 단어와 의미 파악, 문화 관련 내용임을 알 수 있었다.

0.2이상 0.4미만의 낮은 상관관계를 보인 것은 문항 14, 20, 13, 18, 15, 16이었다. "한국어 읽기의 어려움"(문항 14), "역사, 사회, 문화에 대한 지식의 필요성"(문항 20), "읽기에 대한 자신감 부족"(문항 13), "읽기 수준에 대한 불만족"(문항18)은 전체 읽기 불안에 큰 영향을 미치지 않는 것으로 나타났다. 그중 가장 낮은 상관을 보인 문항 16, 15는 독해에 대한 비선호를 나타내고 있다. 이를 통해 독해와 학습에 대한 선호가 낮은 것은 읽기 불안 전체와 높은 상관을 보이지는 않는다는 것을 알 수 있었다.

〈표 5〉 읽기 불안과 문항별 읽기 불안의 상관관계

문항 번호	읽기 불안	
	Spearman 상관	유의확률(양측)
10	0.802**	0
8	0.735**	0
5	0.727**	0
4	0.714**	0
6	0.707**	0
11	0.707**	0
3	0.677**	0
9	0.641**	0
2	0.588**	0
1	0.587**	0
7	0.541**	0
19	0.449**	0.006
14	0.399**	0.001
20	0.379**	0.002
13	0.362**	0.004
18	0.344**	0.006
15	0.308*	0.015
16	0.301*	0.017
12	0.208	0.105

*: $p < 0.05$ 수준, **: $p < 0.01$ 수준

4.2.2 읽기 불안과 요인 간 관계

다음으로는 전체 읽기 불안과 요인별 읽기 불안의 상관관계를 분석하였다. 그 결과 6개 요인 모두 전체 읽기 불안과 유의미한 관계가 있었다. 그중 가장 높은 상관관계를 보인 것은 0.912의 상관관계를 보인 요인 1 '어휘와 문법 관련 불안'이었다. 두 번째로는 0.781의 상관관계를 보인 요인 2 '이해 관련 불안'이었다. 이를 통해 어휘와 문법에 대한 확신이 없을 때가 이해에 대한 부담보다 읽기 불안과 더 큰 상관을 보인다는 것을 알 수 있었다. 그다음으로는 요인 4 '문화 관련 불안', 요인 3 '자신감 관련 불안', 요인 6 '능력 수준 관련 불안', 요인 5 '부정적 인식 관련 불안'의 순으로 높은 상관관계를 보였다.

〈표 6〉 읽기 불안과 요인별 읽기 불안의 상관관계

		1. 어휘와 문법	2. 이해	3. 자신감	4. 문화	5. 부정적 인식	6. 능력 수준
읽기 불안	Spearman 상관	0.912**	0.781**	0.415**	0.515**	0.383**	0.344**
	유의확률 (양측)	0.000	0.000	0.001	0.000	0.002	0.006
	N	62	62	62	62	62	62

**: $p < 0.01$ 수준

4.3 읽기 불안 수준별 그룹과 불안 항목의 상관관계

4.3.1 읽기 불안 수준별 그룹과 문항 간 관계

이 절에서는 읽기 불안 수준에 따라 나누었을 때 그룹별 읽기 불안

정도와 각 문항과 요인 간 관계 분석 결과를 기술하고자 한다. 이를
위해 연구 참여자의 불안 수준을 세 개의 그룹으로 나누었다. 불안 상,
중, 하 세 그룹은 전체 참여자 62명의 읽기 불안 평균(M)과 표준편차
(SD)를 구한 후, 평균에 표준편차를 각각 더하고 빼(M+SD, M-SD) 구분
기준을 설정하였다. 이렇게 해서 도출된 불안도를 기점으로 불안 상
(60.09점 이상) 중(49.41점~60.09점), 하(49.41점 이하) 그룹이 구분되었다.
불안 수준에 따른 세 그룹의 평균과 표준편차를 <표 7>에 제시한다.

〈표 7〉 읽기 불안 상중하 그룹의 불안 평균과 표준편차

그룹	불안 정도 (최대=95)	인원 수	평균	표준편차
상	60.09점 이상	21	68.28	4.78
중	49.41점 이상 60.09점 미만	23	55.82	2.75
하	49.41점 미만	18	40.16	8.48
합계		62	54.75	5.34

위와 같이 분류된 불안 상중하 그룹이 19개 문항과 어떤 상관을 보
이는지 분석하였다. 그 결과, 불안 상 그룹은 4개의 문항과 유의미한
관계를 보였으며 이에 해당하는 문항은 문항 4, 5, 3, 10이었다. 가장
큰 상관을 보인 것은 문항 4(r=0.590) "나는 온통 한국어로 쓰인 페이
지를 보면 두려워진다"였다. 두 번째로 높은 상관을 보인 것은 문항
5(r=0.533) "나는 한국어 읽기를 할 때 내가 잘 알지 못하는 장르, 주제
에 대한 내용이 나오면 긴장된다"였으며 읽기가 긴장될 때 내용 기억
이 어렵다는 문항 3(r=0.511)과 처음 보는 단어를 보면 내용 기억이 어
렵다는 문항 10(r=0.470)이 그 뒤를 이었다. 불안 상 그룹은 단 4개의

문항과 유의미한 관계를 보였고 그 정도도 높지 않았다.

불안 중 그룹은 6개의 문항과 유의미한 관계가 있는 것으로 나타났다. 가장 큰 상관을 보인 것은 문항 9(r=0.566) "나는 한국어 읽기를 할 때 단어 하나하나를 번역한다"였다. 그다음으로 문항 20(r=0.540) "한국어 독해를 잘하기 위해서 한국의 역사와 사회, 문화에 대하여 잘 알고 있어야 한다고 생각한다"가 높게 나타났다. 발음할 수 없는 단어에 대한 혼란스러움을 표현한 문항 8(r=0.513)과 처음 보는 단어에 대한 기억의 어려움을 표현한 문항 10(r=0.502), 단어 학습의 괴로움을 표현한 문항 11(r=0.446)과 이해하지 못하는 단어가 있을 때의 당황스러움을 표현한 문항 7(r=0.437) 순으로 높은 상관을 보였다.

불안 하 그룹은 8개의 문항과 유의미한 관계가 있었다. 이들을 순서대로 기술하면 문항 10, 4, 3, 12, 15, 13, 11, 18이다. 그중 문항 10(r=0.791)은 "처음 보는 한국어 단어를 보면, 나는 읽고 있는 내용을 기억하기 힘들다"로 가장 높은 상관을 보였다. 그다음으로는 문항 4(r=0.754) "나는 온통 한국어로 쓰인 페이지를 보면 두려워진다"가 높은 상관을 나타냈다. 이 외에 문항 3(r=0.691), 문항12(r=0.668) 문항 15(r=0.628), 문항 13(r=0.615), 문항 11(r=0.575), 문항 18(r=0.495)이 전체 읽기 불안과 다소 높은 상관관계를 보였다.

〈표 8〉 읽기 불안 수준별 그룹과 문항의 상관관계

문항 번호	상		중		하	
	Spearman 상관	유의확률 (양측)	Spearman 상관	유의확률 (양측)	Spearman 상관	유의확률 (양측)
1	.377	.092	-.237	.276	.080	.753

2	.213	.355	.058	.794	.222	.376
3	.511*	.018	-.210	.335	.691**	.001
4	.590**	.005	-.271	.210	.754**	.000
5	.533*	.013	.234	.282	.400	.100
6	.275	.227	.176	.422	.381	.118
7	.364	.104	.437*	.037	.263	.292
8	.429	.052	.513*	.012	.207	.410
9	.282	.216	.566**	.005	.033	.895
10	.470*	.032	.502*	.015	.791**	.000
11	.164	.476	.446*	.033	.575*	.013
12	.151	.514	-.394	.063	.668**	.002
13	.063	.786	.407	.054	.615**	.007
14	.296	.193	.245	.259	.168	.505
15	.255	.264	-.133	.545	.628**	.005
16	-.047	.840	-.295	.173	.208	.407
18	.129	.578	-.009	.968	.495*	.037
19	.206	.370	.404	.056	-.164	.516
20	.129	.576	.540**	.008	.110	.663

*: $p < 0.05$ 수준, **: $p < 0.01$ 수준

4.3.2 읽기 불안 수준별 그룹과 요인 간 관계

다음으로는 불안 상중하 그룹과 불안 6개 요인의 상관관계를 분석하였다. 분석 결과 불안 상 그룹은 요인 2 '이해 관련 불안'(r=0.660), 요인 1 '어휘와 문법 관련 불안'(r=0.655)과 높은 상관을 보였다. 요인 1의 경우 불안 중 그룹과 0.796, 하 그룹과 0.95의 더 높은 상관을 나타냈다. 이외에 불안 중 그룹은 요인 4 '문화 관련 불안'과도 0.45의 상관이 있었다. 마지막으로 불안 하 그룹은 6개 불안 요인 중 4개와 높은 상관관계를 나타냈다. 그중 요인 1은 매우 높은 상관을 보였고 특별히 요인 3 '자신감 관련 불안'은 불안 하 그룹과 관계가 있었다. 반면 요인 5 '부정적 인식 관련 불안'은 모든 그룹과 유의미한 관계가 없는 것으로 나타났다.

〈표 9〉 읽기 불안 수준별 그룹과 읽기 불안 요인의 상관관계

그룹		어휘와 문법	이해	자신감	문화	부정적 인식	능력 수준
상	Spearman 상관	0.655**	0.660**	−0.027	−0.033	0.227	0.080
	유의확률 (양측)	0.001	0.001	0.908	0.886	0.323	0.732
중	Spearman 상관	0.796**	−0.039	0.086	0.450*	−0.071	−0.008
	유의확률 (양측)	0.000	0.860	0.696	0.031	0.749	0.972
하	Spearman 상관	0.950**	0.753**	0.837**	0.097	−0.074	0.528*
	유의확률 (양측)	0.000	0.000	0.000	0.701	0.771	0.024

*: $p < 0.05$ 수준, **: $p < 0.01$ 수준

5. 논의

이 장에서는 4장에서의 분석 결과를 선행 연구들과 비교, 분석함으로 본 연구의 의미를 도출하고자 한다. 논의는 연구 문제별로 정리하여 기술한다.

5.1 읽기 불안 요인

이 연구에서 62명의 읽기 불안을 측정한 결과, 읽기 불안 평균값은 2.97로 나타났다. 이 결과는 Saito, Horwitz & Garza(1999)의 2.64, Zhao, Dynia & Guo(2013)의 2.68, 이효신(2012)의 2.74, 박현진 · 김정은(2017a)의 2.6보다 다소 높은 수치였으나 장혜 · 김영주(2014)의 3.12보다는 낮은 결과였다. 이 연구의 불안도가 Saito, Horwitz & Garza(1999), Zhao, Dynia & Guo(2013), 이효신(2012)보다 높게 나타난 것은 참여자의 언어 수준이 중급으로 한정되었기 때문이라고 본다. 앞의 세 연구들은 연구 참여자의 언어 수준을 특정하지 않아 초중고급의 학습자들의 불안도가 합쳐졌기 때문에 중급 수준 학습자들의 불안도보다 낮았을 수 있다. 박현진 · 김정은(2017a)은 고급 수준의 학문 목적 학습자로 언어 수준을 제한하고 있다. 이런 이유에서 중급 수준의 한국어 학습자를 대상으로 한 본 연구의 불안도가 박현진 · 김정은(2017a)보다 다소 높게 나타났을 것이다. 반면 장혜 · 김영주(2014)의 불안도가 본 연구보다 높았던 것은 연구 참여자의 학습 목적과 관련되는 것으로 보인다. 장혜 · 김영주(2014)의 연구 참여자 중 중국 소재 한국어학과 재학생은 111명으로 전체 참여자의 63% 정도였다.[6] 이들은 학습자의 모국에서 한국어를 전공으로 하는 학습자들이다. 학문 목적 중에서도 한국어 자체를 전공으로 한다는 점, 외국어를 목표어 나라가 아닌 모국에서 학습해야 한다는 점이 불안도를 높이는 데 영향을 미쳤을 것이라 본다.

읽기 불안의 내구성 요인을 알기 위해 요인분석을 한 결과, '어휘 및 문법', '이해', '자신감', '문화', '부정적 인식', '능력 수준' 관련 불안의 6개 하부 요인이 추출되었다.

이러한 구성 요인을 선행 요인분석과 비교할 수 있다. 먼저 이효신(2012)의 요인분석과 비교해 보면 ① 단어 및 문법 불안, ② 한국어 읽기의 두려움, ③ 자신감 부족, ④ 읽기 습관, ⑤ 부정적 인식, ⑥ 문화 및 주제 불안 중 ①, ②, ③, ⑤ ,⑥이 본 연구와 유사한 결과를 나타냈다. ②는 요인명은 다르지만 본 연구의 요인 2 '이해 관련 불안'과 구성 문항은 유사하다. ④는 이효신(2012)에서 추가한 문항이 요인을 구성하고 있어 같은 결과를 도출할 없었다. 특히 ①은 본 연구와 마찬가지로 가장 높은 설명력을 가지고 있었다.

장혜·김영주(2014)의 요인분석 결과는 ① 생소한 주제와 언어 형태로 인한 불안, ② 글의 이해에 대한 두려움, ③ 한국어 읽기에 대한 부정적인 태도로 인한 두려움, ④ 생소한 문화에 대한 두려움으로 ①, ②, ③, ④가 요인명은 다르지만 본 연구의 요인1, 2, 4, 5와 유사했다. 장혜·김영주(2014)에서도 본 연구와 같이 ①의 설명력이 33.57%로 가장 높게 나타났다. 반면 자신감과 자신의 능력이 부족하다고 느끼며 불안을 느끼는 요인은 본 연구와 달리 추출되지 않았다.

김영주(2014)는 ① 새로운 단어와 읽기에 대한 부정적인 태도로 인한 두려움, ② 문법, 단어, 의미 이해, 소리 내어 읽기에 대한 두려움,

---

6) 장혜·김영주(2014)의 연구 참여자 174명은 중국에서 한국어학을 전공하고 있는 학습자가 111명, 한국에서 한국어를 공부하는 학습자가 63명으로 구성되어 있었다.

③ 저자의 의도 및 친숙하지 않은 주제로 인한 두려움의 3개 요인을 추출하였다. 그의 연구에서는 단어 같은 특정 대상에 대한 두려움과 인식에서 비롯된 두려움이 같은 요인 내 구성 요소로 존재했다. 이는 영어권 학습자에게 한글이라는 문자 구조의 생소함과 의미 이해, 발음이 연속선상에서 같은 종류의 두려움으로 인식된 결과라고 보인다. 그런 점에서 본 연구와 구성 요인의 유사성을 발견하기는 힘들었다.

최근 연구인 박현진·김정은(2017a)은 ① 이해 관련 불안, ② 외국어 읽기 관련 불안, ③ 어휘 관련 불안, ④ 문화 관련 불안, ⑤ 부정적 인식 관련 불안으로 불안 요인을 구성하였다. 본 연구는 중급 학습자를 대상으로 한 것과 달리 박현진·김정은(2017a)은 고급 학습자를 대상으로 연구하였다. 학습자의 한국어 수준 차이로 인해 ①, ③, ④, ⑤는 유사한 구성요인이었지만 나머지는 다른 결과가 나타났다. 특히 본 연구에서는 요인 1 '어휘와 문법 관련 불안'이 가장 큰 설명력(36.293%)을 가지는 것으로 나타났으나 박현진·김정은(2017a)에서는 문법 관련 요인이 없었고 ① 이해 관련 불안이 가장 큰 설명력(39.713%)을 가지고 있었다. 즉 고급 학습자의 경우 필자가 의도한 의미를 파악하지 못할 때 더 긴장한다면, 중급 학습자는 문법 규칙과 단어를 모를 때 당황하는 경우가 높다는 것을 알 수 있었다. 이를 볼 때 중급 학습자가 다수인 외국인 학부생 대상 교육에서는 중요한 어휘와 문법을 선별하고 다양한 방법을 통해 의미 파악에 초점을 맞출 수 있게 훈련시켜야 할 것으로 보인다.

5.2 읽기 불안과 읽기 불안 항목의 관계

한국어 읽기 불안과 각 문항별, 요인별 불안의 관계를 분석한 결과는 19개의 문항 중 문항 12를 제외한 모든 문항과 정적인 상관을 보였다. 가장 큰 상관을 보인 것은 문항 10 "처음 보는 단어를 보면 읽고 있는 내용을 기억하기 힘들다"(r=0.802)였다. 고급 학습자를 대상으로 한 연구에서 가장 높은 상관을 보인 것은 문항 2 "나는 한국어 읽기를 할 때 글 속의 단어들의 의미를 알고 있지만 필자가 하고자 하는 말이 무엇인지 이해하지 못 할 때가 있다"였다(박현진 · 김정은, 2017a) 이 두 연구를 비교하면 중급 학습자는 처음 보는 단어가, 고급 학습자는 필자의 의도 파악이 안 될 때가 전체 불안과 높은 상관을 나타낸다는 것을 알 수 있다. 중급 학습자는 고급 학습자보다 학습해야 할 문법과 어휘가 더 많이 존재하며 새로 배운 내용에 익숙해질 만큼 학습 기간이 충분하지 못했을 확률이 높기 때문에 위와 같은 차이가 발생했을 것이라고 본다.

읽기 불안과 요인별 불안 정도의 상관관계를 분석한 결과는 6개 요인 모두와 정적인 상관관계가 있는 것으로 나타났다. 그중 가장 높은 상관을 보인 것은 요인 1 '어휘와 문법 관련 불안'(r=0.912)이었고 두 번째로 높은 것은 '이해 관련 불안'(r=0.781)이었다. 반면 낮은 상관관계 순으로 보면 요인 6 '능력 수준 관련 불안'과 요인 5 '부정적 인식 관련 불안'이 각각 0.344, 0.383 상관을 가지고 있는 것으로 나타났다. 즉 단어와 문법을 모를 때 발생하는 불안이 전체 읽기 불안에 가장 큰 영향을 미친다고 할 수 있다. 이해 관련 불안이 두 번째로 높은 상관을 보인 것은 연구 참여자가 학문 목적 학습자이기 때문에 취미로 읽는 독자와 달리 반드시 이해를 수반해야 함에서 비롯된 결과라고 보인다. 그러나 능력이 부족하다고 느끼거나 부정적 인식에서 비롯된 불안은 전체 읽기 불안에 미치는 영향이 상대적으로 낮았다. 이는 외국인 학부생으로 목적이 명확한 학습자군이기 때문에 현재의 언어수준 부족이나 특정 언어 영역에 대한 학습 선호도가 낮다고 해도 전체 읽기 불안에 미치는 영향이 크지 않은 것이라 할 수 있다.

전반적으로 첫 번째 연구 문제에서와 마찬가지로 새로운 단어와 문법에 대한 불안의 영향이 크다고 볼 때 맥락을 통해 단어 의미를 유추할 수 있는 전략에 대한 훈련이 필요할 것이라고 본다. 또한 여러 학문적 비학문적 어휘와 다양한 문법에 대한 노출을 높일 수 있도록 확장적 읽기와 같은 방법을 적용할 수 있을 것이다.

5.3 읽기 불안 수준별 그룹과 불안 항목의 관계

불안 상중하 그룹과 각 문항별, 요인별 불안의 관계를 분석한 결과 불안 상 그룹은 4개의 문항과, 불안 중 그룹은 6개 문항과, 불안 하 그룹은 8개 문항과 상관관계를 나타냈다. 세 그룹을 비교하면 불안 상 그룹이 영향을 받는 문항 수가 적었으며 불안 하 그룹이 더 많은 문항과 높은 상관을 보였다. 불안 하 그룹이 더 많은 문항과 관계를 가지는 것은 박현진 · 김정은(2017b)과 같은 결과였다.

불안 상 그룹과 가장 높은 상관을 보인 문항 4는 "나는 온통 한국어로 쓰인 페이지를 보면 두려워진다"였으며 불안 중 그룹은 문항 9 "나는 한국어 읽기를 할 때 단어 하나하나를 번역한다", 불안 하 그룹은 문항 10 "처음 보는 한국어 단어를 보면 나는 읽고 있는 내용을 기억하기 힘들다"와 가장 높은 상관관계를 가지고 있었다. 이를 볼 때 불안 상은 문자 자체나 분량이 주는 긴장이 전체 불안과 관련이 높은 반면, 불안 중, 하 그룹은 단어에 대한 부담이 크며 특히 불안 하 그룹은 처음 보는 단어가 기억과 이해에 장애가 될 수 있다는 것을 알 수 있었다.

불안 상중하 그룹과 요인별 상관관계에서도 불안 상, 하 그룹은 2개의 요인과 유의미한 상관을 보였으며 불안 하 그룹은 4개의 요인과 상관을 보였다. 그중 요인 1 '어휘와 문법 관련 불안'은 모든 그룹에서 가장 높은 상관을 나타냈다. 이를 통해 중급 수준의 학습자의 경우 전체 불안과 어휘, 문법 사항이 큰 관련이 있다는 것을 확인할 수 있었다. 또한 불안 중 그룹은 요인 4 '문화 관련 불안'과 관련이 보였으며, 불안 하 그룹은 자신감과 읽기 능력이 부족하다고 느끼는 것도 전체 읽기 불안에 영향을 미치는 것으로 나타났다. 이는 불안과 문항 간 관계와 마찬가지로 불안 하 그룹이 더 다양한 요인과 관련성을 가진다는 것을 알 수 있었다. 또한 요인 5 '부정적 인식 관련 불안'은 모든 그룹과 유의미한 관련을 보이지 않는 것을 볼 때 학습자가 부정적 인식을 가지고 있어도 전체 읽기에 큰 영향을 미치지는 않는다고 할 수 있을 것이다.

중급 학습자를 대상으로 한 이 연구의 경우 대부분 어휘, 문법과 관련된 불안이 높다는 점을 알 수 있었다. 이러한 점을 고려하여 학습자가 새로운 어휘를 접했을 때 핵심 어휘 판별, 의미 유추 등을 교육 내용과 접목시킬 수 있는 방법을 고안해 볼 수 있을 것이다. 익숙하지 않은 문법도 유사 문법 유추와 문맥을 고려한 읽기 등의 방법으로 이해도를 높일 수 있도록 해야 할 것이다.

6. 결론

이 연구는 중급 수준의 한국어를 구사하는 외국인 학부생을 대상으로 제2언어로서의 한국어 읽기 불안 요인과 불안 수준에 따른 요인들과의 관계를 양적 연구 방법을 사용하여 연구하였다. 한국어 읽기 불안 측정은 Saito, Horwitz & Garza(1999)가 개발한 외국어 읽기 불안 척도(FLRAS)를 통해 이루어졌다. 이렇게 측정된 수치는 기술통계, 요인분석, 상관분석을 통해 분석되었다.

그 결과 6개의 불안 요인이 추출되었으며 그중 요인 1 '어휘와 문법 관련 불안'이 가장 큰 설명력을 나타냈다. 전체 불안과 각 불안 항목들의 관계에서도 '어휘와 문법' 관련 불안이 가장 큰 상관을 보였으며 '읽기 능력 수준'과 '부정적 인식' 관련 불안은 낮은 상관을 보였다. 읽기 불안 정도에 따라 그룹을 나누었을 때는 불안 하 그룹이 더 많은 문항, 요인들과 높은 상관을 보이는 것을 확인할 수 있었다.

이 연구는 외국인이 최소한의 한국어 요건을 가지고 학부생이 되었을 때 경험하게 될 불안에 대한 관심에서 시작되었다. 이들은 한국어 초급 과정을 이수한 상태에서 대학에 입학해 학업을 해야 한다. 현실적으로 중급 수준은 입학의 최소 요건이지 성공적인 학업을 하기에 충분 요건은 아니다. 이런 이유에서 외국인 학부생 중 대부분을 차지하는 한국어 중급 학습자들은 학문 활동을 하는 데에 많은 어려움을 겪을 수밖에 없다. 이들의 구체적인 언어 수행 결과와 학습 방안에 관심을 가지고 진행된 연구는 다수 존재한다. 그러나 정의적 요인에 대한 관심은 상대적으로 적다는 점에서 한국어 읽기 불안에 주목한 본 연구의 차별성을 찾을 수 있을 것이다. 또한 전체 읽기 불안과 세부 요인들의 관계, 불안 수준에 따른 영향 요인의 차이를 기존 연구와 비교하며 분석하려 했다는 점도 새로운 시도라고 하겠다.

그러나 양적으로 충분한 참여자를 확보하지 못해 국적, 성별, 학습 기간 등의 다양한 변인을 통해 불안을 분석하지 못한 점, 연구 방법을 다각화 하지 못한 점은 본 연구의 한계점이다. 이 연구에서는 모든 학문에 기초가 되는 읽기에 초점을 맞춰 연구가 진행되었으나 쓰기와 말하기 같이 학문 목적 학습자에게 중요한 표현 영역과 관련된 연구도 필요할 것으로 보인다. 이러한 다양한 영역의 정의적 요인에 대한 연구가 이어져서 한국어 교육에서의 기초 연구가 견고해 지길 바란다. 또한 그 연구들의 결과가 대학에서 공부하는 외국인들에게 도움이 되기를 기대한다.

제 4 장

중급 한국어 학습자의 한국어와 모국어의 쓰기 불안과 학업 성취도의 관계

1. 서론

쓰기는 문자 언어를 통해 의사를 표현하고 소통하게 하는 언어 기술로 사고 단계부터 결과물 완성에 이르기까지 절차화된 과정을 거쳐야 하며 고등 사고를 요구하는 언어 영역이다. 그런 점에서 쓰기는 쓰기 지식과 같은 인지적인 요인과 함께 태도, 모험 시도 등의 정의적인 요인의 영향도 크게 받는다고 할 수 있다.

정의적 요인 중 불안은 자아 존중, 자아 효능감, 억제, 모험 시도와 연결된 개념으로 제2언어 습득에서 중요한 역할을 한다(Brown, 2007:171). 학습자가 경험하는 불안은 주로 학습에 대한 우려, 걱정, 무서움, 학습 시간에 집중하지 못함, 결석 등과 같은 심리와 행동으로 나타난다 (Tallon, 2009:112). 특히 학습자가 쓰기를 할 때 느끼는 불안은 쓰기를 성공적으로 수행하지 못할 것이라고 느끼거나 쓰기 상황 자체를 회피

혹은 거부하고자 하는 경향성으로 드러난다(Daly & Wilson, 1983; Bloom, 1985; Mcleod, 1987). 학습자가 쓰기를 할 때 이러한 느낌을 경험하면 쓰기 수행과 쓰기 능력에 부정적인 영향을 미친다고 알려져 왔다(Cheng, 1998; Al-Ahmad, 2003; Chen & Lin, 2009).

쓰기 불안은 L1과 L2 모두에서 나타날 수 있다. L1 쓰기보다 L2 쓰기에서 더 큰 불안감이 나타난다는 Al-Ahmad(2003)의 연구는 이 둘을 비교하는 데에 관심을 갖게 했다. 이후 Hadaway(1987), Wu(1992)는 L1과 L2 쓰기 불안 간에 상관관계가 있음을 지지하였으며 Cheng(2002)와 같이 관계가 없다는 연구도 있었다.

이 연구에서는 한국어를 L2로 학습하는 외국인 학습자를 대상으로 L1과 L2 쓰기 불안을 측정하여 비교하고 이들과 학업 성취도가 어떤 관계에 있는지 분석하고자 한다. 학습자가 느끼는 쓰기 불안의 정도와 요인분석을 통해 L1과 L2 쓰기 불안의 특성을 알아보고 서로의 관계에 대해서도 분석할 것이다. 특히 학문 목적 한국어 학습자들에게 쓰기는 가장 어려운 언어 기술로 인식되고 있다(김정숙, 2000; 김인규, 2003; 이덕희, 2003). 그런 점에서 대학에서 공부하고 있는 외국인 학부생을 대상으로 그들이 느끼는 쓰기 불안에 대해 살펴볼 것이다. 아직까지 한국어를 L2로 학습하는 학습자를 대상으로 L1, L2의 쓰기 불안 요인을 재분류하고 이 둘을 비교하고자 한 연구는 없었다. L1, L2를 비교 분석함으로 한국어 학습자의 쓰기 불안 특성을 파악하기 위해 이 연구에서 설정한 연구 문제는 다음과 같다.

1) 외국인 학부생들의 L1, L2 쓰기 불안의 특성과 구성 요인은 무엇인가?
2) 외국인 학부생들의 L1, L2 쓰기 불안은 서로 어떤 관계가 있는가?

3) 외국인 학부생들의 L1, L2 쓰기 불안은 학업 성취도와 어떤 관계
가 있는가?

2. 이론적 배경

2.1 쓰기 불안과 학문 목적 학습자

쓰기 불안은 L1, L2 모두에서 경험할 수 있는 정의적 요인이다. Daly
& Wilson(1983)은 쓰기 불안에 대해 "평가가 수반되는 쓰기 수업에서
사람들이 쓰기 상황을 피하고자 하거나 자신은 잘 쓰기 못할 것이라
고 생각하는 일반적인 성향과 관련된 것"이라고 정의한 바 있다.

이러한 쓰기 불안을 측정하기 위해 Daly & Miller(1975)는 L1 학습자
를 대상으로 한 쓰기 불안 척도(WAT: Write Apprehension Test)를 개발하
였다. 이후 이 척도는 L2 학습자의 쓰기 불안을 측정하는 데에도 사용
되고 있다. 이후 Cheng, Horwitz & Schallert(1999)가 WAT를 사용하여 쓰
기 불안 요인분석을 한 결과 '글쓰기에 대한 낮은 자신감', '부정적 평가
에 대한 두려움', '글쓰기에 다한 거부감'이 불안 요인으로 추출되었다.
이 3가지 불안 요인은 이후 많은 연구에서 쓰기 불안 분류의 기준으로
사용되었다.

Cheng(2004)도 불안 측정 설문을 개발하였는데 그는 기존의 WAT와
외국어 학습 불안 및 이해, 태도 등을 측정하는 설문지들을 고려하여
제2언어 불안을 측정할 수 있는 SLWAI(Second Language Writing Anxiety
Inventory)를 개발하였다. 그는 SLWAI을 활용해 요인분석을 실시하여
'신체불안(somatic anxiety)', '회피불안(avoidance behavior)', '인지적 불안

(cognitive anxiety)'을 쓰기 불안 구성 요인으로 제시하였다.

이와 같이 여러 요인들로 구성된 쓰기 불안은 인지적 요인 못지않게 L2학습자의 학습에 크게 영향을 미치는 변인이다. 특히 학문 목적 학습자의 경우 같은 조건에서 전략적인 학습이 이루어졌다고 해도 개개인이 갖는 정의적 요인 차가 학업 결과를 바꿀 수 있다. 그런 점에서 본다면 학습자 변인으로 간주되어 온 불안과 같은 요인은 학문 목적과 연결되어 활발히 연구될 필요가 있다.

외국인 학부생들이 학문 활동을 하는 데에는 언어의 전 영역이 고루 활용되어야 한다. 그중 쓰기는 학습자가 어려움을 표하는 학업 기술로 조사되어 왔다.[1] 이러한 이유로 쓰기는 학습자 스스로 교육에 대한 요구가 가장 높은 기술이기도 하다(김정숙, 2000; 김인규, 2003; 이덕희, 2003; 배윤경 외 3, 2011). 학문 목적 학습자들의 경우 장르에 맞는 정확하고 풍부한 쓰기를 할 필요가 있기 때문에 쓰기 결과물에 영향을 미치는 정의적 요인의 중요성도 커질 수밖에 없을 것이다. 이런 점에서 학문 목적 학습자가 쓰기를 할 때 경험하는 불안은 그들의 학업 결과물 산출에 직접적인 영향을 미치는 요인이 될 수 있다.

2.2 L1과 L2 쓰기 불안 관련 선행 연구

대조수사학의 명시적인 시초는 Kaplan(1966)의 연구라고 할 수 있다. 그는 ESL 학습자를 대상으로 다양한 L1 텍스트와 L2(영어) 텍스트의 수사 구조를 분석하려고 하였다. 이후 다수의 연구들을 통해 L1과 L2의 영향 관계에 대한 연구가 이루어졌다.

---

1) Geoghgan(1983)에 따르면 쓰기는 23%의 학습자가 어려움을 표현한 학업 기술로 세미나 참석(28%) 다음으로 높은 순위를 차지한다(Jordan, 1997:3).

이와 같은 맥락에서 쓰기 불안은 L1과 L2 모두에서 발생하며 둘은 특정한 영향 관계에 있을 수 있다. Al-Ahmad(2003)은 L1으로 글을 쓸 때보다 L2 쓰기에서 더 큰 불안감이 발생한다는 연구 결과를 도출한 바 있다. 이후 L1과 L2 쓰기 불안을 비교한 연구로 Hadaway(1987), Wu(1992), Cheng(2002) 등이 있는데 이들 연구 결과는 서로 같지 않다.

Hadaway(1987)는 미국에서 공부하는 대학생을 대상으로 L1 쓰기 불안과 L2(영어) 쓰기 불안의 상관관계를 분석한 결과 정적인 상관관계가 있는 것으로 나타났다. 미국에서 중국인 대학생을 대상으로 연구한 Wu(1992)도 L1과 L2의 쓰기 불안 간에 상관관계가 존재함을 밝힌 바 있다. 그러나 Cheng(2002)이 대만에서 대학생을 대상으로 한 연구에서는 L1(중국어)와 L2(영어) 사이에 상관관계를 발견하지 못하였다.

제2언어로서의 한국어를 대상으로 쓰기 불안을 연구하거나 L1과 L2 쓰기 불안을 비교 분석한 연구는 많지 않다. 그중 신현미(2003), 조인·김영주(2015), 김경령(2016)은 한국어 쓰기 불안에 집중하여 연구하였고 전형길(2016)은 모국어와 한국어 쓰기 불안을 비교하는 연구를 시행하였다.

먼저 신현미(2003)는 대화일지 작성이 한국어 쓰기 불안 감소에 긍정적인 영향을 미친다는 것을 주장한다. 이 연구는 한국어 쓰기 불안에 관심을 가지고 시도한 초기 연구라는 점에서 의의가 있으나 제2언어로서의 한국어가 가지는 불안의 특성이 충분하지 못해 아쉬움이 남는다.

조인·김영주(2015)는 한국어가 중급 수준 이상인 한국 내 중국인 130명을 대상으로 SLWAI을 사용하여 설문 조사를 하고 심층인터뷰를 실시하였다. 그 결과 TOPIK 3급 학생들은 3.13, 4급은 2.56, 5급은 2.87, 6급은 2.69의 불안도를 보였다. 또한 '쓰기 교실 상황 또는 작문 요청 시 느끼는 불안과 회피', '한국어 쓰기에 대한 소극적인 태도', '시간 제약과 평가에 대한 불안', '작문 시 나타나는 심리적 그리고 신체적 긴장', '비웃음에 대한 두려움과 혼란한 생각'과 같은 5개 구성 요인을 추출한 바 있다. 이 연구는 중국인 학습자만을 대상으로 언어 숙달도에 따른 불안을 구분하고 질적 연구를 병행하여 설문 연구를 보완하려 했다는 점에서 의미 있는 시도라 하겠다.

김경령(2016)은 어학 기관에서 학습하고 있는 학문 목적 한국어 학습자 40명을 대상으로 한국어 쓰기 불안과 언어 능숙도, 피드백 이해도, 문장과 낱말 길이, 전략 사용 간의 관계를 연구하였다. 그는 쓰기가 학습과 교육의 여러 요인들과 어떤 관계를 가지고 있는지 탐구하고자 한 연구라고 할 수 있다.

L1과 L2 쓰기 불안을 비교한 연구인 전형길(2016)은 한국어 학습자의 모국어와 한국어 쓰기 불안 간 관련성을 연구하였다. Daly & Miller(1975)의 WAT 26개 문항 중 15개 문항을 사용하여 140명을 대상으로 한국어 쓰기 불안 요인과 특징, 학습 목적에 따른 집단별 불안 특징을 비교하였다. 그 결과 모국어 쓰기 불안(3.239)에 비해 한국어 쓰기 불안(3.457)이 높게 나타났으며 요인들과의 관계 분석에서는 모국어 쓰기 불안은 '쓰기 거부감' 요인과, 한국어 쓰기 불안은 '낮은 자신감', '쓰기 거부감' 요인과 정적인 상관이 있는 것으로 나타났다. 또한 모국어와 한국어 쓰기 불안 요인 간 분석에서는 '쓰기에 대한 거부감'과 '평가 불안감' 사이에 유의미한 관계가 있는 것으로 나타났다. 이 연구는 L1과 L2를 비교 분석함으로 둘의 영향 관계를 분석하려 하였다는 점에서 의의가 있으나 기존 연구 결과를 따라 불안 요인을 설정하고 L1 불안 요인도 L2와 동일하게 분류하였다는 점에서 아쉬움이 남는다.

최근 쓰기 불안에 주목한 연구가 점차 늘고 있으나 L1과 L2를 비교한 연구는 많지 않다. 특히 쓰기 영역이 중요한 외국인 학부생에게 초점을 맞춰 그들이 느끼는 쓰기 불안이 학업에 영향을 미치는지 면밀히 살피도록 설계된 연구는 없었다. 이런 점을 보완하기 위해 이 연구에서는 외국인 학부생 중 다수에 해당하는 언어 수준이 중급인 학습자를 대상으로 쓰기 불안에 대해 연구하고자 한다.

3. 연구 방법

3.1 연구 참여자 정보

이 연구는 서울 소재 대학교에서 필수교양 과목인 '사고와 표현'을 수강하고 있는 55명의 1학년 학부생을 대상으로 한다. 참여자의 성별은 남자 9명, 여자 46명이며 국적은 중국, 말레이시아, 노르웨이 등이다. 한국어 숙달도는 3급이 16명, 4급이 39명으로 중급 수준에 해당한다. 전공은 16개의 학과가 포함되어 있으며 연령은 18세부터 26세까지 분포되어 있다. 이상의 내용을 정리하면 다음 <표 1>과 같다.

〈표 1〉 연구 참여자 정보

구분	변수
성별	남자(9명), 여자(46명)
국적	중국(44명), 말레이시아(3명), 노르웨이(1명), 러시아(1명), 미국(1명), 브라질(1명), 사우디(1명), 일본(1명), 홍콩(1명), 카자흐스탄(1명)
연령	18(2명), 19(2명), 20(16명), 21(22명), 22(6명), 23(3명), 24(3명), 26(1명)
한국어 능력	TOPIK 3급(16명), TOPIK 4급(39명)

3.2 연구 도구

3.2.1 쓰기 불안 설문 조사

쓰기 불안은 Daly & Miller(1975)의 쓰기 불안 측정 도구(Writing Apprehension Test: WAT) 26개 문항에 Cheng(1998)의 2문항을 추가하여 총 28개 문항으로 측정되었다. Daly & Miller(1975)의 WAT는 모국어 쓰기 불안을 측정하기 위해 만들어졌으나 이후에 제2언어 쓰기 불안 측정에도 사용되었다. 이 연구는 L1, L2 쓰기 불안을 측정하여 비교하는 것이므로 측정의 용이성과 요인별 비교를 위해 WAT의 문항을 기본으로 하고 문법과 내용 불안에 대한 항목을 포함하기 위해 Cheng(1998)의 2문항을 추가하였다. WAT을 사용할 경우 기존에 WAT을 사용한 연구 결과와 비교가 가능하다는 장점이 있다. 설문지는 두 세트로 한국어 쓰기 불안에 대한 설문을 마치면 제1언어 쓰기 불안 설문에 응답하도록 했다. 연구에 사용된 문항은 "1=전혀 그렇지 않다"부터 "5=매우 그렇다"까지의 5점 리커트 척도로 구성되었으며 설문 내용은 한국어, 영어, 중국어를 병기하여 제시되었다.[2]

3.2.2 학업 성취도 평가

'사고와 표현'은 학부생이 필수적으로 듣는 교양 필수 과목 중 하나로 학업 수행에 필요한 이해 및 표현 능력 함양을 목표로 하는 과목이다. 특히 외국인 대상 '사고와 표현'은 내용 중심 접근법 중 주제 중심 모형과 기능 중심 교수요목을 기반으로 교육 과정이 설계되어 있다.

---

2) 한국어 및 모국어 쓰기 불안 측정 문항 28개는 부록1에 첨부한다.

따라서 이 과목은 수업 중 배운 내용 지식[3])에 대한 이해와 이를 기반으로 한 추론적, 비판적 사고 능력이 평가된다. 시험 문항은 객관식 문항(60%)과 서술형(40%)[4])으로 구성된다. 이런 점에서 이 과목의 중간 및 기말시험은 일상생활에서의 의사소통능력을 평가하는 한국어능력 시험과 다르며 여타 교양 과목에서 평가하는 총괄 평가 형태와 유사하다.[5]) 이러한 이유에서 본 교과목에서 시행한 시험은 학습자의 학업 성취도를 반영한다고 할 수 있다. 분석 시 사용한 수치는 중간과 기말 시험 성적을 합한 값을 백분율로 환산하여 처리하였다.

3.2.3 연구 절차

한국어 쓰기 불안 조사는 2017학년도 1학기 '사고와 표현' 과목 수강생 중 언어 수준이 중급인 외국인 학부생을 대상으로 실시되었다. 쓰기 불안 설문 조사와 기초 인적 사항 조사는 학습자들에게 동의를 받은 후 2017년 6월 첫 번째 주에 서면 설문 방식을 통해 이루어졌다. 학업 성취도 평가를 위한 중간, 기말 시험은 공통의 기준을 가지고 출제, 채점되었다. 출제 문항은 같은 교과를 담당하는 4인의 교수자가 함께 검토하였고 채점 또한 공통 평가 기준을 가지고 이루어졌다.

설문 조사 결과는 통계처리 프로그램인 SPSS 25를 사용해 분석하였

---

3) 단원의 주제를 보면 '삶과 윤리', '예술과 인간의 삶', '인간의 생물학적 특징'과 같이 주제 중심 모형을 기반으로 교수요목이 설계되어 있다.
4) 평가 세부 항목은 조건 수행, 내용, 구성, 표현이며 각 항목의 비율은 1:3:2:2이었다.
5) 본 과목의 서술형 문항으로는 "여러분이 생각하는 예술 작품의 조건은 무엇인가? 그 기준에 따르면 아래의 작품은 예술작품이라고 볼 수 있는가? 여러분이 생각하는 예술작품의 조건에 대해 쓰라."와 같이 사고를 통한 논리적 글쓰기를 평가하게 되어 있다. 외국인을 대상으로 하는 과목이기 때문에 평가 항목에서 한국어 사용의 정확성과 같은 '표현'에 대한 비중이 한국인 대상 과목의 평가 비율에 비해 상대적으로 높은 편이다.

다. 기술통계를 활용하여 L1, L2 쓰기 불안 조사 설문 문항별 불안 평균과 표준편차를 조사하였으며 L1, L2 쓰기 불안의 요인분석과 신뢰도 분석을 각각 실시하였다. 또한 L1, L2 불안 요인 간 상관관계, 학업 성취도와의 상관관계 분석을 위해 상관관계 분석(Spearman rank-order correlation coefficient)을 실시하였다.

4. 결과 분석

4.1 L2와 L1 쓰기 불안의 특징

한국어 쓰기 불안의 특징을 알아보기 전에 설문지의 신뢰도 검사를 수행했다. 28개의 문항으로 구성된 설문지의 L2(한국어) 쓰기 불안 문항 신뢰도는 0.926, L1의 경우 0.954로 높게 나타났다. 이는 Daly & Miller (1975)와 최숙기(2011)의 문항 신뢰도인 0.94와 유사한 결과이다.

수정된 WAT를 통해 조사된 한국어 쓰기 불안의 평균은 2.97, 모국어 쓰기 불안은 2.44로 나타났다. 각 문항별 불안 평균과 표준편차는 <표 2>와 같다.

한국어 쓰기 불안 중 불안도가 높은 순으로 다섯 개 문항을 보면 문항 27(M=3.74), 28(M=3.62), 3(M=3.56), 23(M=3.53), 16(M=3.38)의 순이다. 그중 가장 높은 불안도를 보인 문항 27은 "나는 글을 쓸 때 종종 문법을 실수할까 봐 걱정된다"이다. 외국어로서의 한국어라는 점에서 문법에 대한 실수가 가장 큰 불안의 요인이 된다는 것을 알 수 있다. 또한 중급 학습자의 경우 많은 양의 문법을 학습하고 연습하게 된다. 다양한 문법을 배우고 활용하는 시기인 만큼 그에 대한 걱정도 커진 것이라고 보인다.

두 번째로 불안이 높은 것은 문항 28(M=3.62)로 "나는 글을 쓸 때 쓸 내용을 찾지 못할까 봐 불안하다"이다. 작문에 대한 태도보다 쓸 내용을 찾지 못할 것에 대한 걱정이 더 높게 나타났다는 것을 알 수 있다. 이는 외국인 학부생이라는 학습 목적이 내용에 대한 불안을 높이는 데에 영향을 미쳤을 것이라고 보인다. 학문을 하는 학습자의 경우 정확성뿐만 아니라 정보성 있는 내용을 갖춰 글을 쓸 필요가 있기 때문이다.

그다음으로는 문항 3(M=3.56)이 높은 불안을 나타냈다. 이는 "내 생각을 쓰는 시간이 기다려지지 않는다"는 내용으로 쓰기 시간을 선호하지 않는 학습자의 상태를 표현한다. 문항 3은 앞의 두 문항과 달리 특정한 대상이 있는 불안이 아닌 쓰기의 기대감이 없다는 것으로 이 문항에 대한 응답이 높다는 것은 쓰기가 가진 특징이 외국인 학습자에게 선호의 대상이 아니라는 것을 의미한다고 볼 수 있다.

네 번째로 높은 불안도를 보인 문항 23(M=3.53)은 "글을 잘 쓰는 것이 나한테는 어려운 일이다"이며, 다섯 번째는 문항 16(M=3.38) "내 생각을 분명하게 쓸 수 없을 것 같다"이다. 글을 잘 쓰는 일에 대한 부담과 걱정이 함께 표현되는 문항으로 학습자들이 쓰기 능력과 의사표현력이 쓰기에 필요함을 인지하고 있음을 알 수 있다. 또한 이러한 쓰기 능력과 표현력이 부족할 때 쓰기에 대한 불안이 커진다는 것을 알 수 있다.

L1의 경우는 불안 항목의 결과가 L2와 다르다. 불안도가 높은 다섯 개 문항을 보면 문항 2(M=2.84), 14(M=2.82), 28(M=2.81), 23(M=2.78), 17(M=2.76) 순이다. L1 쓰기에서 가장 높은 불안도를 보인 것은 문항 2로 "내가 쓴 글을 다른 사람이 평가하는 것이 두렵다"는 내용이다. 모

국어 쓰기의 경우 쓰는 것 자체에 대한 것보다 쓰기를 통해 소통하거나 평가받는 연계 행위에 대한 거부감이 불안도에 영향을 미친다는 것을 알 수 있다. 즉 쓴 글을 평가받는다는 것을 선호하지 않거나 불편한 일로 인식하는 경우 불안도가 높아진다는 것이다.

두 번째로 높은 불안도를 보인 것은 문항 14로 "내가 쓴 글을 사람들이 좋아하는 것 같지 않다"이다. 가장 높은 불안도를 보인 문항 2의 평가에 대한 두려움과 같은 맥락에서 타인이 자신의 글을 어떻게 인식할지에 대한 걱정을 내포하고 있다. 이는 쓰기 능력 자체에 대한 두려움과 달리 쓰기 결과가 어떻게 받아 들여질지와 관련되는 것으로 L2 쓰기와 달리 높아진 수치라고 할 수 있다.

세 번째로 높은 불안도를 보인 문항 28(M=2.81)은 "나는 글을 쓸 때 쓸 내용을 찾지 못할까 봐 불안하다"라는 내용이다. 쓰기는 정확성뿐만 아니라 목적에 맞게 내용이 풍부해야 잘 쓴 글이라고 할 수 있다. 그런 점에서 L1의 경우 문법 정확성에 대한 부담은 없지만 내용에 대한 걱정은 있다는 것을 알 수 있다.

네 번째로는 문항 23(M=2.78) "글을 잘 쓰는 것이 나한테는 어려운 일이다", 다섯 번째로 높은 문항은 문항 17(M=2.76) "쓰기가 아주 재미있지 않다"는 내용이다. 문항 23은 쓰기 능력 부족을 의미하며 문항 17은 흥미 여부에 대한 것이다. 이를 통해 스스로 쓰기 능력이 충분하지 않다고 느낄 때 불안이 발생하며 쓰기를 재미있는 일로 인식하지 못하는 것이 불안을 높이는 데에 영향을 미친다는 것을 알 수 있다.

〈표 2〉 문항별 한국어와 모국어 불안 평균 및 표준편차

문항 번호	내용	L2(한국어)		L1	
		평균	표준 편차	평균	표준 편차
1	나는 글쓰기를 싫어해서 피한다.	2.56	1.12	2.07	1.05
2	* 내가 쓴 글을 다른 사람이 평가해도 두렵지 않다.(두렵다)6)	2.84	1.12	**2.84**	**1.32**
3	* 내 생각을 쓰는 시간이 기다려진다.(기다려지지 않는다)	**3.56**	**0.86**	2.40	1.27
4	내가 쓴 글이 평가된다고 생각하면 글을 쓰기가 두렵다.	2.78	1.10	2.24	1.20
5	글쓰기 수업은 아주 두려운 것이다.	2.78	1.18	2.31	1.20
6	* 글을 써서 선생님께 제출하면 기분이 좋아진다.(기분이 좋아지지 않는다)	2.71	0.92	2.49	1.09
7	글을 쓰기 시작하면 아무 생각도 나지 않는다.	2.91	1.09	2.42	1.03
8	글을 써서 생각을 표현하는 것은 시간을 낭비하는 것이 같다.	1.89	0.74	1.93	0.84
9	* 평가를 받거나 출판하기 위해서 잡지에 글을 쓰는 것은 재미있을 것이다.(재미없을 것이다)	2.87	1.04	2.47	1.10
10	* 내 생각을 쓰는 것을 좋아한다. (좋아하지 않는다)	3.00	0.96	2.36	1.11
11	* 내 생각을 글로 분명하게 표현하는 데에 자신감이 있다.(자신없다)	3.11	0.94	2.45	1.09
12	* 내가 쓴 글을 친구들이 읽도록 하고 싶다.(읽게 하고 싶지 않다)	2.98	0.95	2.60	1.12
13	나는 글을 쓰는 것이 걱정된다.	3.18	1.06	2.29	1.12

14	* 내가 쓴 글을 사람들이 좋아하는 것 같다.(좋아하는 것 같지 않다)	3.20	0.83	2.82	1.02
15	* 나는 쓰는 것을 좋아한다.(좋아하지 않는다)	3.05	0.83	2.69	1.05
16	내 생각을 분명하게 쓸 수 없을 것 같다.	3.38	1.03	2.24	0.92
17	* 쓰기가 아주 재미있다.(재미있지 않다)	2.95	0.83	2.76	1.10
18	수업에 들어가기 전에 쓰기 수업이 별로 기다려지지 않는다.	2.62	0.83	2.44	1.10
19	* 내 생각을 쓴 글을 보는 것을 좋아한다.(좋아하지 않는다)	2.87	0.72	2.44	0.98
20	* 내가 쓴 글에 대해서 다른 사람들과 이야기하는 것이 즐겁다.(즐겁지 않다)	3.05	0.76	2.64	1.06
21	글쓰기 시간에 내 생각을 정리하는 시간이 아주 두렵다.	2.73	0.91	2.25	0.89
22	글쓰기 숙제를 내야 하면 나는 잘 못할 것이라고 생각한다.	2.73	0.93	2.16	0.88
23	* 글을 잘 쓰는 것이 나한테는 쉬운 일이다.(어려운 일이다)	3.53	0.88	2.78	0.88
24	나는 내가 대부분의 다른 사람들처럼 글을 잘 쓴다고 생각하지 않는다.	3.22	1.07	2.42	1.05
25	내가 쓴 글을 평가 받는 것이 싫다.	2.16	0.92	2.22	1.03
26	나는 글쓰기를 잘하지 못 한다.	3.24	1.09	2.69	1.05
27	나는 글을 쓸 때, 종종 문법을 실수할까 봐 걱정된다.	3.75	1.02	2.35	1.19
28	나는 글을 쓸 때, 쓸 내용을 찾지 못할까 봐 불안하다.	3.62	1.08	2.81	1.02

4.2 L2와 L1 쓰기 불안의 구성 요인

외국인 학부생이 느끼는 L1, L2 쓰기 불안 요인을 알아보기 위해 요인분석을 실시하였다. 먼저 표본이 요인분석을 하기에 적합한지 확인하기 위해 표본 적합도(Kaiser-Meyer-Olkin, KMO)와 Bartlett의 구형성 검정을 하였다. 그 결과 L2(한국어) 쓰기 불안의 경우 표본 적합도(KMO)는 0.771, L1 쓰기 불안의 경우 0.817이었으며 구형성 검정치의 유의 수준이 0.001 이하로 나타났다. 이를 통해 요인분석에 적합하다는 것을 확인할 수 있다.

기존 연구에서는 불안 요인분석을 다시 하지 않고 Cheng, Horwitz & Schallent(1999)의 요인분석 결과를 따르는 경우가 대부분이다. 그러나 이 연구에서는 외국어로서의 한국어 불안 요인을 L1과 구분하여 보고 기존 연구와 비교 분석하기 위해 요인분석을 실시한다.

28개 문항을 주성분 분석(principal component analysis)과 직각회전 방식 중 베리맥스 회전(varimax rotation)을 사용하여 요인분석을 실시하였다. 아이겐값과 설명력, 스크리 도표를 통해 추출한 L2(한국어) 쓰기 불안 요인은 총 7개이다.[7]

이 연구에서는 요인적재값이 0.5이상인 경우 유의미한 적재값으로 판단하였다(Comrey & Lee; 1992). 이때 한 문항에 두 요인 이상이 비슷한 요인적재값을 보이면 교차적재(cross-loading)로 판단하여 추후 분석에서 제외하였다. 이러한 기준에 의해 요인적재값이 0.5이하라는 이유에서 문항 4가 제외되었고, 교차적재 때문에 제외된 문항으로는 3, 10, 19, 21, 24,

---

6) *로 표시한 문항은 역방향 문항이며 불안도 중 상위 5개는 굵은 글씨로 표시했다.
7) 요인 수를 결정하는 방법에는 아이겐값(eigenvalue, 아이겐값이 1보다 클 경우), 설명력 (variance, 설명력의 누적 총 합이 70일 때), 스크리 도표(scree plot, 스크리 도표의 선 그래프가 체감하기 직전까지의 요인의 수)가 사용되었다.

25, 26이 있다.[8)]

다음으로 7개 요인들에 해당하는 설문 문항들의 내적 일치도를 알기 위해 신뢰도(reliability)를 측정한 결과 요인들의 Cronbach's 알파값이 0.60을 넘어 본 연구 분석 자료로 채택하는데 적합하다는 것을 알 수 있다. 요인분석과 신뢰도 분석을 통해 타당성을 갖춘 한국어 쓰기 불안의 7개 요인과 이에 해당하는 설문 문항 및 Cronbach's 알파값을 정리하면 <표 3>과 같다.

〈표 3〉 한국어 쓰기 불안의 회전된 성분 행렬

문항 번호	요인 1	요인 2	요인 3	요인 4	요인 5	요인 6	요인 7	Cronbach's 알파값
27	**0.771**	0.120	-0.015	0.186	0.018	0.309	0.042	
28	**0.754**	-0.065	0.086	0.120	-0.078	0.085	0.242	
23	**0.702**	0.273	0.140	-0.040	0.363	-0.019	-0.140	
16	**0.692**	0.126	0.276	0.055	0.196	0.037	-0.069	0.866
22	**0.623**	0.210	0.187	-0.010	0.345	0.233	0.289	
7	**0.547**	-0.134	0.300	0.224	0.340	0.326	0.041	
14	0.443	**0.705**	0.132	0.162	0.116	0.021	-0.158	
9	0.002	**0.690**	0.110	0.341	-0.177	0.179	-0.094	0.729
20	0.045	**0.686**	0.237	0.103	0.167	0.344	0.191	
17	0.180	0.072	**0.774**	0.236	0.327	-0.020	-0.019	0.817

8) Bedford(1997)은 요인 간 절대값 0.2 이하의 적재값 차이는 교차적재이며, 이는 한 문항이 두 요인 이상에 대해서 유의미한 상관관계를 보이기 때문이라고 하였다.

18	0.217	0.245	**0.748**	-0.094	-0.042	0.140	0.084	
15	0.356	0.142	**0.667**	0.313	0.102	0.358	-0.063	
12	0.234	0.189	0.209	**0.739**	-0.007	0.076	-0.023	
6	-0.101	0.218	0.115	**0.734**	0.180	-0.019	0.216	0.784
11	0.474	0.302	0.063	**0.674**	0.109	0.000	0.003	
13	0.258	0.065	0.027	0.066	**0.810**	0.041	0.001	
5	0.365	0.018	0.300	0.400	**0.558**	0.274	0.238	0.736
8	0.147	0.129	0.112	-0.022	-0.020	**0.835**	0.038	
1	0.338	0.132	0.298	0.049	0.330	**0.637**	0.089	0.689
2	0.088	-0.028	0.042	0.183	0.017	0.112	**0.863**	–
아이겐값	10.573	2.619	1.930	1.658	1.385	1.345	1.060	
설명력(%)	37.762	9.355	6.893	5.922	4.947	4.804	3.785	
누적설명력(%)	37.762	47.117	54.010	59.931	64.878	69.682	73.467	

요인 1에는 문항 27, 28, 23, 16, 22, 7이 해당한다.[9] 요인 2는 문항 14, 9, 20이 해당하며, 요인 3에는 문항 17, 18, 15가 해당한다. 요인 4는 문항 12, 6, 11이, 요인 5는 문항 13, 5가 요인 6은 문항 8, 1이 해당한다. 마지막으로 요인 7은 문항2가 해당하는 것을 알 수 있다.

9) 요인적재값이 큰 문항부터 나열한다.

요인 1을 구성하는 문항들은 "나는 글을 쓸 때 종종 문법을 실수할까 봐 걱정한다", "나는 글을 쓸 대 쓸 내용을 찾지 못할까 봐 불안하다", "글을 잘 쓰는 것은 어려운 일이다", "내 생각을 분명하게 쓸 수 없을 것 같다", "글쓰기 숙제를 잘 못할 것 같다", "쓰기 시작하면 아무 생각도 나지 않는다"와 같은 문항이 포함된다. 그중 요인적재값이 가장 높은 것은 문법과 내용에 대한 걱정이다. 이는 모국어와 달리 외국어로서 한국어를 접할 때 경험하게 되는 불안으로 배운 것을 정확하게 쓸 수 있을지 자신의 능력에 대한 확신이 부족하기 때문에 발생하는 것이라 할 수 있다. 따라서 이 요인을 '자신감 부족'이라고 명명한다.

요인 2를 구성 문항들은 "내가 쓴 글을 사람들이 좋아하는 것 같지 않다", "평가를 받거나 출판하기 위해서 잡지에 글을 쓰는 것은 재미없을 것이다", "내가 쓴 글에 대해 다른 사람들과 이야기하는 것이 즐겁지 않다"이다. 이 문항들은 쓰기 능력 자체보다 쓰기 후 타인이 자신의 글을 어떻게 생각할지에 관한 내용들이다. 쓴 것을 공유하고 공감하는 것에 대한 불안과 관련되는 것이므로 이들을 "공유에 대한 비선호"로 명명한다.

요인 3은 "쓰기가 재미없다", "수업에 들어가기 전에 쓰기 수업이 별로 기다려지지 않는다", "나는 쓰는 것을 좋아하지 않는다"이다. 이 문항들은 쓰기 자체에 대한 것으로 자신이 쓰기에 흥미가 부족해서 생기는 불안과 회피라고 할 수 있다. 따라서 이들을 "쓰기에 대한 비선호"라고 하겠다.

요인 4를 구성하는 문항들은 "내가 쓴 글을 친구들이 읽도록 하고 싶지 않다", "글을 써서 선생님께 제출하면 기분이 좋아지지 않는다", "내 생각을 글로 분명하게 표현하는 데에 자신없다"이다. 이 문항들은 글로 표현하는 것에 대한 부담과 쓴 글을 다른 이들에게 보여주는 것에 대한 거부감을 함께 포함하고 있다. 따라서 이들을 "표현에 대한 거부감"이라고 명명한다.

요인 5의 문항은 "나는 글을 쓰는 것이 걱정된다", "글쓰기 수업은 아주 두려운 것이다"이다. 이들은 표현 능력 부족이나 공유에 대한 비선호가 아닌 쓰는 행위에 대한 걱정과 두려움을 표현하고 있다. 따라서 "쓰기에 대한 두려움"이라고 명명하고자 한다.

요인 6은 "글을 써서 생각을 표현하는 것은 시간을 낭비하는 것 같다", "나는 글쓰기를 싫어해서 피한다"이다. 특히 문항 8은 글쓰기에 대한 의미를 인식하지 못하고 있으며 그로 인해 글쓰기를 피하고 싶은 것으로 인식하고 있다. 이는 특정 행위에 대한 것이라기보다 쓰기에 대한 전반적인 인식에서 비롯된 요인이라 할 수 있다. 따라서 이를 "쓰기에 대한 부정적 인식"이라고 명명한다.

요인 7은 하나의 문항으로 "내가 쓴 글을 다른 사람이 평가하는 게 두렵다"이다. 외국인 학습자가 한국어 쓰기에서 느끼는 평가 불안은 모국어와 같을 수 없다. 한국어 글을 평가받는다는 것은 오류에 대한 지적이 될 수 있기 때문이다. 그런 점에서 이를 "평가에 대한 두려움"이라고 명명한다.

7개 한국어 쓰기 불안 구성 요인들의 평균과 표준편차는 <표 4>를 통해 확인할 수 있다. 표에서 알 수 있듯이 '자신감 부족'이 평균 3.31로 가장 높았으며 다음으로는 요인 2 '공유에 대한 비선호'가 3.04의 불안도를 나타냈다. 반면 요인 6 '쓰기에 대한 부정적 인식'은 2.22로 가장 낮았다.

〈표 4〉 한국어 쓰기 불안 요인들의 평균과 표준편차

쓰기 불안 구분	평균	표준편차
1. 자신감 부족	3.31	1.01
2. 공유에 대한 비선호	3.04	0.77
3. 쓰기에 대한 비선호	2.87	0.68
4. 표현에 대한 거부감	2.93	0.87
5. 쓰기에 대한 두려움	2.98	1.25
6. 쓰기에 대한 부정적 인식	2.22	0.89
7. 평가에 대한 두려움	2.73	0.91

이 연구에서는 한국어 쓰기 불안 측정과 같은 방식으로 L1에 대한 쓰기 불안을 측정하였다. L1 상황에서 응답한 28개 문항을 한국어에 대한 요인분석과 같은 방식으로 요인분석하였다. 그 결과 L1 쓰기 불안 요인은 총 5개로 추출되었다.

요인적재값은 0.5이상인 경우에 유의미하다고 판단하였고 교차적재로 나타난 문항 5, 7, 9, 19, 21, 23, 24, 26은 이후 분석에서 제외하였다. 5개 요인들에 해당하는 문항들의 신뢰도(reliability)를 측정한 결과 요인들의 Cronbach's 알파값이 0.80을 넘어 본 연구 분석 자료로 채택하는데 적합하였다. 요인분석과 신뢰도 분석을 통해 타당성을 갖춘 L1 쓰기 불안의 5개 요인과 해당 문항 및 Cronbach's 알파값을 정리하면 〈표 5〉와 같다.

〈표 5〉 모국어 쓰기 불안의 회전된 성분 행렬

문항 번호	요인 1	요인 2	요인 3	요인 4	요인 5	Cronbach's 알파값
10	**0.834**	0.207	0.096	0.304	-0.108	
11	**0.830**	0.260	0.160	0.088	0.239	
14	**0.824**	0.163	0.005	0.347	0.105	
6	**0.773**	0.386	-0.007	0.229	-0.055	0.913
12	**0.674**	0.283	-0.138	0.443	0.333	
3	**0.689**	-0.185	0.234	0.156	-0.182	
2	**0.632**	0.031	0.297	-0.001	-0.028	
1	0.124	**0.771**	0.190	0.092	0.158	
8	0.193	**0.760**	0.285	0.091	-0.014	
4	0.014	**0.757**	0.348	0.226	0.042	0.893
18	0.344	**0.736**	0.143	0.041	0.046	
13	0.095	**0.729**	0.217	0.254	0.394	
22	0.151	0.347	**0.761**	0.119	0.126	
16	0.139	0.351	**0.741**	0.062	0.189	
27	0.103	0.202	**0.685**	0.001	0.404	0.870
25	0.085	0.413	**0.655**	0.278	-0.006	
20	0.272	0.229	0.194	**0.846**	0.116	
17	0.320	0.270	0.139	**0.822**	0.114	0.923

15	0.338	0.109	0.099	**0.805**	0.069	
28	−0.012	0.155	0.327	0.152	**0.824**	−
아이겐 값	12.751	3.945	1.628	1.382	1.367	
설명력 (%)	45.541	14.089	5.816	4.934	4.881	
누적 설명력 (%)	45.541	59.630	65.446	70.380	75.261	

　요인 1에는 문항 10, 11, 14, 6, 12, 3, 2가 해당한다. 요인 2는 문항 1, 8, 4, 18, 13이, 요인 3에는 문항 22, 16, 27, 25가 해당한다. 요인 4는 문항 20, 17, 15가 요인 5는 문항 28이 해당하는 것을 알 수 있다.

　요인 1을 구성하는 문항들은 "내 생각을 쓰는 것을 좋아하지 않는 다", "내 생각을 글로 분명하게 표현하는 데에 자신이 없다", "내가 쓴 글을 사람들이 좋아하는 것 같지 않다", "글을 써서 선생님께 제출하면 기분이 좋지 않다", "내가 쓴 글을 친구들이 읽도록 하고 싶지 않다", "내 생각을 쓰는 시간이 기다려지지 않는다", "내가 쓴 글을 다른 사람이 평가하는 게 두렵다"이다. 그중 가장 높은 요인적재값을 보인 문항은 "내 생각을 쓰는 것을 좋아하지 않는다"로 0.834의 요인적재값을 나타냈으며 0.80 이상의 요인적재값을 보인 문항들은 모두 표현과 공유에 대한 태도를 나타낸다. 따라서 이 요인을 "표현과 공유에 대한 비선호"라고 명명한다.

　요인 2의 구성 문항들은 "나는 쓰기를 싫어해서 피한다", "글을 써서 생각을 표현하는 것은 시간을 낭비하는 것 같다", "내가 쓴 글이 평가된다고 생각하면 글을 쓰기가 두렵다", "수업에 들어가기 전에 쓰기 수업이 별로 기다려지지 않는다", "나는 글을 쓰는 것이 걱정된다"이다. 이 문항들은 쓰기를 선호하지 않음과 동시에 피하고 싶은 마음을 포함하고 있다. 따라서 "쓰기에 대한 두려움"으로 명명한다.

요인 3은 "글쓰기 숙제를 내야 하면 나는 잘 못할 것이라고 생각한다", "내 생각을 분명하게 쓸 수 없을 것 같다", "나는 글을 쓸 때 종종 문법을 실수할까 봐 걱정된다", "내가 쓴 글을 평가 받는 것이 싫다"이다. 이 문항들에는 쓰기를 통해 자신이 원하는 바를 잘 표현하지 못할 것 같은 두려움이 포함되어 있다. 그 이유는 쓰기에 대한 총체적인 자신감이 부족하기 때문이다. 따라서 이 요인을 "자신감 부족"이라고 명명한다.

요인 4를 구성하는 문항들은 "내가 쓴 글에 대해서 다른 사람들과 이야기하는 것이 즐겁지 않다", "쓰기가 재미있지 않다", "나는 쓰는 것을 좋아하지 않는다"이다. 이들은 쓰기에 대한 근본적인 선호도를 표현하는 것으로 L2의 불안 요인 3과 유사하게 "쓰기에 대한 비선호"라고 명명한다.

요인 5의 문항은 "나는 글을 쓸 때 쓸 내용을 찾지 못할까 봐 불안하다" 하나이다. L1 쓰기에서 내용에 대해 고민한다는 것은 외국어 글쓰기에서의 내용 부족과는 다른 맥락에서 불안을 야기할 수 있다. L1에서는 L2와 같이 표현의 정확성을 걱정할 필요는 없으나 글의 주제와 관련된 생각이 부족하면 좋은 글쓰기를 하기 어렵기 때문이다. 이런 점에서 요인 5를 "내용 부족"이라고 명명하고자 한다.

L1의 5개 쓰기 불안 구성 요인들의 평균과 표준편차는 <표 6>을 통해 확인할 수 있다. 가장 높은 불안을 보인 요인은 2.82의 불안도를 보인 요인 5 '내용 부족에 대한 불안'이다. 다른 요인들과 달리 요인 5는 쓰기 기술이 아닌 쓰기 내용에 해당한다는 것을 알 수 있다. 그다음으로

는 요인 4 "쓰기에 대한 비선호"가 2.69의 불안도를 나타냈는데 이 또한 능력 자체보다 선호도와 관련되는 요인이라는 것을 알 수 있다.

〈표 6〉 L1 쓰기 불안 요인들의 평균과 분산

쓰기 불안 구분	평균	표준편차
1. 표현과 공유에 대한 비선호	2.566	1.318
2. 쓰기에 대한 두려움	2.193	1.142
3. 자신감 부족	2.241	1.024
4. 쓰기에 대한 비선호	2.697	1.151
5. 내용 부족	2.82	1.02

4.3 L1, L2 쓰기 불안과 요인 간 상관관계

두 번째 연구 문제인 L1, L2 쓰기 불안의 관계를 알아보기 위해 전체 불안 간 상관관계와 불안 요인 간 상관관계를 살펴보았다. 먼저 L1과 L2(한국어) 전체 쓰기 불안 사이의 상관관계를 분석하였다. 그 결과 한국어와 L1 쓰기 불안은 정적인 상관(r=0.611)이 있다는 것을 알 수 있었다. 이는 어느 한 쪽의 불안이 높아질 경우 다른 쪽에 유의미한 영향을 미칠 수 있다는 것을 의미한다.

〈표 7〉 L1과 L2 쓰기 불안 간 상관관계

		L1 쓰기 불안
L2(한국어) 쓰기 불안	Spearman 상관	.611**
	유의확률(양측)	0
	N	55

*: $p < 0.05$ 수준, **: $p < 0.01$ 수준

　L1과 L2가 서로 유의미한 관계라는 것을 확인한 상태에서 구체적으로 어떠한 요인들이 서로 관계를 가지고 있는지 알아보기 위해 L1 전체 불안과 L2 불안 요인의 관계와 L2 전체 불안과 L1 불안 요인의 관계를 분석하였다. 그 후 각 불안 요인 간 상관관계도 분석하였다.

　먼저 한국어 쓰기 불안에 L1의 어떤 불안 요인들이 영향 관계에 있는지 알아보기 위해 한국어 쓰기 불안과 L1 쓰기 불안 요인 5개의 상관관계를 살펴보았다. 그 결과 모든 요인이 한국어 쓰기 불안에 영향을 미치는 것으로 나타났다. 그중에서 가장 큰 상관을 보인 것은 요인 2 '쓰기에 대한 두려움'(r=0.556)이었고 그다음으로는 요인 4 '쓰기에 대한 비선호'(r=0.487)이었다. 이들은 모두 쓰기 자체에 대한 감정을 포함하고 있다는 특징이 있다. 이외의 나머지 요인들도 0.40 이상의 상관을 나타냈다.

〈표 8〉 한국어 쓰기 불안과 L1 쓰기 불안 요인의 상관관계

		1. 표현과 공유 비선호	2. 쓰기 두려움	3. 자신감 부족	4. 쓰기 비선호	5. 내용 부족
한국어 쓰기 불안	Spearman 상관	.437**	.556**	.423**	.487**	.417**
	유의확률 (양측)	0.001	0.000	0.001	0.000	0.002
	N	55	55	55	55	55

*: $p < 0.05$ 수준, **: $p < 0.01$ 수준

　다음으로는 L1 전체 쓰기 불안과 한국어 쓰기 불안 요인들의 관계를 분석하였다. 이는 학습자가 L2의 각 요인들이 L1에 갖고 있는 근본적인 쓰기 불안과 관계를 가지고 있는지 알아보기 위함이었다. 분석

결과 이 둘도 한국어 쓰기 불안의 모든 요인들과 유의미한 관계가 있는 것으로 나타났다. 그중 가장 높은 상관을 보인 것은 요인 4 '표현에 대한 거부감'(r=0.585)이였으며 두 번째는 요인 7 '평가에 대한 두려움'(r=0.504)이었다.

〈표 9〉 L1 쓰기 불안과 한국어 쓰기 불안 요인의 상관관계

		1. 자신감 부족	2. 공유 비선호	3. 쓰기 비선호=	4. 표현 거부감	5. 쓰기 두려움	6. 부정적 인식	7. 평가 두려움
L1 쓰기 불안	Spearman 상관	.455**	.346**	.389**	.585**	.424**	.384**	.504**
	유의확률 (양측)	0	0.01	0.003	0	0.001	0.004	0
	N	55	55	55	55	55	55	55

*: $p < 0.05$ 수준, **: $p < 0.01$ 수준

다음으로는 L1, L2 요인들 간 관계 파악을 위해 L1의 5개 요인과 L2의 7개 요인들의 상관관계 분석을 실시하였다. 그 결과 한국어 쓰기 불안의 모든 요인과 유의미한 관계에 있는 요인은 L1의 요인 4 '쓰기에 대한 비선호'였다. 요인 4는 한국어 쓰기 불안 요인 전반에 걸쳐 가장 높은 영향을 미치는 것으로 나타났다. 이에 대한 결과는 〈표 10〉과 같다.

〈표 10〉 L1과 L2(한국어) 쓰기 불안 요인 간 상관관계

		L2 요인1	L2 요인2	L2 요인3	L2 요인4	L2 요인5	L2 요인6	L2 요인7
L1 요인1	Spearman 상관	.343*	.289*	0.241	.512**	0.247	.271*	.397**

	유의확률 (양측)	0.01	0.032	0.076	0	0.069	0.046	0.003
L1 요인2	Spearman 상관	.375**	0.243	.370**	.489**	.416**	.484**	.392**
	유의확률 (양측)	0.005	0.074	0.005	0	0.002	0	0.003
L1 요인3	Spearman 상관	.290*	0.26	0.239	.358**	.358**	.299*	.421**
	유의확률 (양측)	0.032	0.055	0.079	0.007	0.007	0.027	0.001
L1 요인4	Spearman 상관	.328*	.381**	.418**	.523**	.353**	.323*	.435**
	유의확률 (양측)	0.014	0.004	0.002	0	0.008	0.016	0.001
L1 요인5	Spearman 상관	.337*	0.079	.269*	.343*	.317*	0.139	0.205
	유의확률 (양측)	0.012	0.565	0.047	0.01	0.019	0.312	0.133

*: $p < 0.05$ 수준, **: $p < 0.01$ 수준

4.4 L1, L2 쓰기 불안과 학업 성취도의 관계

세 번째 연구 문제인 쓰기 불안과 학업 성취도의 관계를 알아보기 위해 전체 학습자 대상 한국어 쓰기 불안과 학업 성취도의 상관분석을 실시하였다. 그 결과 L2(한국어) 전체 쓰기 불안과 학업 성취도는 −0.311의 부정적 상관관계라 있는 것으로 나타났다. 이를 통해 전체 불안이 높으면 학업의 결과에 부정적인 영향을 미친다는 것을 알 수 있었다.

〈표 11〉 전체 한국어 쓰기 불안과 학업 성취도의 상관관계

		학업 성취도
전체 한국어 쓰기 불안	Spearman 상관	-.311*
	유의확률(양측)	0.021
	N	55

*: $p < 0.05$ 수준, **: $p < 0.01$ 수준

　다음으로는 학업 성취도와 요인별 한국어 불안의 상관관계를 분석하였다. 전체 불안과 부적 관계에 있는 상태에서 특정 한국어 쓰기 불안 요인과 학업 성취도 간의 상관관계가 있는지를 보기 위해 각 불안 요인들과의 상관관계 분석을 시도하였다. 그 결과 학업 성취도와 요인 6인 '부정적 인식'이 -0.425의 부정적 상관관계가 있는 것으로 나타났다. 이외에 요인 7 '평가 두려움'($r=-0.378$), 요인 3 '쓰기 비선호'($r=-0.269$), 요인 2 '공유 비선호'($r=-0.268$)와 유의미한 상관을 가지는 것으로 나타났다. 이를 통해 쓰기에 대한 인식이 안 좋을 때 학업 성취도가 낮아진다는 것을 알 수 있었다.

〈표 12〉 한국어 쓰기 불안 요인과 학업 성취도의 상관관계

		1. 자신감 부족	2. 공유 비선호	3. 쓰기 비선호	4. 표현 거부감	5. 쓰기 두려움	6. 부정적 인식	7. 평가 두려움
학업 성취도	Spearman 상관	-.268*	0.004	-.269*	-0.184	-0.238	-.425**	-.378**
	유의확률 (양측)	0.048	0.979	0.047	0.179	0.080	0.001	0.004
	N	55	55	55	55	55	55	55

*: $p < 0.05$ 수준, **: $p < 0.01$ 수준

L2 전체 쓰기 불안과 학업 성취도의 상관을 확인한 상태에서 L1 전체 쓰기 불안이 높아질 경우 학업 성취도에 영향을 미치는지 알아보기 위해 L1 쓰기 불안과 학업 성취도 사이의 상관관계 분석을 실시하였다. 그 결과 L1 쓰기 불안과 학업 성취도는 상관관계를 갖지 않는 것으로 나타났다. 이를 통해 L1 쓰기에 가지고 있는 불안은 L2로 학업을 성취하는 데에 유의미한 영향 미치지는 않는다는 것을 알 수 있다. 분석 내용은 <표 13>을 통해 확인할 수 있다.

〈표 13〉 전체 L1 쓰기 불안과 학업 성취도의 상관관계

		학업 성취도
	Spearman 상관	−0.068
전체 L1 쓰기 불안	유의확률(양측)	0.62
	N	55

*: $p < 0.05$ 수준, **: $p < 0.01$ 수준

전체 L1 쓰기 불안과 학업 성취도 간에 상관관계는 없는 것으로 밝혀졌으나 특정 쓰기 불안과 학업 성취도 간에 상관관계가 있는지 살펴보기 위해 L1의 쓰기 불안 요인들과 학업 성취도의 상관관계 분석을 실시하였다. 그러나 이 역시 전체 불안과 마찬가지로 유의미한 관계를 보이는 요인은 나타나지 않았다. 분석 수치는 <표 14>를 통해 확인할 수 있다.

〈표 14〉 L1 쓰기 불안 요인과 학업 성취도의 상관관계

		1. 표현과 공유 비선호	2. 쓰기 두려움	3. 자신감 부족	4. 쓰기 비선호	5. 내용 부족
학업 성취도	Spearman 상관	-0.013	-0.157	-0.025	-0.019	-0.011
	유의확률 (양측)	0.928	0.252	0.858	0.891	0.936
	N	55	55	55	55	55

*: $p < 0.05$ 수준, **: $p < 0.01$ 수준

5. 논의

이 연구는 학문 목적 한국어 학습자를 대상으로 L1, L2 쓰기 불안의 특징과 불안 구성 요인을 분석하고 L1, L2 쓰기 불안 간, 쓰기 불안과 학업 성취도 간의 관계를 분석하는 것을 목적으로 하였다.

첫 번째 연구 문제는 L1, L2 쓰기 불안의 특징 및 구성 요인을 알아보는 것이었다. 먼저 L2(한국어) 쓰기 불안을 측정한 결과 중급 수준의 한국어를 구사하는 외국인 학부생의 쓰기 불안 평균은 2.97이었다. 이는 조인 · 김영주(2015)의 평균 2.84와 유사하고 전형길(2016)의 3.457보다는 낮은 수치였다.[10] 전형길(2016)의 경우 초 · 중 · 고급을 합하여 불안도를 측정하였고 어학기관 학습자와 학부생, 대학원생이 모두 참여 대상이었기 때문에 중급 수준의 학부생만을 대상으로 한 본 연구와 차이가 발생한 것으로 보인다. L1 쓰기 불안도 본 연구에서는 2.44였고 전형길(2016)에서는 3.239로 나타났다. 이 또한 본 연구는 학문 목적

---

10) 조인 · 김영주(2015)는 TOPIK 3급이 3.13, 4급이 2.56, 5급이 2.87, 6급이 2.69의 불안도를 보인다고 측정한 바 있다.

을 가진 학습자만을 대상으로 했기 때문에 다양한 목적의 학습자가 포함된 전형길(2016)에 비해 L1 불안도가 낮게 측정되었을 것이라고 본다.

　이 연구에서는 기존의 불안 구성 요인을 그대로 따르지 않고 요인 분석을 실시하였다. 그 결과 한국어 불안 구성 요인으로는 '자신감 부족', '공유에 대한 비선호', '쓰기에 대한 비선호', '표현에 대한 거부감', '쓰기에 대한 두려움', '쓰기에 대한 부정적 인식', '평가에 대한 두려움'의 7개 요인이 추출되었다. 이러한 결과는 Cheng, Horwitz & Schallert(1999)이 WAT을 사용해 분석한 '글쓰기에 대한 낮은 자신감', '부정적 평가에 대한 두려움', '글쓰기에 다한 거부감'의 3가지 요인과 광의의 범주에서는 유사하나 본 연구에서는 세부 요인이 추출되었다고 할 수 있다. 또한 Cheng(2004)이 SLWAI을 사용해 분석한 '신체불안', '회피불안', '인지적 불안'보다는 불안 요인이 명확히 드러난다는 점에서 차이가 있다고 하겠다. SLWAI을 사용해 불안을 측정한 조인 · 김영주(2015)도 Cheng(2004)과 유사하게 '쓰기 교실 상황 또는 작문 요청 시 느끼는 불안과 회피', '한국어 쓰기에 대한 소극적인 태도', '시간 제약과 평가에 대한 불안', '작문 시 나타나는 심리적 그리고 신체적 긴장', '비웃음에 대한 두려움과 혼란한 생각'의 5개 구성 요인을 제시한 바 있다. 그러나 이 요인들의 경우 한 가지 요인 내에 여러 원인이 복합 반영되어 있어 본 연구와 직접 비교하기에 어려운 점이 있다.

　L1 쓰기 불안 요인분석 결과 5개 요인이 추출되었는데 이는 '표현과 공유에 대한 비선호', '쓰기에 대한 두려움', '자신감 부족', '쓰기에 대한 비선호', '내용 부족'이다. 기존 연구에서는 L2불안과 동일한 요인으로 구성한 데 반해 이 연구에서는 다시 요인분석을 하였다. 그 결과 불안 요인이 7개 불안 요인이 추출되었던 L2에 비해 2개가 적은 5개 요인이 나타났으며 그중 요인 5와 같은 '내용 부족'이 분리 추출되었다. 이는

L2와 달리 L1의 경우 문법 오류나 쓰기에 대한 태도 불안 못지않게 쓸 내용이 없을 때 불안이 유발될 수 있다는 것을 보여준다.

가장 높은 불안을 보인 요인은 한국어의 경우 '자신감 부족'(평균 3.31)이, L1의 경우 보인 '내용 부족'(평균 2.82)으로 나타났다. 한국어 학습자가 자신감이 부족할 때 큰 불안을 느낀다는 것은 전형길(2016)에서 '자신감 부족'이 가장 높은 수치를 나타냈던 것과 같은 결과이다. 본 연구에서 L1에서 나타난 '내용 부족'으로 인한 불안은 다른 연구에서 L1을 L2와 구분하지 않고 분석하였기 때문에 비교하기 힘들다. 그러나 내용 부족이 독립적으로 추출되었을 뿐만 아니라 가장 높은 수치를 보인다는 점에서 L1 쓰기에 유의미한 영향을 미치는 요인이라 할 수 있다.

두 번째 연구 문제는 L1과 L2 쓰기 불안과 불안 요인 간의 관계를 분석하였다. 그 결과 L1과 L2 전체 쓰기 불안은 정적인 상관(r=0.611)이 나타났다. 전체 쓰기 불안 간에 유의미한 영향이 있다는 것이 밝혀진 후 각각의 전체 쓰기 불안에 어떤 요인들이 관계를 맺고 있는지 알기 위해 요인들과의 상관관계 분석을 실시하였다. 그 결과 L1 전체 쓰기 불안과 한국어 쓰기 불안 요인들은 모든 요인에서 유의미한 관계가 있는 것으로 나타났다. 특히 L1의 요인 2 '쓰기에 대한 두려움'(r=0.556)과 한국어 전체 쓰기 불안 사이의 상관성이 가장 높았다. 이를 통해 L1에서 쓰기에 대한 총체적인 두려움이 있는 경우 L2 쓰기에서도 불안이 높아질 수 있다는 것을 알 수 있었다. L1 쓰기 불안 요인의 경우 한국어 '표현에 대한 거부감'(r=0.585)과 L1 불안이 높은 상관을 보였다.

전체 불안과 불안 요인 관계 분석 후 요인 간 관계 분석도 실시하였다. 그 결과 대부분의 요인들 사이에서 정적인 상관이 나타났다. 특히 L1의 요인 4 '쓰기에 대한 비선호'는 한국어 쓰기 불안 요인 전반과 가장 높은 상관을 나타냈다. L1에서 직접적으로 불안을 유발하는 요인보다 쓰기를 선호하지 않는 태도가 학습자의 L2 불안과 더 큰 영향을 미칠 수 있다는 것을 알 수 있었다.

세 번째로는 L1, L2 불안과 학업 성취도의 관계를 분석하였다. 이는 L1과 L2의 불안이 L2로 학업을 하는 데에 영향을 미치는지 알아보기 위함이었다. 그 결과 한국어 전체 쓰기 불안과 학업 성취도는 -0.311의 부정적 상관성이 있는 것으로 나타났다. 이는 김성연(2010)과 권유진 외(2011)과 유사한 결과이다. 김성연(2010)과 권유진 외(2011)는 쓰기 불안이 아닌 외국어 불안과 학업 성취도의 관계를 분석하였는데 그 결과 부정적 상관관계가 있음을 밝힌 바 있다. 기존 연구 내용을 지지하는 맥락에서 본 연구의 결과를 통해 한국어 전체 쓰기 불안이 높으면 학업 결과에 부정적인 영향을 미친다는 것을 알 수 있었다.

전체 불안과의 관계에 이어 요인별 한국어 불안과 학업 성취도 간의 상관관계 분석도 실시하였다. 그 결과 '부정적 인식'(r=-0.425)과 가장 큰 상관을 보였으며 이 외에도 '평가 두려움'(r=-0.378), '쓰기 비선호'(r=-0.269), '공유 비선호'(r=-0.268)와 유의미한 부적 상관을 나타냈다. 이와 달리 L1과 학업 성취도는 유의미한 상관성이 나타나지 않았다. 이는 L2에 대한 불안이 L2 학업 성취에는 직접적인 영향을 미칠 수 있으나 L1 쓰기에서 경험하는 불안의 경우 L2 학업 성취도에는 그 영향이 유의미하지 않다는 것을 보여준다. 이상의 내용을 고려하여 한국어 쓰기 시 학습자가 긍정적으로 쓰기 과제에 접근할 수 있는 환경을 조성하는 것이 중요할 것이라고 본다. 충분한 설명과 다양한 접근 방식으로 개별 쓰기 과제에 대한 긍정적인 감정이 형성된다면 전체 쓰기에 대한 인식도 바뀔 수 있을 것이라고 본다.

6. 결론

이 연구는 외국인 학부생을 대상으로 L1, L2 쓰기 불안의 구성 요인과 L1, L2 쓰기 불안 간 관계, L1, L2 쓰기 불안과 학업 성취도의 관계를 분석하는 데에 목적이 있었다. 한국 내 대학교에서 공부하는 중급 수준 외국인 학부생만을 대상으로 L1, L2를 비교 분석하려고 했다는 점에서 선행 연구들과 차별성이 있다고 할 수 있다.

외국인 학부생을 대상으로 L1, L2 쓰기 불안을 측정하고 요인분석을 한 결과 한국어 쓰기 불안 요인으로는 '자신감 부족', '공유에 대한 비선호', '쓰기에 대한 비선호', '표현에 대한 거부감', '쓰기에 대한 두려움', '쓰기에 대한 부정적 인식', '평가에 대한 두려움'이 나타났다. 불안 요인 중 자신감 부족에 대한 설명력이 가장 컸으며 다른 연구들보다 세부적인 요인들이 추출되었다. L1의 경우 '표현과 공유에 대한 비선호', '쓰기에 대한 두려움', '자신감 부족', '쓰기에 대한 비선호', '내용 부족'이 요인으로 추출되었다. 또한 내용 부족의 불안도가 가장 높은 것으로 나타나 L1의 경우 L2와 달리 쓸 내용에 대한 고민이 크다는 것을 알 수 있었다. L1, L2 쓰기 불안 간에도 유의미한 관계가 있었으며 학업 성취도와 가지는 관계 분석에서는 L2 불안만이 영향을 미치는 것으로 나타났다.

이 연구는 외국인 학부생의 학업 성취도에 쓰기가 가지는 중요성을 염두에 두고 한국어 쓰기 불안뿐만 아니라 L1에 대한 쓰기 불안도 학습자의 학업 성패에 영향을 미치지 않을까라는 궁금증에서 시작되었다. 학습자가 L1 쓰기에 기본적으로 가지고 있던 부정적 인식이 L2로 학업을 하는 데에 영향을 미칠 수 있기 때문이다. 이런 점에 있어서 L1, L2 쓰기 불안 요인분석을 시행하고 이 둘의 관계와 L1과 학업 성취도의 관계 분석 시도를 했다는 점은 이 연구의 새로운 시도라고 할 수 있다. 연구 결과 L1 쓰기 불안이 학업 성취도와 유의미한 관계를 보이지는 않았으나 L1과 L2 불안 간에 상관이 있다는 것을 알 수 있었다. 이러한 결과를 L2로 학업을 하는 학습자의 의식 개선에 활용한다면 학문 목적 한국어 학습자의 학업 성취도 향상에 긍정적인 영향을 미칠 수 있을 것이라고 본다. 본고에서는 학업 성취도와의 관계에 주목하여 L1, L2의 불안 요인들이 각각의 전체 불안과 어떠한 관계를 맺고 있는지는 분석하지 못하였다. 이에 대한 논의는 후속 연구로 남긴다.

제 5 장

중급 한국어 학습자의 한국어와 모국어의 쓰기 불안과 불안 요인의 상관성

1. 서론

최근 외국어 교수법들을 보면 언어 습득 과정에서 학습자의 정의적 요인을 중요시하고 있으며 이와 관련된 연구도 증가하고 있다. 외국어 교육에서 내용적인 목표 달성뿐만 아니라 학습자의 태도, 주의력 집중 등을 고려하여 정의적 목표를 달성하는 것도 중요하다는 것을 재인식하고 있기 때문이다.

그중 불안은 자아 존중, 자아 효능감, 억제, 모험 시도와 연결된 개념으로 외국어 습득의 성패에 큰 변수로 작용한다(Brown, 2007:171). Horwitz, Horwitz & Cope(1986)에 따르면 학습자는 외국어 학습을 하면서 의사소통 불안, 시험 불안, 부정적인 평가에 대한 불안과 같은 외국어 학습 불안(foreign language anxiety)을 경험하게 된다. 그리고 이러한 불안은 학습에 긍정적, 부정적 영향을 미친다.

언어 학습에서 불안은 언어의 네 가지 영역에서 모두 기인할 수 있는데 학습자의 학습 목적이나 숙달도 등의 변인에 따라 어느 한 영역의 불안이 두드러질 수 있다. 이 연구에서는 외국인 학부생이 경험하는 쓰기 불안에 주목할 것이다. 쓰기는 준비 단계부터 완성에 이르기까지 고등 사고와 표현력을 요하는 영역으로 언어 숙달도 수준이 고급인 학습자나 학문 목적 학습자에게는 반드시 필요한 언어 기술이라고 할 수 있다. 같은 맥락에서 외국인 학부생들에게 쓰기는 학업 결과를 평가받을 때 빈번히 사용되는 기술이기 때문에 학습자들이 가장 어렵게 느끼며 학습에 대한 요구도 높은 영역이다(김정숙, 2000; 김인규, 2003; 이덕희, 2003).

이러한 배경 하에 이 연구는 외국인 학습자가 느끼는 한국어와 모국어 쓰기 불안과 불안 요인의 관계를 살펴보는 데에 목적이 있다. 한국어 쓰기 불안과 함께 모국어 쓰기 불안과 그 요인의 관계를 살펴보는 것은 외국어 쓰기는 모국어 쓰기에 대한 태도 및 인식, 불안 등과 관련되기 때문이다(Hadaway, 1987; Wu, 1992; Al-Ahmad, 2003). 따라서 이 연구에서는 외국어로서의 한국어, 모국어 쓰기 불안도와 불안 문항 및 요인들과의 상관관계를 살펴 전체 불안에 영향을 미치는 세부 요인들에 대해 분석할 것이다. 이들 관계를 면밀히 보는 과정은 외국인 학부생들의 정의적인 면에 긍정적인 영향을 미칠 수 있는 학습 환경과 세부 교수법 변화를 위한 근거가 될 것이다.

2. 이론적 배경

2.1 쓰기 불안의 개념과 구성 요인

불안은 근심, 좌절, 자아 의심, 우려, 걱정과 관련 있는 정의적 요인이다(Scovel, 1978:134). Speilberger(1983:1)에 따르면 불안은 "자율신경계의 자극과 연관된 긴장, 우려, 초조, 걱정에 대한 주관적인 느낌"이라 정의할 수 있다. 그는 불안을 상태 불안(state anxiety)와 특성 불안(trait anxiety)로 구분한다. 상태 불안은 시간의 경과에 따라 상태가 변화하는 개인의 정서적 상태를 말하며, 특성 불안은 비교적 지속적인 특징의 불안으로 위협적인 상황에 대한 반응을 말한다. 이중 특성 불안은 그 범위가 넓고 모호한 성격이 있어 외국어 학습의 성공을 예측하는 데에는 주로 상태 불안의 특징이 활용된다(성일호, 1995).

이러한 불안은 외국어 학습 시 모든 영역에서 경험할 수 있는데 그 중 쓰기 불안은 평가와 보다 밀접한 관련이 있다. "writing anxiety", "writing apprehension" 등의 용어로 표현되는 쓰기 불안은 "평가가 수반되는 쓰기 수업에서 사람들이 쓰기 상황을 피하고자 하거나 자신은 잘 쓰기 못할 것이라고 생각하는 일반적인 성향과 관련된 것"이라고 정의할 수 있다(Daly & Wilson, 1983). 그래서 쓰기 불안은 쓰기 과정에서 나타나는 두려움이나 쓰기 수행을 방해하는 감정으로 설명된다(Thompson, 1980; Bloom, 1985).

이러한 쓰기 불안을 측정하기 위해 Daly & Miller(1975)는 쓰기 불안 척도(WAT: Write Apprehension Test) 25문항을 개발한 바 있다. WAT는 외국어 쓰기와 모국어 쓰기 불안 측정에 모두 활용되는 척도이다. 이후 Cheng, Horwitz & Schallert(1999)은 WAT를 통해 쓰기 불안 요인을 분석하여 '글쓰기에 대한 낮은 자신감', '부정적 평가에 대한 두려움', '글쓰기에 다한 거부감'을 불안 요인으로 추출하였다. 이 세 가지 요인은 이후 많은 연구에서 쓰기 불안의 원인으로 활용되고 있다.

Cheng(2004)은 WAT과 외국어 학습 불안 및 이해, 태도 등을 측정하는 설문지들을 고려하여 제2언어 불안을 측정하는 SLWAI(Second Language

Writing Anxiety Inventory) 27개 문항을 개발하였다. 이를 통해 쓰기 불안 요인을 분석한 결과 '신체불안(somatic anxiety)', '회피불안(avoidance behavior)', '인지적 불안(cognitive anxiety)'이 추출된 바 있다.

Chamney, Newman & Palmquist(1995), Lee(2005), Kim(2006), 조인 · 김영주(2015), 박현진(2018) 등도 쓰기 불안 요인에 대해 연구하였다. 그 결과 공통적으로 '평가에 대한 두려움', '쓰기에 대한 잘못된 인식', '쓰기 능력에 대한 자신감 부족', '쓰기에 대한 부정적인 학습 태도'가 요인으로 나타났다. 위의 연구들 중 조인 · 김영주(2015), 박현진(2018)을 제외하고는 모두 영어 학습자를 대상으로 요인분석을 실시한 것이다. 그만큼 외국어로서의 한국어 쓰기 불안 요인에 대한 연구는 많지 않은 상황이다. 이러한 점에서 본 연구에서는 외국인 한국어 학습자를 대상으로 한국어와 모국어 쓰기 불안 요인분석에 집중하고자 한다.

2.2 외국어 교육에서의 쓰기 불안 선행 연구

외국어 글쓰기 상황에서 불안은 빈번히 발생하는 정의적 현상이다 (Cheng, 1998, 2004). 이러한 쓰기 불안 관련 연구는 다양한 모국어 환경을 가진 영어 학습자를 대상으로 이루어진 것이 대부분이다(Bloom, 1980; Selfe, 1981; Cheng, 1998; Chen & Lin, 2009; Erkan & Saban, 2011; Latif, 2007).

외국어 쓰기 불안 연구를 보면 쓰기 불안과 쓰기 능력 간의 관계를 분석한 연구가 많은데 우선 Cheng(1998)은 중국에 있는 ESL 학습자 433명을 대상으로 쓰기 불안과 쓰기 점수 간의 상관관계를 살펴보았다. 그는 Daly & Miller(1975)의 WAT에 3개 문항을 추가하여 불안을 측정하고 점수와의 상관분석을 한 결과 쓰기 회차에 따라 부적 상관이 나타난 경우와 그렇지 않은 경우가 동시에 나타났다. 따라서 언어 성취도와 불안이 확실한 상관이 있다는 결론을 내리기는 힘들었다.

Bloom(1980)은 쓰기 불안이 쓰기 과정에 어떤 영향을 미치는지 사례 연구하였는데 그 결과 불안감이 커지면 글쓰기에 감정적, 신체적 방해가 될 뿐만 아니라 글을 쓸 노력을 하지 않게 만든다는 것을 알 수 있었다. Selfe(1981)은 쓰기 불안이 쓰기 과정 중 계획 단계에 큰 영향을 미친다는 것을 확인했다. 불안이 높은 학습자의 경우 화제에 대한 정보 인출이 부족하며 계획을 하는 시간도 짧고 빨리 쓰기를 선호한다는 것을 알 수 있었다.

외국어 쓰기와 모국어 쓰기의 관계를 분석한 연구로는 Hadaway(1987), Wu(1992), Cheng(2002) 등이 있다. Hadaway(1987)는 미국 내 대학생을 대상으로 모국어와 외국어로서의 영어 쓰기 불안의 상관관계를 분석하였는데 그 결과 상관이 있는 것으로 나타났다. Wu(1992)도 미국 내 중국인 대학생을 대상으로 모국어와 영어의 쓰기 불안 관계를 분석하여 같은 결과를 도출한 바 있다. 반면 Cheng(2002)이 대만 대학생을 대상으로 한 연구에서는 중국어와 영어 사이에 유의미한 상관관계를 발견하지 못하였다.

이와 같이 외국어 교육에서의 쓰기 불안에 관한 다양한 연구들이 진행되고 있는 상황에서 한국어 교육 내 쓰기 불안에 대한 연구는 많지 않다. 그중 신현미(2003), 조인 · 김영주(2015), 김경령(2016)은 한국어 쓰기 불안에 집중하여 연구하였고 전형길(2016), 박현진(2018)은 모국어와 한국어 쓰기 불안을 비교하였다.

초기에 이루어진 불안 연구인 신현미(2003)은 대화일지 작성이 한국어 쓰기 불안 감소에 긍정적인 영향을 미친다는 것을 주장한 것으로 쓰기 불안보다 대화일지 작성에 초점이 맞춰져 있는 연구이다.

쓰기 불안에 집중한 연구인 조인·김영주(2015)는 한국어가 중·고급 수준인 한국 내 중국인 130명을 대상으로 SLWAI을 활용해 설문 조사를 실시하고 인터뷰를 병행하였다. 그 결과 쓰기 불안 요인으로 '쓰기 교실 상황 또는 작문 요청 시 느끼는 불안과 회피', '한국어 쓰기에 대한 소극적인 태도', '시간 제약과 평가에 대한 불안', '작문 시 나타나는 심리적 그리고 신체적 긴장', '비웃음에 대한 두려움과 혼란한 생각'이 추출되었다. 이 연구는 중국인 학습자만을 대상으로 연구해 모국어와 외국어가 동일 언어로 통제된다는 장점이 있으며 인터뷰를 통해 연구 방법을 다양화하려는 노력을 하고 있다. 그러나 불안 개별 요인의 독립성이 모호한 경향이 있는 것은 아쉬운 점이다.

김경령(2016)은 어학 기관의 학문 목적 한국어 학습자 40명을 대상으로 한국어 쓰기 불안과 언어 능력, 피드백 이해도, 문장과 낱말 사용, 전략 사용 간의 관계를 연구하였다. 이는 쓰기 불안이 다른 요인들과 어떤 관계 하에 있는지를 살펴본 연구라고 할 수 있다.

모국어와 한국어 쓰기 불안을 비교한 전형길(2016)은 Daly & Miller(1975a)의 WAT 26개 문항 중 15개 문항을 사용하여 140명을 대상으로 한국어 쓰기 불안 요인과 특징, 학습 목적에 따른 집단별 불안 특징을 비교하였다. 그 결과를 보면 모국어 쓰기 불안은 '쓰기 거부감' 요인과, 한국어 쓰기 불안은 '낮은 자신감', '쓰기 거부감' 요인과 정적인 상관이 있는 것으로 나타났다. 또한 모국어와 한국어 쓰기 불안 요인 간 분석에서는 '쓰기에 대한 거부감'과 '평가 불안감' 사이에 유의미한 관계가 있었다.

박현진(2018)도 한국어 학습자 중 외국인 학부생 55명을 대상으로 WAT 26 문항과 Cheng(1998)의 2문항을 포함한 28개 문항을 활용해 한국어와 모국어 쓰기 불안을 측정하고 불안 요인과 학업 성취도의 관계를 분석한 바 있다. 그 결과 한국어 쓰기 불안 요인으로는 '자신감 부족', '공유에 대한 비선호', '쓰기에 대한 비선호', '표현에 대한 거부감', '쓰기에 대한 두려움', '쓰기에 대한 부정적 인식', '평가에 대한 두려움'의 7개가 추출되었으며 모국어는 '표현과 공유에 대한 비선호', '쓰기에 대한 두려움', '자신감 부족', '쓰기에 대한 비선호', '내용 부족'이 요인으로 추출되었다.

또한 한국어와 모국어 쓰기 불안 간 상관관계와 학업 성취도와의 관계를 분석한 결과, 한국어와 모국어 쓰기 불안 간에는 0.611의 정적인 상관이 있는 것으로 나타났다. 학업 성취도와의 관계에서는 한국어의 경우 전체 불안과 −0.311의 부적 상관이 나타났으며 요인별 불안과의 상관분석에서도 '부정적 인식'(r=-0.425)과 '평가 두려움'(r=-0.378), '쓰기 비선호'(r=-0.269), '공유 비선호'(r=-0.268)와 유의미한 상관을 가지는 것으로 나타났다. 반면 모국어 불안은 학업성취도에 유의미한 영향을 미치지 않는 것으로 나타났다. 한국어 쓰기 불안 요인과 학업 성취도의 상관관계 내용은 다음 <표 1>과 같다.

〈표 1〉 한국어 쓰기 불안 요인과 학업 성취도의 상관관계

		1. 자신감 부족	2. 공유 비선호	3. 쓰기 비선호	4. 표현 거부감	5. 쓰기 두려움	6. 부정적 인식	7. 평가 두려움
학업 성취도	Spearman 상관	−.268*	0.004	−.269*	−0.184	−0.238	−.425**	−.378**
	유의확률 (양측)	0.048	0.979	0.047	0.179	0.080	0.001	0.004
	N	55	55	55	55	55	55	55

*: $p < 0.05$ 수준, **: $p < 0.01$ 수준

위 연구는 학문 목적 한국어 학습자 중 다수를 차지하는 중급 수준의 학습자를 대상으로 하여 한국어와 모국어 쓰기 불안 및 학업 성취도의 관계를 비교 분석했으며 불안 요인을 재분석하여 요인을 세밀하게 구분하였다는 점에서 선행 연구와 차이가 있었다. 또한 연구 결과로 한국어 쓰기 불안이 학업 성취도에 영향을 미친다는 것도 알 수 있었다. 그러나 위 연구에서는 한국어와 모국어의 관계에 주목하였기 때문에 각각의 쓰기 불안에 한국어 쓰기 불안 요인 및 문항들이 어떤 영향을 미치는지는 살펴보지는 못했다.

이러한 맥락에서 이 연구는 박현진(2018)의 후속 연구로서 중급 수준의 한국어를 구사하는 외국인 학부생을 대상으로 한국어와 모국어 쓰기 불안과 한국어 불안 요인 및 문항들의 관계를 분석할 것이다. 이러한 추가 분석은 결과적으로 한국어 전체 불안에 구체적으로 어떠한 내용들이 영향을 미치는지를 밝혀낼 수 있을 것이며 이를 통해 학업 성취도에 영향을 미치는 세부 요인을 추측할 수 있는 실마리가 될 것이다. 이에 본 연구에서 상정한 연구 문제는 다음과 같다.

1) 학문 목적 한국어 학습자의 한국어와 모국어 쓰기 불안과 불안 문항은 어떠한 관계를 가지는가?
2) 학문 목적 한국어 학습자의 한국어와 모국어 쓰기 불안과 불안 요인은 어떠한 관계를 가지는가?

3. 연구 방법

3.1 연구 대상

이 연구는 서울 소재 대학교에서 공통 필수 교양과목을 수강하는 학부생 중 중급 수준의 한국어를 구사하는 55의 외국인 학부생을 대상으로 한다. 참여자의 성별은 남자 9명, 여자 46명이며 국적은 중국이 44명, 말레이시아 3명, 노르웨이, 러시아, 미국, 브라질, 사우디아라비아, 일본, 홍콩, 카자흐스탄이 각 1명이다. 한국어 숙달도는 3급이 16명, 4급이 39명이다. 연령은 18세부터 26세까지 고르게 분포되어 있다. 이상의 내용은 다음 <표 2>와 같다.

〈표 2〉 연구 대상 정보

구분	변수
성별	남자(9명), 여자(46명)
국적	중국(44명), 말레이시아(3명), 노르웨이, 러시아, 미국, 브라질, 사우디아라비아, 일본, 홍콩, 카자흐스탄(1명)
연령	18(2명), 19(2명), 20(16명), 21(22명), 22(6명), 23(3명), 24(3명), 26(1명)
한국어 능력	TOPIK 3급(16명), TOPIK 4급(39명)

3.2 연구 도구

외국어로서의 한국어와 모국어 쓰기 불안 측정을 위해 Daly & Miller(1975)가 개발한 쓰기 불안 측정 도구(Writing Apprehension Test: WAT) 26개 문항에 Cheng(1998)의 2문항을 추가한 총 28개 문항을 사용하였다. Daly & Miller(1975)의 WAT는 모국어 쓰기 불안을 측정하기 위해 만들어졌으나 이후에 제2언어 쓰기 불안 측정에도 사용되고 있다. 따라서 이 연구에서 측정하고자 하는 외국어로서의 한국어와 모국어 쓰기 불안 측정에 적합하다고 판단하였다. 또한 WAT을 사용할 경우 기존에 WAT을 사용하여 도출한 연구 결과들과 비교가 가능하여 논의를 풍부하게 할 수 있다는 장점이 있다. 연구에 사용된 문항은 "1=전혀 그렇지 않다"부터 "5=매우 그렇다"까지의 5점 리커트 척도로 구성되었으며 참여자의 이해를 돕기 위해 한국어와 함께 영어, 중국어를 병기하였다.

3.3 연구 절차

한국어와 모국어 쓰기 불안 조사는 2017학년도 1학기에 공통 필수 교양과목을 수강하는 외국인 학부생을 대상으로 실시되었다. 설문은 학습자의 동의 후에 서면 방식으로 2017년 6월 첫 번째 주에 이루어졌다. 본래 설문에 응한 학습자는 62명이었으나 설문 응답의 불성실하거나 한국어 쓰기 불안만 체크하고 모국어 쓰기 불안 설문에 응하지 않은 7명을 제외하여 55명의 데이터만 분석 대상으로 처리하였다.

데이터는 통계처리 프로그램인 SPSS 25를 사용해 분석하였다. 한국어와 모국어 전체 쓰기 불안과 문항 간 분석과 요인 간 관계 분석을 위해 상관관계 분석(Spearman rank-order correlation coefficient)을 실시하였다.

4. 결과 분석

4.1 한국어와 모국어 쓰기 불안과 불안 문항의 관계

첫 번째 연구 문제는 한국어와 모국어 쓰기 불안과 불안 문항 간의 관계를 살펴보는 것이다. 박현진(2018)의 연구 결과 중급 수준의 한국어를 구사하는 외국인 학부생의 한국어 전체 쓰기 불안은 2.97, 모국어 쓰기 불안은 2.44로 나타났다. 이러한 결과를 기반으로 전체 쓰기 불안에 영향을 미치는 문항이 무엇인지 살펴보기 위해 28개 문항과 전체 쓰기 불안의 상관관계 분석을 실시하였다. 그 결과 28개 모든 문항과 한국어 쓰기 불안 간에 유의미한 상관이 있는 것으로 나타났다.

세부적으로 보면 0.7 이상의 강한 관계를 보인 문항은 문항 5, 15, 4, 26, 1이었다. 이들은 전체 쓰기 불안과 매우 강한 상관을 보였다. 그중 가장 높은 상관을 보인 문항 5는 "글쓰기 수업은 아주 두려운 것이다"(r=0.799)였다. 쓰기에 대한 두려움이 수업을 두려워하는 것으로 확장된 문항이었다. 두 번째로 높은 상관을 보인 문항 15는 "나는 쓰는 것을 좋아하지 않는다"(r=0.765)였다. 이외의 문항들도 평가에 대한 두려움(문항 4), 쓰기를 잘 못한다는 생각과 글쓰기를 피하는 행동(문항 26, 1)인 것을 볼 때 전체 쓰기와 상관이 높은 문항들은 쓰기를 잘하지 못한다는 생각에서 비롯된 두려움과 관련되는 것을 알 수 있었다. 이를 정리하면 다음 <표 3>과 같다.

<표 3> 한국어 쓰기 불안과 문항 간 상관관계

문항 번호	내용	한국어 쓰기 불안	
		Spearman 상관	유의 확률 (양측)
5	글쓰기 수업은 아주 두려운 것이다.	.799**	0
15	• 나는 쓰는 것을 좋아한다.(좋아하지 않는다)11)	.765**	0
4	내가 쓴 글이 평가된다고 생각하면 글을 쓰기가 두렵다.	.759**	0

26	**나는 글쓰기를 잘하지 못 한다.**	.728**	0
1	**나는 글쓰기를 싫어해서 피한다.**	.706**	0
11	* 내 생각을 글로 분명하게 표현하는 데에 자신감이 있다.(자신없다)	.685**	0
7	글을 쓰기 시작하면 아무 생각도 나지 않는다.	.683**	0
22	글쓰기 숙제를 내야 하면 나는 잘 못할 것이라고 생각한다.	.675**	0
27	나는 글을 쓸 때, 종종 문법을 실수할까 봐 걱정된다.	.630**	0
23	* 글을 잘 쓰는 것이 나한테는 쉬운 일이다.(어려운 일이다)	.607**	0
12	* 내가 쓴 글을 친구들이 읽도록 하고 싶다.(읽게 하고 싶지 않다)	.605**	0
13	나는 글을 쓰는 것이 걱정된다.	.571**	0
16	내 생각을 분명하게 쓸 수 없을 것 같다.	.564**	0
28	나는 글을 쓸 때, 쓸 내용을 찾지 못할까 봐 불안하다.	.562**	0
17	* 쓰기가 아주 재미있다.(재미있지 않다)	.554**	0
14	* 내가 쓴 글을 사람들이 좋아하는 것 같다.(좋아하는 것 같지 않다)	.553**	0
24	나는 내가 대부분의 다른 사람들처럼 글을 잘 쓴다고 생각하지 않는다.	.551**	0
19	* 내 생각을 쓴 글을 보는 것을 좋아한다.(좋아하지 않는다)	.513**	0
20	* 내가 쓴 글에 대해서 다른 사람들과 이야기하는 것이 즐겁다.(즐겁지 않다)	.508**	0

10	* 내 생각을 쓰는 것을 좋아한다. (좋아하지 않는다)	.474**	0
18	수업에 들어가기 전에 쓰기 수업이 별로 기다려지지 않는다.	.453**	0.001
21	글쓰기 시간에 내 생각을 정리하는 시간이 아주 두렵다.	.443**	0.001
25	내가 쓴 글을 평가 받는 것이 싫다.	.428**	0.001
8	글을 써서 생각을 표현하는 것은 시간을 낭비하는 것이 같다.	.418**	0.001
6	* 글을 써서 선생님께 제출하면 기분이 좋아진다. (기분이 좋아지지 않는다)	.367**	0.006
9	* 평가를 받거나 출판하기 위해서 잡지에 글을 쓰는 것은 재미있을 것이다.(재미없을 것이다)	.335*	0.012
2	* 내가 쓴 글을 다른 사람이 평가해도 두렵지 않다.(두렵다)	.297*	0.028
3	* 내 생각을 쓰는 시간이 기다려진다. (기다려지지 않는다)	-.321*	0.017

이어서 모국어 전체 쓰기 불안과 문항 간 상관관계를 분석한 결과는 다음과 같다. 모국어 쓰기 불안 문항도 전체 모국어 불안과 모두 유의미한 상관이 있는 것으로 나타났다. 모든 문항이 0.4 이상의 관계를 보였으며 특히 0.7 이상의 상관을 보인 문항은 문항 11, 10, 6, 12, 9, 17, 23, 13, 20, 26이었다. 그중 가장 높은 상관을 보인 문항 11은 "내 생각을 글로 분명하게 표현하는 데에 자신없다"(r=0.792)였으며 두 번째로 높은 상관을 보인 것은 문항 10은 "내 생각을 쓰는 것을 좋아

11) *로 표시한 문항은 역방향 문항이다.

하지 않는다"(r=0.760)이었다. 이 둘은 쓰기에 대한 자신감 부족으로 쓰기를 좋아하지 않는 성향을 나타내는 문항이다. 이외에도 글을 제출하는 것이 기분 좋지 않다거나(문항 6) 친구들에게 내 글을 읽게 하고 (문항 12) 글에 대해 서로 이야기하는 것을 선호하지 않는다는 내용이 포함되었다(문항 20). 이를 통해 모국어 쓰기에서는 평가 자체를 두려워하는 것보다 쓰기에 대한 인식이나 태도가 쓰기 불안을 높이는 데에 영향을 미친다는 것을 확인할 수 있었다. 이를 정리하면 다음 <표 4>와 같다.

〈표 4〉 모국어 쓰기 불안과 문항 간 상관관계

문항 번호	내용	한국어 쓰기 불안	
		Spearman 상관	유의 확률 (양측)
11	• 내 생각을 글로 분명하게 표현하는 데에 자신감이 있다.(자신없다)	.792**	0
10	• 내 생각을 쓰는 것을 좋아한다.(좋아하지 않는다)	.760**	0
6	• 글을 써서 선생님께 제출하면 기분이 좋아진다.(기분이 좋아지지 않는다)	.749**	0
12	• 내가 쓴 글을 친구들이 읽도록 하고 싶다.(읽게 하고 싶지 않다)	.746**	0
9	• 평가를 받거나 출판하기 위해서 잡지에 글을 쓰는 것은 재미있을 것이다.(재미없을 것이다)	.744**	0
17	• 쓰기가 아주 재미있다.(재미있지 않다)	.738**	0
23	• 글을 잘 쓰는 것이 나한테는 쉬운 일이다.(어려운 일이다)	.736**	0
13	나는 글을 쓰는 것이 걱정된다.	.716**	0

20	* 내가 쓴 글에 대해서 다른 사람들과 이야기하는 것이 즐겁다.(즐겁지 않다)	.715**	0
26	나는 글쓰기를 잘하지 못 한다.	.709**	0
14	* 내가 쓴 글을 사람들이 좋아하는 것 같다.(좋아하는 것 같지 않다)	.697**	0
21	글쓰기 시간에 내 생각을 정리하는 시간이 아주 두렵다.	.693**	0
24	나는 내가 대부분의 다른 사람들처럼 글을 잘 쓴다고 생각하지 않는다.	.693**	0
18	수업에 들어가기 전에 쓰기 수업이 별로 기다려지지 않는다.	.692**	0
4	내가 쓴 글이 평가된다고 생각하면 글을 쓰기가 두렵다.	.677**	0
19	* 내 생각을 쓴 글을 보는 것을 좋아한다.(좋아하지 않는다)	.674**	0
25	내가 쓴 글을 평가 받는 것이 싫다.	.656**	0
15	* 나는 쓰는 것을 좋아한다.(좋아하지 않는다)	.651**	0
22	글쓰기 숙제를 내야 하면 나는 잘 못할 것이라고 생각한다.	.629**	0
8	글을 써서 생각을 표현하는 것은 시간을 낭비하는 것이 같다.	.621**	0
1	나는 글쓰기를 싫어해서 피한다.	.620**	0
7	글을 쓰기 시작하면 아무 생각도 나지 않는다.	.602**	0
5	글쓰기 수업은 아주 두려운 것이다.	.579**	0

16	내 생각을 분명하게 쓸 수 없을 것 같다.	.578**	0
2	* 내가 쓴 글을 다른 사람이 평가해도 두렵지 않다.(두렵다)	.561**	0
27	나는 글을 쓸 때, 종종 문법을 실수할까 봐 걱정된다.	.542**	0
3	* 내 생각을 쓰는 시간이 기다려진다.(기다려지지 않는다)	.540**	0
28	나는 글을 쓸 때, 쓸 내용을 찾지 못할까 봐 불안하다.	.403**	0.002

4.2 한국어와 모국어 쓰기 불안과 불안 요인의 관계

두 번째로는 한국어와 모국어 쓰기 불안과 불안 요인 간 상관관계를 알아보기 위해 한국어와 모국어 전체 쓰기 불안과 요인별 쓰기 불안 사이의 상관관계 분석을 실시했다. 이를 위해 박현진(2018)이 쓰기 요인으로 추출한 '자신감 부족', '공유에 대한 비선호', '쓰기에 대한 비선호', '표현에 대한 거부감', '쓰기에 대한 두려움', '쓰기에 대한 부정적 인식', '평가에 대한 두려움'의 한국어 쓰기 불안 요인 7개와 '표현과 공유에 대한 비선호', '쓰기에 대한 두려움', '자신감 부족', '쓰기 비선호', '내용 부족'의 모국어 쓰기 불안 요인 5개를 사용했다.

먼저 한국어 전체 쓰기 불안과 불안 요인 7개의 상관관계를 살펴본 결과 7개의 요인 모두와 유의미한 관계를 가지는 것으로 나타났다. 그 중 가장 높은 상관관계를 보인 것은 '자신감 부족'으로 0.844의 상관관계를 보였다. 이를 통해 한국어 쓰기에서 자신감이 부족할 때 전체 쓰기 불안이 높아진다는 것을 알 수 있었다. 이외에도 요인 5 '쓰기에 대한 두려움'과 요인 3 '쓰기에 대한 비선호'가 0.771과 0.711로 높은 상관을 나타냈다. 상관관계에 대한 내용은 <표 5>를 통해 확인할 수 있다.

<표 5> 한국어 쓰기 불안과 요인별 불안의 상관관계

		1. 자신감 부족	2. 공유 비선호	3. 쓰기 비선호=	4. 표현 거부감	5. 쓰기 두려움	6. 부정적 인식	7. 평가 두려움
한국어 쓰기 불안	Spearman 상관	.844**	.523**	.711**	.687**	.771**	.677**	.683**
	유의확률 (양측)	0.000	0.000	0.000	0.000	0.000	0.000	0.000
	N	55	55	55	55	55	55	55

*: $p < 0.05$ 수준, **: $p < 0.01$ 수준

　다음으로는 모국어 쓰기 불안과 불안 요인 5개의 상관관계를 살펴보았다. 이 결과에서도 5개 요인 모두와 전체 쓰기 불안이 유의미한 관계를 가지는 것으로 나타났다. 그중 0.7이상의 높은 상관을 보인 것은 요인 1, 2, 4였다. 가장 높은 상관관계를 보인 요인 1 '표현과 공유에 대한 비선호'($r=0.872$)는 모국어 전체 쓰기 불안과 0.9에 가까운 관계가 있는 것으로 나타났다. 즉 모국어의 경우 쓰기에 대해 직접적으로 느끼는 두려움과 걱정보다 이를 선호하지 않는 감정이 전체 불안도와 관계가 크다는 것을 알 수 있었다. 이 외에도 내용 부족 때문에 유발되는 요인 5 이외에는 전체 불안과 높은 상관성을 가지는 것으로 나타났다.

〈표 6〉 모국어 쓰기 불안과 요인별 불안의 상관관계

		1. 표현과 공유 비선호	2. 쓰기 두려움	3. 자신감 부족	4. 쓰기 비선호	5. 내용 부족
모국어 쓰기 불안	Spearman 상관	.872**	.789**	.686**	.760**	.403**
	유의확률 (양측)	0.000	0.000	0.000	0.000	0.002
	N	55	55	55	55	55

*: $p < 0.05$ 수준, **: $p < 0.01$ 수준

5. 논의 및 제언

이 연구는 한국 내 대학에서 공부하는 외국인 학부생을 대상으로 외국어로서의 한국어와 모국어 쓰기 불안과 불안 문항 및 요인 간 관계를 분석하고자 하였다. 박현진(2018)에서 측정 분석한 한국어, 모국어 쓰기 불안도와 불안 요인을 토대로 진행된 이 연구의 첫 번째 연구 문제는 전체 쓰기 불안과 불안 문항 간의 관계가 어떠한지 살펴보는 것이었다. 그 결과 한국어 쓰기 불안과 높은 상관을 보인 문항은 문항 5 "글쓰기 수업은 아주 두려운 것이다"(r=0.799)이었으며 문항 15 "나는 쓰는 것을 좋아하지 않는다"(r=0.765), 문항 4 평가에 대한 두려움 등이 0.7이상의 높은 상관을 나타냈다. 전체 문항들이 0.4 이상의 상관을 보이는 가운데 높은 상관을 나타낸 문항들의 공통점은 쓰기를 잘하지 못한다는 두려움과 관련된다는 것이었다.

반면 모국어 쓰기 불안과 문항 간의 관계에서 상관관계가 높은 것은 쓰기에 대한 인식이나 태도와 관련된 문항이 많았다. 그 예로 가장

높은 상관을 보인 문항 11은 "내 생각을 글로 분명하게 표현하는 데에 자신없다"($r=0.792$)이며 두 번째로 높은 상관을 보인 문항 10은 "내 생각을 쓰는 것을 좋아하지 않는다"($r=0.760$)이었다. 이들 문항을 통해 알 수 있듯이 모국어 쓰기는 쓰기에 대한 두려움보다 자신감이 없거나 쓰는 것을 선호하지 않는 태도와 관련이 깊다. 즉 모국어의 경우 쓰기에 대한 부정적인 인식이 형성되어 있을 때 쓰기에 대한 불안이 높아지며 외국어 쓰기에서는 보다 구체적으로 쓰기에 대한 두려움이나 회피를 느낄 때 전체 불안이 높아질 수 있다는 것이다.

Hadaway(1987), Wu(1992), 전형길(2016), 박현진(2018) 등에 따르면 모국어와 외국어 쓰기는 유의미한 상관성을 갖는다. 또한 많은 연구를 통해 외국어 쓰기에 대한 불안이 쓰기 능력에 부정적인 영향을 미친다고 알려져 왔다(Cheng, 1998; Al-Ahmad, 2003; Chen & Lin, 2009). 이런 점을 고려하였을 때 외국인 한국어 학습자의 쓰기 불안을 낮추기 위해서는 한국어 쓰기에서 두려움의 대상을 명확히 알고 모국어 쓰기에 대한 인식을 긍정적으로 만들 필요가 있다는 것을 알 수 있다. 따라서 한국어 학습자를 대상으로 한 교육에서 교사는 학습자가 한국어 쓰기를 막연히 두려워하지 않도록 긴장과 걱정이 되는 부분을 구체화하고 축소하도록 교육적, 정의적으로 접근할 필요가 있다. 이와 함께 한국어 쓰기에 영향을 미치는 모국어 쓰기 불안을 낮추기 위해 쓰기에 대한 인식이 긍정적인 방향으로 형성되도록 쓰고 표현하는 것에 관심을 가질 수 있는 기회들을 제공하는 것이 필요하다고 본다.

두 번째로는 전체 쓰기 불안과 각 요인간의 상관관계를 살펴보았다. 그 결과 한국어 불안 구성 요인인 '자신감 부족', '공유에 대한 비선호', '쓰기에 대한 비선호', '표현에 대한 거부감', '쓰기에 대한 두려움', '쓰기에 대한 부정적 인식', '평가에 대한 두려움' 7개 모두와 0.4

이상의 상관성을 나타냈다. 그중 높은 상관을 보인 것은 '자신감 부족'(r=0.844)이었다. 모국어 쓰기 불안의 경우도 '표현과 공유에 대한 비선호', '쓰기에 대한 두려움', '자신감 부족', '쓰기에 대한 비선호', '내용 부족' 5개 요인과 보통 수준 이상의 상관성이 모두 나타났다. 그중 요인 1 '표현과 공유에 대한 비선호'(r=0.872)가 전체 불안과 가장 높은 상관성을 나타냈다. 이를 통해 한국어 쓰기에서는 자신감이 없을 때 불안이 높아지며 모국어 쓰기의 경우 표현과 공유를 원하지 않는 상태가 전체 쓰기 불안에 영향을 미친다는 것을 알 수 있었다.

이와 같은 결과는 연구 문제 1과 상통하는 것으로 한국어 쓰기의 경우 외국어에 가지고 있는 학습자의 자신감 부족 요인이 직접적인 영향을 미친 것이라 할 수 있다. 반면 모국어 불안은 쓰기의 기본적인 특성인 표현과 공유에 익숙하지 않거나 선호하지 않는 태도나 인식이 불안에 영향을 미친다고 할 수 있다. 이러한 점을 고려하여 대학에서 외국인을 교육하는 교육자는 학습자의 자신감이 낮아지지 않도록 과정 중심으로 목표를 달성하게 독려할 필요가 있다. 또한 적절한 피드백을 통해 학습자 스스로 쓰기를 못한다는 인식이 형성되지 않게 해 쓰기 환경이 두려움의 대상이 되는 것을 사전에 방지하도록 해야 할 것이다.

6. 결론

학습자가 외국어로 쓰기를 수행할 때 경험하는 불안도는 학습 목적이나 언어 수준에 따라 달라질 수 있으며 불안에 영향을 미치는 요인도 학습자의 상황에 따라 다를 수 있다. 이 연구는 한국 대학에서 학문 활동을 하는 외국인 학부생 55명을 대상으로 그들이 느끼는 한국어와 모국어 쓰기 불안의 원인을 찾는 데에 목적이 있었다. 언어 수준이 중급에 해당하는 학습자만을 대상으로 한 이유는 대학 내 가장 많은 비중을 차지하는 학습자가 중급 수준의 학습자이기 때문이다. 또한 외국어 학습과 모국어는 일정한 상관이 있다는 선행 연구를 토대로 한국어 불안뿐만 아니라 모국어 불안의 원인이 되는 요인도 살펴보았다.

그 결과 한국어 쓰기의 경우 쓰기에 대한 두려움이 내포된 문항과 "자신감 부족" 요인이 전체 불안과 높은 상관을 보였고 모국어 쓰기의 경우 생각 표현에 대한 낮은 자신감이 포함된 문항과 "표현 및 공유에 대한 비선호" 요인이 높은 상관을 나타냈다. 이를 통해 한국어 쓰기는 쓰기에 대한 두려움과 걱정이 직접적인 영향을 미치는 반면 모국어 쓰기 불안은 쓰기가 수반하는 행위에 대한 부정적인 인식이 불안에 영향을 미치는 것을 알 수 있었다. 이러한 분석을 바탕으로 한국어 학습자의 쓰기 환경 조성 및 수업 분위기의 변화와 과정 중심으로 긍정적 피드백을 제공하여 막연한 두려움이 생기지 않도록 할 것을 제안하였다.

이 연구는 외국인 학부생의 쓰기 불안에 주목하여 다른 요인들과의 관계를 분석하기보다 쓰기 불안 자체를 면밀히 분석하려 했다는 점에서 의의가 있다고 할 수 있다. 쓰기 불안을 구성하는 요소와 전체 불안에 영향을 미치는 세부 상황들을 알아야 다른 요인들과의 관계로 연구를 확장할 수 있기 때문이다. 그러나 설문 조사만으로 불안을 측정하여 분석하였다는 점이나 성별이나 언어권을 변인으로 삼기에 학습자 수가 충분하지 못해 다층적인 분석이 이루어지지 못한 점은 한계라고 할 수 있다. 그러나 이 연구의 결과가 외국인 학부생의 쓰기 불안 원인을 규명하는 데에 도움이 되어 교육 환경 및 교수법 변화의 근거로 활용될 수 있기를 바란다.

제 6 장

초급 한국어 학습자의 읽기 불안 요인

1. 서론

이 연구는 초급 수준의 한국어 학습자를 대상으로 한국어 읽기 불안의 특징과 불안 요인, 성별에 따른 불안 차이를 분석하는 데에 목적이 있다. 전체 읽기 불안과 불안 요인, 변인에 따른 불안 차이를 살펴봄으로써 초급 학습자의 읽기 및 불안의 특징을 확인할 수 있을 것이다.

불안은 자아 존중, 자아 효능감, 억제, 모험 시도와 연결된 개념으로 제2언어 습득에서 중요한 역할을 한다(Brown, 2007:171). 이러한 불안은 인지적 요인과 마찬가지로 학습에 큰 영향을 미치는 것으로 알려져 왔다. 특히 제2언어 학습에서 불안은 학습을 방해하는 '저하적 불안(debilitating anxiety)'이나 동기를 부여하는 '촉진적 불안(facilitating anxiety)'으로 기능한다(Scovel, 1978).

외국어 학습에서 초급 단계는 기초어휘와 문법 등 낯설고 새로운 것들을 학습해야 하는 단계이다. 이때 학습자는 '읽기'를 통해 어휘와 문법의 의미를 이해하고 문장의 구조를 알며 발음과 억양을 익히게 된다. 즉 초급 한국어 학습자는 읽기를 통해 이해뿐만 아니라 표현을 연습할 수 있다는 것이다. 이 연구는 초급 학습자가 경험하는 읽기 불안에 주목하고자 한다. 언어 숙달도가 낮은 단계에서 문자를 읽고 이해할 때 느끼는 불안은 중·고급 학습자보다 높을 수 있으며 유발 이유도 다를 것이기 때문이다. 외국어를 공부하는 모든 학습자가 거쳐야하는 초급 단계에서 읽기 행위가 동반하는 불안의 특성과 요인을 밝히는 것은 학습을 시작하는 학습자와 학습 환경 조성에 도움이 될 것이라고 본다. 이에 연구 문제를 다음과 같이 설정한다.

1) 초급 한국어 학습자들의 읽기 불안의 특징과 읽기 불안을 구성하는 요인들은 무엇인가?
2) 초급 한국어 학습자들의 읽기 불안과 불안 항목의 관계는 어떠한가?
3) 초급 한국어 학습자들의 읽기 불안은 성별에 따른 차이가 있는가?

2. 외국어 읽기 불안과 불안 요인

불안은 일반적으로 걱정, 근심, 긴장, 공포로 나타날 수 있는 정서이다. 그중 언어 불안은 외국어를 학습할 때 나타나는 긴장이나 두려움을 말한다(MacIntyre & Gardner, 1994). Horwitz, Horwitz & Cope(1986; 128)는 외국어 학습 불안(foreign language anxiety)에 대해 "특정한 언어 학습 처리 상황에서 일어나는 교실 언어 학습과 관련된 자아 인식, 믿음, 감정 및 행동의 독특한 복합체(complex)"라고 말한 바 있다. 즉 교실 학습에 임하는 학습자가 스스로를 인식하고 무엇을 어떻게 느끼고 행동하는지가 모두 관련된 정서가 외국어 학습 불안이라는 것이다.

외국어 읽기 불안을 외국어 학습 불안(Foreign Language Classroom Anxiety Scale: FLCAS)과 구별하여 연구하기 시작한 것은 Saito, Horwitz & Garza (1999)이다. 이들은 외국어 읽기 불안 측정을 위해 20개의 문항으로 구성된 외국어 읽기 불안 척도(Foreign Language Reading Anxiety Scale: FLRAS)를 개발하였다.

Saito, Horwitz & Garza(1999)는 FLRAS를 통해 외국어 학습 불안과 읽기 불안의 관계, 언어에 따른 불안 차이, 언어 수준과의 관계를 연구하였다. 그 결과 외국어 학습 불안과 읽기 불안은 상관관계가 0.64($p<0.01$)로 나타났다. 즉 설명력 또는 결정계수가 41%에 이르며 59%에 이르는 영역은 두 변수에 의해 설명되지 않기 때문에 두 척도는 동일 변인으로 취급할 수 없음을 보여준다. 또한 학습 언어에 따라 불안에 차이가 있으며 학습자의 읽기 불안이 높을수록 학업 성취도가 낮은 것으로 나타났다. 이후 외국어 읽기 불안과 요인분석에 주목한 연구로는 Matsumura(2001), Shi & Liu(2006), Zhao, Dynia & Guo(2013) 등이 있다.

Matsumura(2001)는 일본 대학에 있는 영어 학습자 75명을 대상으로 FLCAS와 FLRAS를 활용하여 연구하였다. 학습자의 언어 수준별 그룹은 중급1(intermediate), 중급2(low-intermediate), 초급(low proficiency)이었다. 연구 결과 초급 그룹이 중급에 비해 유의미하게 높은 불안을 보였으며 4개의 불안 요인이 추출되었다. 이 연구는 FLCAS와 FLRAS 두 개의 척도를 사용하여 둘의 상관을 보고 비교하였다는 점에서 Saito, Horwitz & Garza(1999)의 결과를 재증명하였다는 데에 의의가 있다.

Zhao, Dynia & Guo(2013)는 중국어를 학습하는 미국인 대학생을 대상으로 FLRAS를 활용해 연구하였다. 그 결과 언어 수준별로 학업 성취도와의 관계가 상이하게 나왔으며 성별에 따른 불안 차이는 없었다.

한국어 교육에서 읽기 불안과 읽기 전략, 동기 등과 관련된 연구로는 이효신(2012), 김영주(2014), 장혜·김영주(2014), 박현진·김정은(2017), 박현진(2018), 이다슴·박성희(2019), 이은진·권연진(2019)이 있다. 그중 이효신(2012)와 김영주(2014)는 읽기 불안 요인과 전략의 관계를 살펴본 연구로 읽기 불안과 전략 간에 정적 상관이 있다는 것을 밝힌 바 있다.

읽기 불안에 주목한 연구인 장혜·김영주(2014)는 한국과 중국에서 한국어를 학습하는 중국인을 대상으로 읽기 불안을 측정하였다. 중국인 174명을 대상으로 FLRAS를 활용한 설문 조사와 인터뷰 방법을 통해 읽기 불안 요인을 살펴본 결과 평균 3.12의 불안도를 보였으며 4개의 불안 요인이 추출되었다. 성별에 따른 불안도에서는 여성이 남성보다 높게 나타났다. 이 연구는 불안 요인간 상관과 학습자 변인에 따른 불안 차 등 불안 자료를 여러 가지 측면에서 분석하려고 했다는 점에서 의의가 있다.

박현진·김정은(2017), 박현진(2018)은 한국에 거주하는 학문 목적 한국어 학습자를 대상으로 읽기 불안과 학업 성취도의 관계 및 불안 정도에 따른 불안 요인의 차이를 분석하였다. 그 결과 고급 학습자는 5개의 요인이, 중급 학습자는 6개의 요인이 추출되었다. 이 연구들은 특정 목적과 수준의 학습자를 대상으로 불안의 특성을 구체화하려고 했으며 기존 연구와의 비교 분석을 면밀히 하고자 했다. 그러나 설문만을 사용하여 분석을 시도한 점은 아쉬움으로 남는다.

최근에 수행된 연구인 이은진·권연진(2019)은 FLRAS를 활용해 186명의 학습자를 대상으로 불안 양상을 분석하였다. 그 결과 4개의 불안 요인이 추출되었고 언어 숙달도와 국적에 따라 불안 요인의 차이를 보였다. 특히 중급 학습자가 초급, 고급보다 높은 불안을 보이는 항목이 많았다. 이 연구는 초·중·고급 수준의 학습자를 대상으로 하여 다양한 변인에 따른 불안 양상을 살펴보고 있다는 점에서 연구의 의

의가 있다.

마지막으로 이다슴·박성희(2019)는 국내 대학교에 재학중인 베트남인 68명을 대상으로 FLRAS를 활용해 읽기 불안을 측정하였다. 그 결과 5개의 불안 요인이 추출되었으며 초급, 남성 학습자의 불안도가 높은 것으로 나타났다. 급증하고 있는 베트남인을 대상으로 정의적 요인을 연구하였다는 점에서 의미있는 시도라고 보인다.

이상의 연구들 중 읽기 불안 구성 요인분석을 시도한 선행 연구에서 추출된 요인들을 연구별로 정리하면 <표 1>과 같다.

〈표 1〉 읽기 불안 구성 요인 정리

연구	언어 수준	읽기 불안 구성 요인
Matsumura (2001)	초·중급	① 낯선 것과 이해되지 않는 것에 대한 불안 ② 통제하의 읽기가 익숙하지 않아서 발생하는 불안 ③ 자신감과 긍정적 태도 부족 ④ 주제에 대한 지식 부족
이효신(2012)	중급	① 단어 및 문법 불안 ② 한국어 읽기의 두려움 ③ 자신감의 부족 ④ 읽기 습관 ⑤ 부정적 인식 ⑥ 문화 및 주제 불안
장혜·김영주 (2014)	알 수 없음	① 생소한 주제와 언어 형태로 인한 불안 ② 글의 이해에 대한 두려움 ③ 한국어 읽기에 대한 부정적인 태도로 인한 두려움 ④ 생소한 문화에 대한 두려움

박현진·김정은 (2017)	고급	① 이해 관련 불안 ② 외국어 읽기 관련 불안 ③ 어휘 관련 불안 ④ 문화 관련 불안 ⑤ 부정적 인식
박현진(2018)	중급	① 어휘 및 문법 관련 불안 ② 이해 관련 불안 ③ 자신감 관련 불안 ④ 문화 관련 불안 ⑤ 부정적 인식 관련 불안 ⑥ 능력 수준 관련 불안
이다슴·박성희 (2019)	초·중급	① 자신감 부족 및 텍스트 이해 관련 불안 ② 단어 및 문법 관련 불안 ③ 소리 내어 읽기 관련 불안 ④ 주제 및 배경지식 관련 불안 ⑤ 부정적 인식 관련 불안
이은진·권연진 (2019)	초·중·고급	① 텍스트 차원 불안 ② 자신감 및 흥미 관련 불안 ③ 주제 및 기억 관련 불안 ④ 인식 및 상황 관련 불안

추출된 요인들을 보면 '어휘'와 '문법', '문화', '자신감', '글에 대한 이해'가 공통적으로 등장한다는 것을 알 수 있다. 세부적으로 보면 중급은 자신감과 텍스트에 대한 이해 부족 요인이 공통되며 고급은 읽기에 대한 인식이 불안에 영향을 미친다는 것을 알 수 있다. 그러나 현재까지 초급 학습자만을 대상으로 읽기 불안에 접근한 연구는 없었다. 불안은 학습자의 학습 환경과 언어 수준에 따른 차이가 클 수밖에 없다. 따라서 이 연구는 국내 대학교에 재학중인 외국인 학습자 중 초급 학습자를 대상으로 읽기 불안 요인과 성별에 따른 불안 차를 분석할 것이다.

3. 한국어 읽기 불안 연구 방법

3.1 연구 참여자 정보

이 연구는 서울 소재 대학교에서 필수교양 과목 중 하나인 '사고와 표현'을 수강한 학부생 32명을 대상으로 한다. '사고와 표현'은 학부생의 대학 내 학업에 필요한 한국어 및 학업 능력 함양을 위해 개설된 과목으로 한국어 수준에 따라 초중고급으로 분반이 이루어진다.

연구 참여자 중 남자와 여자는 각각 16명이었으며 국적은 미국, 중국, 말레이시아, 아랍에미리트, 노르웨이, 사우디아라비아, 우즈베키스탄, 독일, 몽골, 베트남, 스페인, 카자흐스탄으로 총 12개국이었다. 연령은 18세부터 29세까지 다양했다. 이들 중 9명은 한국어능력시험을 응시하여 1, 2급 인증을 받은 상태였고 나머지 23명은 국내외 한국어 교육기관 및 대학에서 한국어 수업을 수강한 경험은 있으나 한국어능력시험을 응시한 경험은 없는 초급 학습자이다.

〈표 2〉 연구 참여자 정보

구분	변수
성별	남자(16명), 여자(16명)
국적	미국(7명), 중국(5명), 말레이시아(4명), 아랍에미리트(4명), 노르웨이(3명), 사우디아라비아(2명), 우즈베키스탄(2명), 독일(1명), 몽골(1명), 베트남(1명), 스페인(1명), 카자흐스탄(1명)
연령	18(2명), 19(3명), 20(6명), 21(6명), 22(4명), 23(7명), 24(2명), 25(1명), 29(1명)
한국어 능력	TOPIK 1급(1명), TOPIK 2급(8명)

3.2 측정 도구

이 연구에서는 한국어 읽기 불안도를 측정하고자 20개의 문항으로 구성된 외국어 읽기 불안 척도(FLRAS)를 사용하였다. FLRAS는 Saito, Horwitz & Garza(1999)가 개발한 것으로 선행 연구들을 통해 문항의 신뢰도와 타당도를 검증받은 바 있다. 이 연구에서 동일한 문항을 수정 없이 사용하는 이유는 기존 연구와 결과를 비교하여 논의를 풍부하게 하기 위함이다. 문항은 5점 리커트 척도로 구성되었으며 문항의 내용은 초급 학습자의 이해를 돕기 위해 한국어, 영어, 중국어를 병기하였다. 설문은 초급 학습자임을 감안하여 교수자의 도움 하에 수업 중 진행되었다.

3.3 연구 절차

읽기 불안 조사는 2017년 6월 첫째 주에 연구 동의서를 확인하며 이루어졌다. 조사 내용은 기초 인적 사항과 읽기 불안 설문으로 구성되었고 온라인 방식에서의 부주의한 응답을 줄이고자 서면으로 실시됐다.

설문 조사 결과는 통계처리 프로그램인 SPSS 25를 사용해 분석하였다. 먼저 기술통계를 활용하여 설문 문항별 불안 평균과 표준편차를 알아보았다. 읽기 불안의 구성 요인은 요인분석과 신뢰도 분석을 실시하여 추출되었다. 전체 읽기 불안과 문항별 및 요인별 상관관계는 스피어만 상관계수를 산출하여 상관관계 분석(Spearman rank-order correlation coefficient)을 실시하였다. 남녀에 따른 불안의 차이는 독립표본 t검정을 통해 분석하였다.

4. 한국어 읽기 불안 연구 결과

4.1 초급 학습자의 한국어 읽기 불안의 특징

본격적인 연구에 앞서 읽기 불안 측정에 사용한 설문지의 신뢰도 검사를 실시한 결과 신뢰도는 0.886으로 나타났다. 20개의 문항으로 이루어진 설문지를 활용하여 초급 학습자의 읽기 불안을 측정한 결과 평균은 2.99로 나타났는데 이는 다른 연구들의 결과보다 다소 높은 수치였다. 20개 문항에 대한 평균과 표준편차를 제시하면 <표 3>과 같다.

〈표 3〉 한국어 읽기 불안 문항별 평균 및 표준편차

문항 번호	내용	평균	표준 편차
4	나는 온통 한국어로 쓰인 페이지를 보면 두려워진다.	3.46	1.04
18	*지금 나의 한국어 읽기능력 수준에 만족한다.(불만족한다)	3.46	1.26
2	나는 한국어 읽기를 할 때 글 속의 단어들의 의미를 알고 있지만 필자가 하고자 하는 말이 무엇인지 이해하지 못 할 때가 있다.	3.34	1.00
7	한국어 읽기를 할 때, 모든 단어를 이해하지 못하면 긴장이 되고 당황스럽다.	3.34	1.00
1	나는 한국어 읽기를 할 때 글 전체의 의미를 정확히 파악하고 있다는 확신이 들지 않으면 불안하다.	3.28	1.08
5	나는 한국어 읽기를 할 때, 내가 잘 알지 못하는 장르, 주제에 대한 내용이 나오면 긴장된다.	3.21	1.03
9	나는 한국어 읽기를 할 때 단어 하나하나를 번역한다.	3.21	1.15
13	*나는 한국어 읽기를 할 때 자신감이 있다.(자신감이 없다)	3.12	1.00

16	한국어 독해보다는 한국어 말하기를 배우는 것이 좋다.	3.09	1.25
6	한국어 읽기를 할 때, 모르는 문법규칙이 나오면 당황스럽다.	3.06	1.01
17	여러 사람 앞에서 큰소리로 한국어 지문을 읽는 것은 긴장되고 불편하다.	3.03	1.17
3	나는 한국어 읽기를 할 때, 긴장되고 혼란스러워 지금 읽고 있는 내용에 대하여 기억을 잘 못한다.	3.00	1.04
12	*나는 한국어 읽기를 좋아한다. (싫어한다)	2.87	0.97
8	한국어 읽기를 할 때, 내가 발음할 수 없는 단어가 나오면 혼란스러워진다.	2.81	0.99
10	처음 보는 한국어 단어를 보면, 나는 읽고 있는 내용을 기억하기 힘들다.	2.81	1.06
19	한국의 문화와 사고방식이 나에게는 익숙하지 않다.	2.81	1.06
11	한국어 읽기를 할 때, 새로운 한국어 단어를 알아야 한다는 것은 괴로운 일이다.	2.65	1.20
20	한국어 독해를 잘하기 위해서 한국의 역사와 사회, 문화에 대하여 잘 알고 있어야 한다고 생각한다.	2.62	1.07
14	*일단 익숙해지면 한국어 읽기는 별로 어렵지 않다.(어렵다)	2.50	0.87
15	한국어를 배우는데 가장 어려운 부분은 읽기(독해)이다.	2.15	0.88

초급 한국어 학습자가 읽기 불안 설문 문항 중 가장 높은 불안을 보인 문항은 평균 3.46의 문항 4와 18이다. 이 둘은 "나는 온통 한국어로 쓰인 페이지를 보면 두려워진다"와 "지금 나의 한국어 읽기능력 수준에 불만족한다"이다. 문항 4와 같이 문자를 보는 것만으로 두려움이 생기는 것은 초급 학습자이기 때문에 아직 해당 문자에 익숙해지지

않기 때문이라고 할 수 있다. 중·고급의 경우 문자는 읽고 이해하는 대상이지만 초급 학습자는 어휘, 문법, 발음 등의 구체적인 두려움의 대상이 생기기 이전이므로 문자 자체가 두려움이 될 수 있다는 것이다. 동일한 불안도를 보인 문항 18은 읽기 능력 수준에 불만족하는 내용이다. 이 또한 학습자가 학습 초기 단계이고 충분한 실력을 갖추었다고 보기 어려운 시기이기 때문에 높아진 불안 요인이라 하겠다.

두 번째로 높은 불안도를 보인 문항은 평균 3.34의 불안도를 보인 문항 2와 7로 "나는 한국어 읽기를 할 때 글 속의 단어들의 의미를 알고 있지만 필자가 하고자 하는 말이 무엇인지 이해하지 못 할 때가 있다"와 "한국어 읽기를 할 때, 모든 단어를 이해하지 못하면 긴장이 되고 당황스럽다"이다. 이 둘은 모두 단어와 관련된 문항으로 단어를 알아도 의미 파악에 실패할 때(문항 2)와 이해 못하는 단어의 등장(문항 7)을 의미한다. 그런데 전체 문항 중 단어와 관련된 다른 문항 9, 11은 하나하나 번역하는 습관(3.21)과 단어 학습에 대한 부담감(2.65)에 대한 것인데 이들은 상대적으로 낮은 불안도를 보였다. 이를 보면 초급 학습자의 경우 개별 단어를 번역하며 읽는 것이 일반적이며 단어 학습도 당연한 것으로 인식하고 있다고 할 수 있다. 그러나 이러한 인식에도 불구하고 단어 의미가 원만한 해석으로 이어지지 않거나 모르는 단어가 나오면 긴장할 수밖에 없게 된다는 것이다.

세 번째로 높은 불안도를 보인 문항 1은 "나는 한국어 읽기를 할 때 글 전체의 의미를 정확히 파악하고 있다는 확신이 들지 않으면 불안하다."(평균 3.28)이다. 전체 의미 파악은 언어 숙달도와 무관하게 중요한 읽기 목표이다. 이때 초급 학습자라면 절대적 학습량이 부족하므로 정확한 의미 파악이 어려울 수 있다. 이처럼 제한된 단어와 문법만으로 해석해야 하기 때문에 의미의 확신이 낮아져 불안이 높아진 것으로 보인다.

네 번째로 높은 3.21의 불안도를 보인 문항 5, 9는 "나는 한국어 읽기를 할 때, 내가 잘 알지 못하는 장르, 주제에 대한 내용이 나오면 긴장된다", "나는 한국어 읽기를 할 때 단어 하나하나를 번역한다"이다. 문항 5는 새로운 장르와 주제로 인한 긴장이고 문항 6은 개별 단어 번역 습관을 말한다. 초급 학습자라도 낯선 장르와 주제에서 비롯된 긴장과 개별 단어 이해에 대한 부담이 크다는 것을 확인할 수 있다.

반면 읽기 불안 정도가 가장 낮은 문항을 보면 문항 15, 14, 12의 순이다. 가장 낮은 불안도를 보인 "한국어를 배우는데 가장 어려운 부분은 읽기이다"(문항 15)는 읽기가 어렵지 않아서가 아니라 다른 영역이 더 수월하다고 확신할 수 없기 때문에 낮아진 것으로 보인다. 초급 학습자에게 네 가지 언어영역은 상대적인 차이를 가질 수는 있지만 절대적으로 한 영역이 쉽거나 어렵기 힘들 것이기 때문이다. 두 번째로 낮은 불안도를 보인 "익숙해져도 한국어 읽기는 어렵다"(문항 14)도 같은 맥락에서 낮게 측정된 문항이라고 하겠다. 세 번째로 낮은 문항 12 "한국어 독해를 잘하기 위해서 한국의 역사와 사회, 문화에 대하여 잘 알고 있어야 한다고 생각한다"는 내용 부담에 대한 것이다. 이 문항의 불안도가 낮은 이유는 초급 읽기 자료의 내용이 전문 내용보다 일반적이고 보편적인 내용을 더 많이 담고 있어서일 것으로 보인다.

4.2 초급 학습자의 한국어 읽기 불안 구성 요인

이 연구의 첫 번째 연구 문제는 초급 수준의 한국어 학습자가 느끼는 읽기 불안의 구성요인을 알아보는 것이다. 이를 위해 요인분석을 실시하였고 표본이 요인분석하기에 적합한지 확인하기 위해 표본 적합도 (Kaiser-Meyer-Olkin, KMO)와 Bartlett의 구형성 검정을 하였다. 그 결과 표본 적합도(KMO)는 0.678이고 구형성 검정치의 유의 수준이 0.000으로 나타났다.

〈표 4〉 KMO와 Bartlett의 구형성 검정

표준형성 적절성의 Kaiser-Meyer-Olkin 측도		0.678
Bartlett의 구형성 검정	근사 카이제곱	363.578
	자유도	190
	유의확률	0.000

20개 문항에 대한 요인분석에는 주성분 분석(principal component analysis)과 베리맥스 회전(varimax rotation)을 사용했다. 요인 수를 결정할 때는 아이겐값(eigenvalue), 설명력(variance), 스크리 도표(scree plot)가 사용된다. 아이겐값이 1보다 크고 설명력의 누적 총합이 70%이며 스크리 도표의 감소폭이 체감 직전까지의 요인 수는 총 7개였다.

〈표 5〉 주성분 분석을 위한 요인별 아이겐값과 설명력

요인	아이겐값	설명력(%)	누적 설명력(%)
1	6.756	33.781	33.781
2	2.500	12.500	46.281
3	1.965	9.824	56.105
4	1.431	7.157	63.262

5	1.220	6.098	69.361
6	1.082	5.409	74.770
7	1.016	5.078	79.847

7개 요인에 포함된 문항들의 경우 요인적재값이 0.50 이상일 경우 유의미한 적재값으로 판단하였다. 또한 한 문항이 두 요인에 걸쳐 비슷한 값의 요인적재값을 보이는 경우는 교차적재로 판단하고 추후 분석에서 제외하였다.[1]

7개 요인에 해당하는 문항들의 내적 일치도는 신뢰도(reliability) 측정을 통해 이루어졌다. 각 요인별 Cronbach's 알파값을 보면 요인 1에 해당하는 문항 2, 3, 17과 요인 2의 문항 4, 5, 6, 요인 3의 문항 10, 11, 19, 요인 4의 문항 12, 14, 요인 6의 문항 13, 16은 0.7 이상이며 요인 7의 문항 8, 15도 0.6에 가까워 연구 분석 자료로 적합하다고 판단되었다.[2] 요인분석과 신뢰도 분석 결과를 제시하면 다음과 같다.

〈표 6〉 회전된 성분 행렬

문항	요인 1	요인 2	요인 3	요인 4	요인 5	요인 6	요인 7	Cronbach's 알파값
2	0.873	0.184	0.079	-0.013	-0.171	-0.005	-0.064	0.879
3	0.734	0.180	0.255	0.054	-0.094	0.046	0.405	

---

1) Bedford(1997)은 요인 간 절대값 0.2 이하의 적재값 차이는 교차적재(cross- loading)이며, 이는 한 문항이 두 요인 이상에 대해서 유의미한 상관관계를 보이는 것이라 하였다. 이와 같은 기준 하에 이 연구에서는 가장 큰 요인적재값과의 차이가 0.2 이하인 문항 1, 7, 9, 20을 교차적재로 판단하여 이후 분석에서 제외하였다.
2) Cronbach's 알파값을 이용한 신뢰도 검사는 두 문항 이상 간의 내적 합치도 지수를 말한다. 따라서 문항 18 하나로 구성된 요인 5는 신뢰도 검사가 불가능하다.

1	0.649	0.556	0.279	-0.138	0.189	0.136	0.046	
17	0.637	0.207	0.049	0.279	0.248	0.115	0.293	
9	0.595	0.236	-0.009	0.240	0.234	0.485	-0.025	
7	0.551	0.427	0.462	-0.100	0.181	-0.107	0.281	
20	0.536	-0.124	0.230	0.067	-0.277	0.474	0.108	
5	-0.003	0.868	0.123	0.266	0.074	0.042	0.233	
6	0.422	0.778	0.232	-0.010	-0.078	0.063	-0.011	0.835
4	0.352	0.681	-0.076	0.136	0.292	0.037	0.002	
11	0.046	0.061	0.783	0.100	0.129	0.223	0.239	
10	0.218	0.148	0.726	0.094	0.108	0.172	0.003	0.713
19	0.144	0.065	0.696	0.310	-0.483	-0.047	-0.068	
12	0.134	0.131	0.167	0.876	-0.066	-0.111	-0.024	
14	-0.039	0.086	0.120	0.795	0.303	0.071	0.165	0.721
18	-0.029	0.131	0.130	0.157	0.863	0.094	-0.091	-
16	0.129	0.175	0.284	-0.070	0.150	0.819	0.131	
13	0.123	0.361	-0.032	0.357	0.318	-0.531	0.068	-0.818
8	0.098	0.330	0.020	0.001	-0.234	0.223	0.771	
15	0.324	-0.195	0.365	0.280	0.241	-0.133	0.655	0.593

　　요인별로 해당 하는 문항과 요인의 의미를 살펴보면, 요인 1은 '단어 들의 의미를 알고 있지만 필자의 의도를 모를 때', '읽기 긴장으로 내용 기억이 나지 않음', '여러 사람 앞에서 한국어 지문을 읽을 때' 유발되는 긴장에 대한 내용이다. 요인적재값이 가장 높은 것은 문항 2로 단어 의 미를 아는 것과 무관하게 필자의 의도 파악이 안 될 때를 말한다. 두 번

째로 높은 요인적재값을 보인 문항 3도 읽고 있지만 기억을 못할 때 발생하는 불안을 의미한다. 해당 문항들은 전반적으로 읽기와 이해가 연결되지 않을 때 느끼는 불안으로 볼 수 있어 '이해 관련 불안'이라고 명명한다.

요인 2에는 문항 5, 6, 4가 포함되며 각각은 '모르는 장르, 주제가 유발하는 불안', '모르는 문법규칙에서 비롯된 당혹감', '모르는 문자가 주는 두려움'에 대한 내용이다. 이들의 불안을 유발하는 대상은 글의 장르와 주제, 문법, 문자로 다르나 모르는 것이라는 공통점이 있다. 초급 학습자는 한국어 학습을 시작한 지 1년 이하의 학습자일 가능성이 높다. 아는 것보다 모르는 것이 더 많은 상황에서 학습은 즐거움이기도 하지만 모르는 영역은 불안의 원인이 되기도 한다. 이런 이유에서 요인 2를 '모르는 것에 대한 불안'이라 하겠다.

요인 3을 구성하는 문항들은 '새로운 한국어 단어를 학습해야 한다는 괴로움', '처음 보는 단어로 인해 독해 내용 기억력 저하', '한국문화와 사고방식에 대한 낯섦'에 대한 내용이다. 이들 문항의 내용은 다르지만 익숙하지 않은 대상에서 비롯된 불안이라는 공통 요소가 있다. 새로운 것이나 처음 보는 것, 익숙하지 않은 방식이 유발하는 불안이기 때문이다. 따라서 이들을 '낯섦에 대한 불안'이라고 명명한다.

요인 4를 구성하는 문항들은 "나는 한국어 읽기를 싫어한다", "익숙해져도 한국어 읽기는 어렵다"는 내용이다. 이 문항들을 보면 읽기에 대한 선호도가 낮고 학습의 정도와 무관하게 읽기가 어렵다는 것을 알 수 있다. 따라서 이들을 '읽기 비선호'라고 명명하겠다.

요인 5는 문항 18 하나로 "지금 나의 한국어 읽기능력 수준에 불만족한다"이다. 초급 수준의 한국어를 구사하는 학습자가 자신의 읽기능력에 만족하기는 힘들 것이다. 이러한 불만족이 읽기를 어렵고 두려운 영역으로 만들 수 있다. 따라서 이를 '읽기 수준 불만족'이라고 명명한다.

요인 6에는 '한국어 독해보다 말하기를 선호하는 것', '읽기 자신감이 없음'에 대한 내용이다. 읽고 이해하는 것보다 말로 표현하는 것을 선호한다고 한 것은 독해가 동반하는 것을 잘 해결할 수 없을 것이라는 자신감 부족에서 기인된 것일 수 있다. 이에 요인 6을 '자신감 부족'이라고 하겠다.

요인 7에 해당하는 문항은 문항 8과 15로 "한국어 읽기를 할 때, 내가 발음할 수 없는 단어가 나오면 혼란스러워진다"와 "한국어를 배우는데 가장 어려운 부분은 읽기이다"이다. 초급 학습자는 문자를 인식하고 발음하는 것부터 시작해 개별 단어, 문장, 문단으로 학습 범위가 확장된다. 특히 초급 단계에서 '읽기'는 묵독이 아닌 소리내어 읽기의 여러 변형 형태가 반복 연습된다. 이런 점에서 발음할 수 없는 단어는 불안을 야기하는 요인이 될 수 있다. 따라서 요인 7을 '발음 불안'이라고 명명하고자 한다.

초급 학습자의 한국어 읽기 불안 요인들의 평균과 표준편차를 보면 요인2 '모르는 것에 대한 불안'이 평균 3.25로 가장 높고 요인 5 '읽기 수준 불만족'이 3.21로 두 번째로 높게 나타났다. 이외에도 '이해 관련 불안'과 '자신감 부족'이 3점대로 다소 높은 수준의 불안도를 보였다.

〈표 7〉 초급 학습자의 읽기 불안 요인의 평균과 표준편차

읽기 불안 요인	평균	표준편차
1. 이해 관련 불안	3.12	1.07
2. 모르는 것에 대한 불안	3.25	1.03

3. 낯섦에 대한 불안	2.76	1.10
4. 읽기 비선호	2.68	0.92
5. 읽기 수준 불만족	3.21	1.03
6. 자신감 부족	3.10	1.13
7. 발음 불안	2.48	0.94

4.3 초급 학습자의 읽기 불안과 읽기 불안 항목의 관계

이 절에서는 요인분석 결과를 토대로 읽기 불안이 20개의 문항 및 7개의 불안 요인과 어떤 관계를 가지고 있는지 알아본다. 이를 위해 전체 읽기 불안과 문항별 읽기 불안, 요인별 읽기 불안 간 상관관계 분석을 하였다. 우선 전체 읽기 불안과 문항별 읽기 불안의 상관관계를 분석하였다.

분석 결과 문항 18을 제외한 모든 문항에서 유의미한 관계가 있었다. 그중 가장 높은 상관을 보인 문항 3은 0.731을, 두 번째로 높은 상관을 보인 문항 17은 0.714의 상관을 보였다. 이 두 문항만 전체 불안과 0.7이상의 상관을 나타냈는데 문항 3은 '읽기를 할 때 긴장되어서 내용 기억이 잘 안남'에 대한 것으로 특정 요소로 인한 불안이 아니라 읽기 자체가 긴장 요소가 된다는 것이다. 문항 17은 '다수 앞에서의 낭독'으로 소리내어 읽기라는 읽기 형태뿐만 아니라 발표와 같은 1대 다수의 구조가 불안을 유발하는 요인이 될 수 있을 것으로 보인다.

0.6이상의 상관관계를 보인 문항 10은 '처음 보는 단어의 등장으로 인한 내용 기억의 어려움'($r=0.603$)이다. 독해를 잘 하다가도 처음 보는

새로운 단어의 등장으로 이전에 읽고 이해했던 것까지 기억나지 않는 상황을 의미한다. 초급 학습자에게는 새로운 단어가 전체 이해에 영향을 미칠 만큼의 불안을 초래할 수 있음을 알 수 있다.

전체 읽기 불안과 유의미하지만 낮은 상관관계를 보인 문항은 문항 19, 13이다. '한국의 문화와 사고방식이 익숙하지 않음'과 읽기 불안은 0.394의 상관을, '읽기 자신감 없음'과는 0.363으로 가장 낮은 상관관계를 나타냈다. 이를 통해 한국 문화에 익숙한 정도와 자신감 유무는 전체 불안과 높은 상관이 있지는 않다는 것을 알 수 있다.

〈표 8〉 전체 읽기 불안과 문항별 읽기 불안의 상관관계

문항 번호	전체 한국어읽기불안	
	Spearman 상관	유의확률(양측)
2	0.571**	0.001
3	0.731**	0.000
4	0.595**	0.000
5	0.595**	0.000
6	0.595**	0.012
8	0.595**	0.012
10	0.603**	0.000
11	0.562**	0.001
12	0.445*	0.011
13	0.363*	0.041
14	0.426*	0.015
15	0.537**	0.002

16	0.497**	0.004
17	0.714**	0.000
18	0.337	0.059
19	0.394*	0.026

*: $p < 0.05$ 수준, **: $p < 0.01$ 수준

다음으로는 초급 학습자의 전체 읽기 불안과 불안 요인 간의 상관 관계를 분석하였다. 7개의 불안 요인과 전체 읽기 불안의 상관관계를 살펴본 결과 7개 요인 모두와 유의미한 관계가 있었다. 그중 가장 높은 상관을 보인 것은 요인 1 '이해 관련 불안'으로 0.833의 상관관계를 보였으며 두 번째로는 요인 2 '모르는 것에 대한 불안'이 전체 불안과 0.722의 상관을 보였다. 읽기는 이해를 목적으로 하는 활동이라는 점에서 텍스트의 확실한 이해가 되지 않을 때가 전체 불안과 가장 큰 상관이 있다는 것을 알 수 있다. 또한 초급 학습자이기 때문에 학습하지 않은 무지의 영역이 전체 불안과 상관이 높았다. 이어서 요인 6 '자신감 부족', 요인 3 '낯섦에 대한 불안', 요인 4 '읽기 비선호', 요인 5 '읽기 수준 불만족', 요인 7 '발음 불안'의 순으로 전체 읽기 불안과 높은 상관이 있었다.

〈표 9〉 전체 읽기 불안과 요인별 읽기 불안의 상관관계

		요인1	요인2	요인3	요인4	요인5	요인6	요인7
읽기 불안	Spearman 상관	.833**	.722**	.565**	.545**	.448*	.683**	.361*
	유의확률 (양측)	0.000	0.000	0.001	0.001	0.010	0.000	0.042
	N	32	32	32	32	32	32	32

*: $p < 0.05$ 수준, **: $p < 0.01$ 수준

4.4 성별에 따른 읽기 불안

마지막으로 초급 학습자의 읽기 불안이 성별에 따라 차이가 있는지 알아보기 위해 독립표본 t검정을 실시하였다. 그 결과 남녀의 불안도 평균값은 0.3의 차이가 있으나 통계적으로 유의미한 차이는 없었다. 분석 내용은 <표 10>을 통해 확인할 수 있다.

〈표 10〉 성별에 따른 읽기 불안에 대한 t검정

영역	구분	평균(최대 5점)	표준편차	t	p
총점	남	3.14	0.60	1.463	0.154
	여	2.84	0.56		

$p < 0.05$

이어서 남녀가 가지는 특정 읽기 불안 요인이 다른지 알아보기 위해 성별에 따른 읽기 불안 요인에 대한 독립표본 t 검정을 실시하였다. 그 결과 전체 불안과 마찬가지로 남녀에 따른 요인별 불안 차이가 없는 것으로 나타났다.

〈표 11〉 성별에 따른 읽기 불안 요인에 대한 t검정

영역	구분	평균(최대 5점)	표준편차	t	p
요인1	남	3.31	0.89	1.342	0.19
	여	2.92	0.71		
요인2	남	3.35	0.88	0.651	0.52
	여	3.14	0.92		

요인3	남	2.93	0.88	1.137	0.264
	여	2.58	0.88		
요인4	남	2.81	0.75	0.858	0.398
	여	2.56	0.91		
요인5	남	3.63	1.15	0.69	0.495
	여	3.31	1.40		
요인6	남	3.25	0.51	1.176	0.249
	여	2.97	0.8		
요인7	남	3.00	1.03	1.065	0.295
	여	2.63	0.96		

$p < 0.05$

5. 논의

이 장에서는 선행 연구들과의 비교 분석을 통해 본고의 의미를 도출하고자 한다. Saito, Horwitz & Garza(1999)의 FLRAS를 도구로 사용한 연구들과의 비교를 본 연구의 연구 문제별로 구분하여 정리하겠다.

5.1 초급 학습자의 읽기 불안 요인

첫 번째 연구 문제인 초급 학습자의 읽기 불안의 특성과 불안 요인을 분석하기 위해 불안도를 측정한 결과 평균 2.99의 불안을 보였다. 이는

Saito, Horwitz & Garza(1999)의 2.64, Zhao, Dynia & Guo(2013)의 2.68, 이효신(2012)의 2.74, 박현진 · 김정은(2017)의 2.6과 박현진(2018)의 2.97보다 다소 높은 수치이며 장혜 · 김영주(2014)의 3.12, 이다슴 · 박성희(2019) 3.2보다는 낮다. 선행 연구들보다 이 연구의 불안도가 높은 것은 초급 학습자를 대상으로 불안을 측정했기 때문인 것으로 보인다. 국외 연구들은 숙달도로 연구 대상을 한정하지 않았기 때문에 언어 수준에 따른 불안도를 가늠하기 힘들다. 반면 박현진 · 김정은(2017)과 박현진(2018)은 고급과 중급 학습자를 대상으로 하여 초급 학습자보다 다소 낮은 불안을 보였을 것으로 보인다. 이와 달리 장혜 · 김영주(2014)의 결과가 3.12로 본 연구의 결과보다 높은 것은 학문 목적 학습자와 한국이 아닌 모국에서 외국어를 학습하는 학습자의 응답이 다수 포함된 것이 영향을 미쳤을 것이다. 이다슴 · 박성희(2019)도 특정 국가인 베트남인이 경험하는 읽기 불안의 특징이 드러난 것으로 보인다.

구체적인 불안 요인에 대해 살펴보면 초급 학습자의 읽기 불안 요인으로는 총 7개 '이해 관련 불안', '모르는 것에 대한 불안', '낯섦에 대한 불안', '읽기 비선호', '읽기 수준 불만족', '자신감 부족', '발음 불안'이 추출되었다. 이를 기존 연구에서 추출된 불안 요인들과 비교해 보면 요인 1 '이해 관련 불안'은 장혜 · 김영주(2014), 박현진 · 김정은(2017), 박현진(2018)과 공통되는 요인이었다. 이를 통해 언어 숙달도와 무관하게 학습자들은 읽기에서 이해를 중시하며 특정 언어 기술의 부족보다 필자의 의도 파악과 텍스트 이해가 실패했다고 느낄 때 불안하다는 것을 확인할 수 있었다.

요인 4 '읽기 비선호'는 기존 연구에서 추출된 부정적 인식 관련 요인과 유사하다. 이에 해당하는 문항을 보면 한국어 읽기가 어렵고 한국어 읽기를 좋아하지 않는다는 내용이다. 읽기를 선호하지 않고 읽기

에 대한 긍정적인 인식이 형성되지 않은 외국어 학습자는 읽는 행위
가 불안할 수 있다. 이 또한 언어 숙달도나 목적과 무관하게 공통되는
불안 요인으로 작용하고 있다는 것을 알 수 있었다.

　이외에 요인 6 '자신감 부족'은 이효신(2012), 박현진(2018)과 공통되
는 요인이다. 두 연구는 모두 중급 학습자를 대상으로 했다는 공통점
이 있다. 그런데 자신감 부족은 고급 학습자에게서는 추출된 적 없다
는 것을 알 수 있다(박현진·김정은, 2017). 이를 통해 읽기에 대한 자신
감이 없다고 해서 고급 학습자가 불안을 경험하는 것은 아니나 초·
중급 학습자는 자신감 결여만으로도 불안이 형성될 수 있다는 것을
확인할 수 있었다.

　이와 달리 초급 학습자의 읽기 불안 요인 2 '모르는 것에 대한 불안'
과 요인 3 '낯섦에 대한 불안', 요인 5 '읽기 수준 불만족', 요인 7 '발음
불안'은 이 연구에서만 추출된 요인이다. 그중 요인 2와 3은 무지의 영
역이라는 공통점이 있다. 대상은 불명확하지만 처음 보는 것이기 때문
에 불안하다는 것이다. 이는 초급 학습자이기 때문에 아직 학습량이 많
지 않고 모르는 것이 더 많아서 나타난 결과라고 본다. 다른 연구에서
추출되었던 어휘, 문법, 문화 등의 특정 대상에 대한 불안이 나타나지
않은 것도 이 때문으로 보인다. '발음 불안'도 초급 학습자에게만 추출
된 요인인데 이는 초급의 경우 소리와 결합된 문자 인식이 필수적이며,
소리내어 읽기, 따라 읽기와 같은 묵독이 아닌 형태의 읽기가 반복적으
로 적용되는 단계이기 때문에 발음 불안이 추출됐을 것이라 본다. 중급
이상에서는 소리내어 읽는 활동보다 다양한 전략을 활용한 읽기가 더
빈번히 사용된다는 것도 근거가 될 것이다.

　이상의 내용을 볼 때 초급 학습자에게 읽기는 이해를 목적으로 하
나 학습량이 충분하지 않아 모르는 것에서 불안이 유발된다는 것을

알 수 있었다. 기초 내용을 학습하기 전까지 학습자가 가져야 할 부담은 쉽게 사라지기 어려울 수 있다. 그러나 최대한 학습 분위기를 부드럽게 할 수 있도록 읽기 활동의 형태를 다양화하고 개인이 감당해야 할 이해 영역으로 국한시키지 않으려는 노력이 필요할 것으로 보인다. 또한 소리내어 읽기가 필수적인 단계이지만 충분한 연습과 따라 읽기, 읽은 후에 교사의 적절한 반응이 불안도를 낮추는 데에 도움이 될 것이다.

5.2 초급 학습자의 읽기 불안과 불안 항목의 관계

두 번째로는 초급 학습자의 읽기 불안과 문항별, 요인별 불안의 상관관계를 분석하였다. 그 결과 문항 18 하나를 제외한 모든 문항에서 정적인 상관이 있었으며 요인별로는 모든 요인과 정적인 상관을 보였다.

문항별로 보았을 때 가장 높은 상관을 보인 문항 3은 "나는 한국어 읽기를 할 때, 긴장되고 혼란스러워 지금 읽고 있는 내용에 대하여 기억을 잘 못한다"(r=0.731)였다. 기존의 연구에서 고급 학습자를 대상으로 한 박현진·김정은(2017)에서는 가장 높은 상관을 보인 것은 문항 2 "나는 한국어 읽기를 할 때 글 속의 단어들의 의미를 알고 있지만 필자가 하고자 하는 말이 무엇인지 이해하지 못 할 때가 있다"(r=0.777)였고 중급 학습자를 대상으로 한 연구에서는 문항10 "처음 보는 한국어 단어를 보면, 나는 읽고 있는 내용을 기억하기 힘들다"(r=0.802)가 가장 높은 상관을 보였다. 숙달도별로 보면 초급은 읽기 행위가 긴장을 초래한다는 것을 알 수 있으며 고급은 필자의 의도 파악이 안 될 때, 중급은 새로운 단어가 유발하는 불안이 전체불안과 관계가 크다는 것을 확인할 수 있다. 즉 초급에서는 읽기 불안의 원인이 구체화되지 않은 상태이나 언어 수준이 높아질수록 특정 단어나 문법이 불안의 원인이 되고 고급 단계에서는 개별 이유보다 필자의 의도 파악이 어려워 독자와 필자의 상호작용이 원활하지 않을 때 불안이 초래된다는 것이다.

요인별로 보았을 때 전체 불안과 높은 상관을 보인 것은 요인 1 '이해 관련 불안'(r=0.833)이었고 두 번째로는 요인 2 '모르는 것에 대한 불안'(r=0.722)로 나타났다. 선행 연구들과 비교해 보면 고급 학습자들 역시 '이해 관련 불안'(r=0.881)이 가장 높았으며, 중급 학습자들은 '어휘와 문법 관련 불안'(r=0.912) 두 번째가 이해 관련 불안(r=0.781)이었다는 것을 알 수 있다(박현진 · 김정은, 2017; 박현진, 2018). 이를 통해 학습자들은 읽기가 이해를 목적으로 한다는 것을 알고 있으며 이것이 순조롭게 되지 않을 때 불안이 유발된다는 것을 알 수 있었다. 그러나 초급과 고급에서 이해 관련 불안이 높았던 것과 달리 중급에서 어휘, 문법 요인이 높아진 것은 중급 단계로 진입하면서 늘어나는 학습량과 관련이 있을 것으로 보인다. 초급에서 필수적인 단어와 문법을 학습했다면 3급, 4급 수준이 되기 위해서는 급격히 많은 양의 문법과 단어를 학습해야 하기 때문이다. 이에 대한 부담이 학습자들의 읽기 및 불안 형성에 영향을 미칠 수 있을 것으로 보인다.

이 외에 초급에서만 등장한 요인인 '모르는 것에 대한 불안'은 불안의 특정 대상이 없다는 점에서 주목할 만하다. 문항별로 높은 상관을 보인 문항 3이 읽기 자체가 불안의 전제가 되었던 것처럼, 아직 학습하지 않은 것들이 많은 상태에서 읽기 행위는 불안한 상황이 될 수 있다는 것이다.

이상을 통해 보면 초급 학습자는 언어 숙달도 때문에 불안한 상황이 당연할 수 있다는 것을 알 수 있다. 이런 점을 감안하여 모르는 것을 자율적으로 찾아서 보완할 수 있는 학습 분위기 형성이 필요할 것으로 보인다. 이를 위해 목표어뿐 아니라 경우에 따라서 모국어로 의미를 찾을 수 있게 하거나 해당 문화 및 사회적인 내용을 비교해서 보여주는 방식을 통해 심리적인 안정감을 갖게 할 필요가 있을 것이다.

5.3 성별에 따른 읽기 불안

마지막으로는 초급 학습자가 가진 불안이 성별에 따라 달라지는지 보았다. 그 결과 남녀의 전체 불안 평균과 요인별 불안 평균에서 남자가 여자보다 높은 수치를 나타냈다. 그러나 통계적으로는 유의미한 차이가 나타나지 않아 성별에 따른 불안 차는 없는 것을 알 수 있었다. 이는 Shi & Liu(2006), Zhao, Dynia & Guo(2013)에서 성별에 따른 유의미한 차이가 없었던 것과 같은 결과였다.

반면 장혜·김영주(2014)에서는 성별에 따른 차이를 살펴보았을 때 남녀 간의 유의미한 불안 차이($F=12.59$, $p=0.000 < 0.001$)가 나타났고 요인별로 보았을 때도 '읽기에 대한 부정적 태도' 요인에서 유의미한 차이를 보였다($F=4.40$, $p=0.037 < 0.05$). 여자가 남자보다 더 높은 불안도를 보이며 나타난 이러한 차이는 여성 참여자의 비율(67.8%)이 남성보다 높았던 참여자 성비와 중국인만을 대상으로 했던 특정 언어권의 영향일 수 있다. 이다슬·박성희(2019)에서도 남성의 불안도가 여성보다 전반적으로 높았다. 특히 자신감과 관련된 요인에서 큰 차이를 보였는데 이는 베트남인의 성별에 따른 특징이 영향을 미쳤을 것으로 보인다.

변인에 따른 차이는 연구마다 상이한 결과를 보이는 것이 많다. 따

라서 성별, 국적, 학습 목적 등의 변인이 불안과 관계하는 특정 환경을
잘 살펴봄으로 학습자의 불안을 예측하고 이에 맞는 학습 환경을 조
성하려는 노력이 필요할 것으로 보인다.

6. 결론

이 연구는 초급 수준의 한국어 학습자가 느끼는 읽기 불안 요인과
성별에 따른 불안 차이를 분석하는 데에 목적이 있었다. 특히 외국어
학습자라면 모두가 거쳐야 하는 초급 학습자를 대상으로 한국어 읽기
불안을 살펴보았다는 데에 의미가 있다.

불안 요인분석 결과 초급 수준의 한국어 학습자는 총 7개 '이해 관련
불안', '모르는 것에 대한 불안', '낯섦에 대한 불안', '읽기 비선호', '읽
기 수준 불만족', '자신감 부족', '발음 불안'이 추출되었다. 그중 '모르는
것에 대한 불안'이 가장 높은 불안도를 보였으며 '발음 불안' 요인이 가
장 낮게 나타났다. 읽기 불안과 읽기 문항 및 요인과의 상관을 살펴본
결과, 문항별로는 하나의 문항을 제외한 전체 문항에서 상관을 보였으
며 요인별로는 모든 요인과 정적인 상관이 있는 것으로 나타났다. 성별
에 따른 불안 차이 분석에서는 남녀에 따른 유의미한 차이가 나타나지
않았다.

한국어 교육 연구에서 정의적 요인에 주목한 연구가 많지 않고 그중
초급 학습자에 집중하여 진행된 연구가 없다는 점에서 이 연구는 착안
되었다. 그 결과 선행 연구들과의 논의를 통해 초급 학습자가 가진 불안
요인과 질에 대해 살펴볼 수 있었다는 데에 연구의 의의가 있다. 그러나
연구 방법을 다각화 하지 못했다는 점, 참여자의 수가 많지 않고 국적이

다양해 다른 변인으로 불안 차이를 보지 못했다는 점은 한계로 남는다.

초급 학습자는 다른 수준의 학습자에 비해 학습자 개인의 인지적 요인 이외의 정의적, 환경적 요인의 영향을 크게 받을 수 있는 대상이다. 그런 점에서 불안뿐만 아니라 동기, 자아효능감과 같은 다른 정의적 요인과의 관계도 살펴본다면 초급 학습자의 외국어 학습 환경 조성에 도움이 될 수 있을 것이다. 이 연구에서 논의된 언어 숙달도에 따른 불안 요인의 차이가 언어 수준이 다른 학습자를 이해하고 성공적인 한국어 습득을 돕는 데에 활용될 수 있기를 기대한다.

제2부

학문적 글쓰기 방법

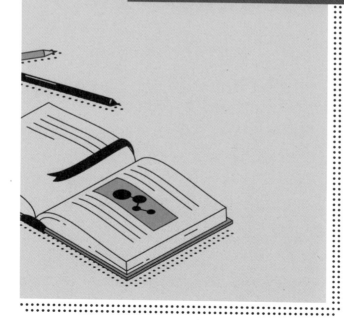

제 1 장

외국인 학부생의
학문적 글쓰기를 위한 바꿔 쓰기 교육

1. 서론

이 연구는 외국인 학부생의 학문적 글쓰기를 위한 바꿔 쓰기 교육 방안을 제안하는 데에 목적이 있다. 바꿔 쓰기는 참고자료를 읽고 학문적 글쓰기를 할 때 사용되는 글쓰기 기술 중 하나이다. 바꿔 쓰기는 학문적 글쓰기 과정에서 저자의 어조나 아이디어, 논지 등을 훼손하거나 왜곡하지 않으면서 원문의 어휘나 문장 구조, 순서 등을 바꿔 자신의 말로 재진술하는 것을 의미한다.(Jones · Bizzaro · Selfe, 1997; Leki, 1998; Sebranek · Meyer · Kemper, 1997; 이인영, 2015 재인용) 자신의 글을 쓸 때 참고한 원문의 핵심 내용을 자신의 문체에 맞게 바꿔 쓰는 것은 글쓰기 윤리를 지키기 위해 사용되는 인용의 세부 기술이기도 하다.

학문적 글쓰기에 필요한 기술은 다양하지만 그중 요약하기와 바꿔 쓰기는 참고자료를 활용한 쓰기 활동에서 필수적으로 사용된다. 요약하기와 바꿔 쓰기가 학문 활동에서 필요하다는 것은 대학에서 수행하는 과제가 참고자료 이해를 기반으로 한다는 점을 통해서도 확인할 수 있다.[3] 이렇게 바꿔 쓰기는 요약하기와 같은 맥락에서 언급되며, 자신의 언어로 원문을 재구성하는 글쓰기라는 점에서 요약하기와 비슷한 기술이라고 보는 경우도 있다(Behrens & Rosen, 2008). 그러나 요약하기는 이해와 분석, 종합하는 과정을 통해 원문을 압축적으로 보여주는 글쓰기인데 반해 바꿔 쓰기는 필자가 선별한 원문의 일부를 바꿔 쓴다는 점에서 같지 않다.

바꿔 쓰기 교육의 필요는 학부생들의 학문적 글쓰기, 특히 학문 윤리와 관련해서 그 중요성이 부각되어 왔다. 그러나 외국인 학부생을 대상으로 한 한국어 교육에서는 요약, 인용의 기술에 비해 상대적으로 바꿔 쓰기 교육 방법과 절차에 대한 고민이 부족했던 것으로 보인다. 따라서 이 연구에서는 바꿔 쓰기를 외국인 학부생의 학문적 글쓰기에 필요한 기초적인 글쓰기 기술로 보고 이론적 고찰을 바탕으로 기존의 외국인 유학생을 위한 학문적 글쓰기 교재에서의 바꿔 쓰기 교육 내용을 살펴본 후 바꿔 쓰기의 교육 방안을 제안하고자 한다.

2. 학문적 글쓰기를 위한 바꿔 쓰기

2.1 바꿔 쓰기의 개념과 특성

대부분의 학문적 글쓰기는 참고자료에서 사실, 아이디어, 개념과 이

---

3) 이준호(2005:63-64)에서 교수자들이 한 응답에 따르면 대학 과제 중 참고자료가 활용되지 않는 과제는 없으며, 참고자료는 자신의 주장을 쓰기보다 자료의 내용을 이해하고 분석 또는 요약할 때(55%), 자료의 이해를 토대로 자신의 의견이나 주장이 드러나도록 쓰게 할 때(35%), 자료 이해가 중요하지만 이에 의존하지 않고 창의적인 작문을 유도할 때(10%) 활용된다는 것을 알 수 있다.

론 등을 인용과 바꿔 쓰기, 요약하기, 간단한 언급의 방법을 활용하여 작성된다(Campbell, 1990). Campbell(1990:216)은 참고자료를 활용하는 글쓰기 유형 중 하나로 바꿔 쓰기를 언급하며, 바꿔 쓰기란 다른 유형들과 비교하였을 때 "근접 모사보다 참고자료의 문장을 통사적으로 더 바꾼 것"이라고 설명한다. Campbell(1998:86)에서는 "원문의 아이디어를 자신의 글 안에 자연스럽게 녹이기 위해 원문에 쓰인 특정 부분을 원문과는 다른 구와 절을 사용하여 표현하는 것"이라고 정의한다.

또한 Uemlianin(2000:349)은 "원본의 내용과 구조를 재생산하는 것"이라고 정의하고 있으며 Behrens & Rosen(2008:34)은 "자신의 문체로 원문과 다른 형식의 문장이나 표현으로 그 의미를 더 명료하게 하는 표현법"이라고 설명한다. 이인영(2015:151)는 여러 연구자의 개념 정의를 바탕으로 바꿔 쓰기란 "학술적 글쓰기 과정에서 저자의 어조나 아이디어, 논지 등을 훼손하거나 왜곡하지 않으면서 원문의 어휘나 문장 구조, 순서 등을 바꿔 자신의 말로 재진술하는 것"이라 정의한다.

이상의 정의들을 보면 바꿔 쓰기 기술은 '원문의 핵심 내용과 어조 유지', '어휘 및 문장의 구조와 순서 등의 변형', '필자의 문체로 작성'이라는 특성이 있다는 것을 알 수 있다. 이런 특성을 포함하여 바꿔 쓰기의 개념을 재정의하면 '학문적 글쓰기에서 참고자료의 핵심 내용을 유지하며 단어, 문장, 문단을 새로운 표현과 구조로 바꿔 자신의 문체로 쓰는 것'이라고 할 수 있을 것이다.

학문적 쓰기에서 바꿔 쓰기는 인용, 요약의 하위 기술이나 요약의 유사 개념으로 인식되어 왔다. 특히 요약과 바꿔 쓰기는 인용을 위한 학문적 글쓰기 기술로 통합되어 사용되는 경우가 많다. Eco(2001: 275-276)은 참고자료를 활용한 글쓰기 방법을 설명할 때 간접 인용의 세부 방법으로 요약과 바꿔 쓰기를 제시하는데 이를 통해서도 요약하기와 바꿔 쓰기가 같은 맥락에서 사용되는 쓰기 기술이라는 것을 알 수 있다. 그러나 학문적 글쓰기에서 요약하기와 바꿔 쓰기는 같은 기술이 아니다.

Behrens & Rosen(2008:34)은 바꿔 쓰기와 요약하기를 비교하며 설명하는데 그에 따르면 요약하기는 원문보다 짧아지는 데 반해 바꿔 쓰기는 원문의 길이와 거의 비슷한 길이로 쓴다. Hirvela & Du(2013:88)은 바꿔 쓰기를 요약하기와 연결된 기술로 보며 차이점을 제시하는데 그에 따르면 요약하기는 필자가 참고자료의 핵심 내용(key information) 찾기를 시도하고 필자의 언어를 사용하여 새로운 문장(new sentences)으로 쓰는 것이다. 이때 원문에서 핵심이 되는 문장은 그대로 쓸 수 있지만 새로운 문장으로 쓰는 것이 요약의 일반적인 방법이다. 반면 바꿔 쓰기는 새로운 단어와 문법적 구조로 원래의 언어와 문법 구조를 조합하여 자신의 문장(individual sentences)으로 재구성하여 쓰는 것이라고 말한다. 이상의 바꿔 쓰기와 요약하기의 특징을 정리하면 다음과 같다.

〈표 1〉 바꿔 쓰기와 요약하기의 특성 비교

	바꿔 쓰기	요약하기
쓰기특성	· 참고자료의 핵심 내용과 논지 유지 · 참고자료를 통사적으로 바꿈 · 참고자료와 바꿔 쓰기 한 글의 길이가 유사함 · 자신의 문체로 씀	· 참고자료의 핵심 내용 유지 · 참고자료의 핵심 내용을 응축시킴 · 참고자료보다 요약한 글의 길이가 짧음 · 새로운 문장으로 씀

바꿔 쓰기는 참고자료의 핵심 내용과 논지, 어조 등을 유지하며 원문의 단어, 문장, 문단 등을 바꿔 쓴다. 보통 바꿔 쓰기한 글과 원문의 분량은 유사하며, 바꿔 쓴 부분이 자신의 글에 자연스럽게 연결되도록

자신의 문체로 쓰는 것이 중요하다. 반면 요약하기는 참고자료의 핵심 내용을 유지하되 간결하게 응축시켜 쓰는 것이 중요하다. 응축의 결과 인 요약한 글은 원래의 글보다 짧아지며 핵심 내용이 필자의 새로운 문장으로 작성된다.

2.2 바꿔 쓰기 교육의 필요성

학문적 글쓰기에서 바꿔 쓰기를 하는 목적은 학습자가 참고자료를 베끼거나 짜깁기 하지 않고 학문 윤리에 맞게 자신의 글을 쓰기 위함 이다. 학문 맥락에서 수행하는 실제 글쓰기 과제 중 참고자료를 바꿔 쓰는 것이 최종 목표인 과제는 없을 것이다. 즉 바꿔 쓰기는 참고자료 를 읽고 학문적 글쓰기를 할 때 사용하는 방법 중 하나이다.

바꿔 쓰기의 필요성은 주로 고등교육기관의 학문적 글쓰기 영역에 서 강조되어 왔다(Choi, 2012; Ji, 2012; Hirvela & Du, 2013; Keck, 2006, 2014). Campbell(1990:216)은 학문 활동에서는 선행 연구들로부터 정보 를 통합할 수 있는 능력이 필요하다고 말하며 학문적 글쓰기에서 참 고자료를 활용하여 쓰는 방법 중 하나로 바꿔 쓰기의 활용을 언급한 다. 그는 학생 30명의 쓰기 자료 171개를 통해 참고자료를 활용하는 유형을 6가지로 구분한다. 인용(quotation), 완전 모사(exact copy), 근접 모 사(near copy), 바꿔 쓰기(paraphrase), 요약(summary)과 원문 설명(original explanation)으로 구분되는 참고자료 활용 유형 중 하나인 바꿔 쓰기는 학문적 글쓰기에 적합한 글쓰기 방법으로 근접 모사보다 참고자료의 문장을 통사적으로 변형한 것이라고 설명한다. 참고자료를 자신의 글 에 통합한 정도를 보면 바꿔 쓰기는 근접 모사보다는 통합의 정도가 많고 요약보다 적은 기술이라고 할 수 있다. 바꿔 쓰기는 참고자료를 읽고 학문적으로 적합하게 자신의 문체로 변형하는 방법 중에서 가장 기초적인 방법이라고 할 수 있다.

보다 근본적인 차원에서 학문 활동에 필요한 기술로서의 바꿔 쓰기를 언급한 것은 Jordan(1997)이다. 그는 학문 활동에 따른 기술들을 정리하며 '개인학습과 읽기', '에세이, 보고서, 프로젝트, 논문'에서 활용되는 기술 중 하나로 바꿔 쓰기를 제시한다(Jordan, 1997). 또한 그는 학문적 글쓰기에서 중요한 부분으로 요약과 바꿔 쓰기, 통합하기를 언급하며 읽은 것에서 핵심 내용을 요약하는 것이 바꿔 쓰기라고 설명한다. 그에 따르면 바꿔 쓰기는 난이도가 높은 핵심 기술이기 때문에 단계적인 연습이 필요하다. 이를 통해 학문 목적의 언어교육에서 언급되는 바꿔 쓰기는 쓰기뿐만 아니라 학문 활동에서 기본적으로 갖추어야 할 기능임을 확인할 수 있다.

바꿔 쓰기는 읽기와 쓰기를 연계하는 활동으로도 활용되는데 Hirvela & Du(2013:88)에 따르면 교수자는 학습자들이 원문을 얼마나 잘 이해했는지를 바꿔 쓰기를 통해 판단할 수 있다. 또한 바꿔 쓰기는 학습자에게 참고자료를 자세히 읽는 연습과 같은 의미 있는 기회를 제공하여 결과적으로 학습자의 읽기와 쓰기 기술을 향상시킨다고 한다. 이들이 언급하는 바꿔 쓰기는 글쓰기 능력에 국한되지 않는다. 바꿔 쓰기를 하기 위해서는 참고자료가 필요하며 이를 잘 이해한 후에 성공적인 바꿔 쓰기를 할 수 있기 때문이다. 이는 Kissner(2006)와 Ji(2012)가 대규모의 읽기 수업에서 학습자들의 원문 이해 정도 평가에 바꿔 쓰기를 활용할 수 있다고 언급한 것을 통해서도 확인할 수 있다. 이와 같이 바꿔 쓰기는 학습자의 읽기 이해 정도를 판단할 수 있다는 점에서도 교육적으로 필요하다.

또한 Kissner(2006)와 Ji(2012)는 학습자가 이해한 것을 통사적, 어휘적으로 표현하는 능력을 평가하는 도구로 활용될 수 있다고 언급한다. Kissner(2006)는 바꿔 쓰기를 단어, 문장 구조, 순서의 수준에서 바꿔 쓰기 전략을 활용할 수 있도록 하고 있기 때문에 바꿔 쓰기한 글은 필자의 통사적, 어휘적 능력을 평가할 수 있는 자료가 될 수 있다. Ji(2012)도 원문의 이해 정도를 평가하고 통사적, 어휘적 지식의 이해 및 활용 능력을 판단하는 도구가 될 수 있다고 말한다.

이처럼 바꿔 쓰기는 학문 활동을 위해 반드시 필요한 능력임에도 불구하고 한국어 교육 내에서 바꿔 쓰기를 요약하기와 구분하여 교육 방법을 제안한 연구는 많지 않다. 다음 장에서는 기존의 바꿔 쓰기 교육 내용과 방법을 검토하여 바꿔 쓰기 교육 원리의 근거로 삼고자 한다.

3. 바꿔 쓰기 교육에 대한 고찰

3.1 바꿔 쓰기 교육의 방법과 절차

학문적 글쓰기에서의 바꿔 쓰기는 참고자료의 통사구조를 달리하여 자신의 글을 쓸 때 사용하는 기술이다. 이러한 바꿔 쓰기에는 단어, 문장 구조, 순서를 바꿔 쓰는 전략이 활용되며(Kissner, 2006) 텍스트 언어학 차원에서 이성만(1998)이 정리한 통사적, 의미적, 화용적 바꿔 쓰기 방법이 응용되기도 한다.

먼저 Kissner(2006:68-81)는 바꿔 쓰기를 참고자료의 통사구조를 달리하여 자신의 글을 쓸 때 사용하는 기술로 보며 단어, 문장 구조, 순서를 바꿔 쓰는 전략을 제시한다. 단어 바꿔 쓰기는 동의어, 유의어를 사용하며, 문장 구조나 순서 바꿔 쓰기에는 문법 기술 활용이 도움이 된다고 언급한다. 또한 바꿔 쓰기가 핵심 내용 파악으로부터 시작되는 활동이며 학습자는 많은 연습을 통해 정확한 바꿔 쓰기가 무엇인지 깨달아야 한다고 말한다.

Behrens & Rosen(2008:34)은 바꿔 쓰기 방법을 다음과 같이 정리하여 제시한다.

- 원문의 핵심 내용을 명확히 이해한다.
- 원문의 내용을 자신의 말로 대체한다. 원문의 단어와 같은 의미의 유의어, 동의어를 찾는다.
- 자연스럽게 읽을 수 있도록 자신의 문장으로 재배열한다. 문장 구조, 문장의 순서가 원문에 기반할 필요는 없다. 좋은 바꿔 쓰기는 좋은 요약과 같으며 그 자체로 하나의 글이 된다.

Behrens & Rosen(2008)에 따르면 바꿔 쓰기에서 참고자료의 핵심 내용을 파악하는 것이 가장 먼저 이루어져야 하며 자신의 말로 원문의 단어와 문장 구조, 순서를 바꿔 써야 한다. 이때 하나의 글이 될 수 있도록 자신의 문체로 쓴다. 즉 바꿔 쓰기는 자신의 글과 자연스럽게 연결되게 쓰는 것이 매우 중요하다는 것을 알 수 있다.

한국어 교육에서 바꿔 쓰기와 연계된 연구로는 김지혜(2009)와 팜티튀린(2012), 김미영(2016) 등이 있다. 김지혜(2009)는 학문 목적 쓰기 능력 향상 방법으로 바꿔 쓰기 교육을 제안하고 있다. 그는 Kissner(2006)의 단어, 문장 구조, 순서 바꿔 쓰기에서 문단 수준 바꿔 쓰기를 추가하여 단어, 문장, 문단 수준에서 바꿔 쓰기를 제안한다. 그가 제시하고 있는 바꿔 쓰기 방법의 핵심 내용을 표로 정리하면 다음과 같다.

〈표 2〉 김지혜(2009:18-35)가 제시하는 바꿔 쓰기의 방법

수준	방법
단어	1) 유의어로 대체가 가능한 핵심 단어들을 찾아서 표시한다. 하지만 전문적인 용어나 고유명사의 경우 바꿔 쓰기 하지 않는다. 2) 단어들을 유의어로 대체하여 완성된 문장을 만든다. 이때 원문 텍스트와 바꿔 쓰기 한 문장의 의미가 일치해야 한다. 3) 접속부사(접속사, 부사)도 유의어로 대체될 수 있다. 4) 단어를 풀어서 설명하는 것도 좋은 바꿔 쓰기의 기술이 될 수 있다.
문장	1) 긴 문장을 두 문장으로 나눠 쓰고 비교적 짧은 두 문장을 한 문장으로 통합한다. 2) 문장에 사용된 문법 항목을 유사한 의미를 지니고 있는 다른 문법 항목으로 대체한다. 3) 문장의 구조와 구성을 자신만의 문체와 언어로 바꾸어 표현한다.
문단	1) 중심 문장을 파악한 후 중심 문장의 위치를 두괄식은 미괄식으로 미괄식은 두괄식으로 바꾼다. 2) 한 문단 안에 있는 정보의 순서를 재배치한다.

김지혜(2009)는 단어 수준의 바꿔 쓰기가 문장, 문단 수준보다 학습자의 부담이 적은 방법이라고 보고 교육 방안에서도 단어, 문장, 문단의 순서로 교육할 것을 제안한다. 그가 제시하는 방법에는 유형과 순서가 혼재해 있으며 문단 바꿔 쓰기의 경우 두괄식과 미괄식 구조를 바꾸거나 정보의 순서를 재배치하는 것이 어떤 목적에서 이루어지는 것인지 알 수 없다.

팜티튀린(2012)과 김미영(2016)는 Kissner(2006)과 이성만(1998)[4]의 논

---

4) 이성만(1998)은 Ungeheuer(1969), Wunderlich(1980)의 연구를 바탕으로 텍스트 언어학적으로 바꿔 쓰기에 접근하여 통사적, 의미적, 화용적 바꿔 쓰기로 나눈다. 통사적 바꿔 쓰기는 의미 변화가 일어나지 않는 순수 형식적인 바꿔 쓰기를 말한다. 의미적 바꿔 쓰기

의를 바탕으로 단어와 문장 형태를 변형, 확장, 축소로 구분하여 제시한
다. 그중 김미영(2016)은 축소를 요약으로 보고 확장과 변형의 유형으로
만 바꿔 쓰기의 유형을 제시하는데 그 내용은 다음과 같다.

〈표 3〉 김미영(2016:310)이 제시하는 바꿔 쓰기의 수준과 유형

수준	유형	내용
단어	변형	단어를 유의어로 대체하기
	확장	단어 보충하기, 단어 풀어쓰기
문장	변형	문법 항목(연결어미, 종결어미) 대체하기 문장 구조/어순 바꾸기 문장 분리하기, 문장 통합하기 문장 전체 바꾸기
	확장	주어진 문장 외의 다른 정보 제시하기

　　김미영(2016)은 통사구조 바꿔 쓰기가 문장 단위에서 일어나는 것으
로 보고 단어와 문장 수준에서 바꿔 쓰기 유형을 구분한다. 김지혜
(2009)와 같이 기초적인 단계인 단어 바꿔 쓰기로부터 좀더 복잡한 단
계인 문장 바꿔 쓰기 순서로 바꿔 쓸 수 있다고 언급한다. 또한 바꿔
쓰기에서 중요한 것은 원문의 의미 유지와 문맥에 맞는 적절한 표현
이라고 밝힌다.
　　위와 같은 유형과 방법 하에서 제안된 바꿔 쓰기 교육의 단계를 보
면 김지혜(2009)와 팜티튀린(2012) 모두 다음과 같은 단계를 따른다고
할 수 있다.

는 의미소의 의미를 바꿔 쓰기 하여 설명한 결과로 어휘 관점에서 확장, 축소, 변형의 과
정을 거친다고 본다. 화용적 바꿔 쓰기는 특수한 상황 맥락에서 다른 표현이 바꿔 쓰기
관계로 판단될 수 있는 것을 말한다(이성만, 1998:67-73).

<바꿔 쓰기 교육 단계>
- 쓰기 전 단계: 바꿔 쓰기의 개념과 필요성 인식
  참고자료의 핵심 단어, 주제와 소재, 의미 파악
- 쓰기 단계: 바꿔 쓸 항목 계획하기, 단어, 문장, 문단 바꿔 쓰기
- 쓰기 후 단계: 교사 피드백, 동료 피드백, 고쳐 쓰기

위의 바꿔 쓰기 교육 단계를 보면 쓰기 전 단계에서 바꿔 쓰기에 대한 필요성 인식 및 참고자료의 핵심 내용을 파악해야 한다는 것을 알수 있다. 바꿔 쓰기를 통해 학습자는 자신의 글 안에 참고자료의 핵심 내용을 포함시켜야 하기 때문이다. 그렇게 본다면 쓰기 후 단계는 단순히 바꿔 쓰기한 쓰기 결과물을 검토하는 것이 아니라 바꿔 쓰기가 포함된 최종 결과물을 검토해야 할 것이다. 그러나 기존의 연구들에서 교사와 동료 피드백 및 고쳐쓰기의 대상은 바꿔 쓰기한 문장, 문단에 그치고 있다는 것을 알 수 있다.

3.2 교재에서의 바꿔 쓰기 교육 내용

이 절에서는 외국인 유학생 대상 학문적 글쓰기 교재에 제시된 바꿔 쓰기 교육 내용과 방법에 대해 살펴보고자 한다. 이를 위해 우선 외국인 학부생을 대상으로 한 학문적 글쓰기 교재 내 바꿔 쓰기 교육의 유무를 검토한다. 그 후 바꿔 쓰기가 포함된 교재를 대상으로 교육 내용과 제시 방법, 연습 방법, 텍스트 종류가 바꿔 쓰기 교육에 적절한지 살펴볼 것이다.

이 연구에서 검토한 외국인 유학생을 대상으로 한 대학 글쓰기 교재 9종5) 가운데 바꿔 쓰기가 교육 내용으로 포함되어 있는 교재는 2권이다.6)

〈표 4〉 분석 대상 교재

약칭	교재명	저자(출판연도)	바꿔 쓰기 교육 위치
(가)	대학 강의 수강을 위한 한국어 쓰기 고급	연세대학교 한국어학당편(2012)	인용하기에 포함
(나)	유학생을 위한 대학 글쓰기	경희대학교 후마니타스 칼리지 외국인을 위한 글쓰기 교재편찬위원회(2013)	요약하기에 포함

2권의 교재에서 바꿔 쓰기는 독립된 단원으로 분리되어 있지 않고 요약과 인용에 포함되어 있다. 이를 통해 바꿔 쓰기가 요약과 다르지 않거나 인용의 하위 방법 중 하나로 인식되고 있다는 것을 알 수 있다. 2권의 교재에서 제시하고 있는 바꿔 쓰기 교육 내용과 방법에 대해 좀 더 자세히 살펴보겠다.

가. 교재 (가)

교재 (가)는 고급 수준의 한국어 학습자를 대상으로 한 쓰기 교재로 각 장은 보고서 쓰기를 위한 단계적인 과정으로 구성되어 있다. 그중 바

---

5) 외국인 학부생을 위한 학문적 글쓰기 책으로 검토한 9종의 교재는 이정희 외(2007), 이화여자대학교 언어교육원(2008), 한양대학교 국어교육위원회(2009), 신윤경 외(2011), 한국학중앙연구원 한국학대학원 한국문화학당(2011), 연세대학교 한국어학당(2012), 경희대학교 후마니타스 칼리지 외국인을 위한 글쓰기 교재편찬위원회(2013), 김성수 외(2013), 이미향 외(2016)이다.

6) 이정희 외(2007)는 간접 인용 방법으로 "원전의 내용을 요약하거나 자신의 이야기로 바꾸어 옮긴다. 원전의 뜻을 정확하게 파악하여 왜곡이 없도록 한다."라고 설명하고 있다. 설명 내용 안에 바꿔 쓰기의 의미가 포함되어 있으나 독립된 바꿔 쓰기 교육으로 볼 수 없어 분석 대상에서 제외한다.

꿔 쓰기는 6장 인용하기의 직접 인용과 간접 인용 중 간접 인용을 위해 필요한 쓰기 기술로 제시되고 있다. 단원 구성은 '도입-구성-표현-과제1-과제2-과제3'으로 되어 있고 바꿔 쓰기에 대한 설명과 연습이 포함되는 부분은 도입과 구성, 과제에 해당한다. '도입'에서는 학문적 글쓰기에서의 인용의 체계와 함께 인용 대상과 이유, 방법을 예시 텍스트를 통해 확인하게 한다. '구성'에서는 직접 인용(긴 인용, 짧은 인용)과 간접 인용(요약하기, 바꿔 쓰기)이 어떻게 이루어지는지 참고자료와 참고자료를 활용한 글쓰기 예를 통해 확인할 수 있도록 한다. 이때 각각의 정의와 유의사항을 교재 하단에 명시적으로 제시한다. 연습은 과제를 통해 이루어지는데 '과제1'에서 참고자료 두 개를 읽고 바꿔 쓰기 방식을 사용하여 주장하는 글의 일부를 쓰는 연습을 하게 된다. 이때 교재에 글의 일부가 작성되어 있고 인용할 부분만 빈칸으로 주어 학습자가 참고자료에서 인용한 것만 문맥에 맞게 쓰면 되도록 만들어져 있다. '과제1'에서 구체적으로 사용할 방식과 내용을 제시해 주었다면 '과제2'는 참고자료를 제공하되 인용 방식의 제한은 하지 않고 글의 일부를 쓰게 하며 '과제3'은 학습자가 참고자료를 찾은 후 인용의 방식을 사용하여 단락을 완성하게 되어 있다.

교재 (가)는 바꿔 쓰기를 교재 내에 명시적으로 구분하여 구성하고 있어 바꿔 쓰기가 요약하기와 같지 않다는 것을 학습자가 알 수 있게 한다는 점에서 의미가 있다고 할 수 있다. 그러나 바꿔 쓰기가 인용의 한 방법으로 제시되어 있어 바꿔 쓰기를 유형별로 연습할 기회는 없다. 텍스트는 학문 맥락에서 접할 수 있는 주제와 내용으로 제시되어 있다. 다른 교재들과 달리 바꿔 쓰기의 의미와 다른 기술과의 차별성을 제시하고 있으나 하나의 독립된 쓰기 기술로서 교육 내용과 연습이 단계적으로 이루어지고 있지는 않다.

나. 교재 (나)

교재 (나)는 요약하기, 비평하기, 분석하기, 종합하기를 각각 하나의 장으로 분리하여 제시하고 있다. 바꿔 쓰기는 '1장 요약하기'의 심화 과정으로 제시되고 있다. 바꿔 쓰기는 요약하기의 일부이며, 참고자료를 읽고 요약한 것을 자신이 쓰는 글에 포함시킬 때 글의 전체 주제와 흐름, 문체에 맞게 바꿔 써야 하는데 이때 활용되는 기술이 바꿔 쓰기라는 것이다.

바꿔 쓰기를 요약의 심화 과정으로 보고 있기 때문에 교육 내용이 요약과 분리되어 있지는 않다. 제시 방법은 요약의 마지막 단계에 제시되고 있으며 연습할 수 있는 기회는 없다. 그러나 참고자료와 참고자료를 요약한 요약문, 요약문이 자신의 글 안에 포함되어 바꿔 쓰기 한 글이 차례대로 제시되어 요약문을 자신의 글에 어떻게 포함시킬 수 있는지 확인할 수 있다. 참고자료는 대학에서 접할 수 있는 주제와 내용의 텍스트로 바꿔 쓰기 대상 텍스트로 사용하기에 적절하다고 보인다.

이상의 학문적 글쓰기 교재들을 검토해 본 결과 바꿔 쓰기는 독립된 단원으로 구성되는 경우가 없다는 것을 알 수 있다. 교육 내용에 포함되어 있는 경우도 교육 내용이 독립적이지 않아 제시 및 연습 방법이 단계적으로 이루어지기 힘들다는 것을 확인할 수 있다.

3.3 바꿔 쓰기 교육의 문제

앞 절에서는 기존 연구에서 제안한 바꿔 쓰기 교육의 방법과 절차 및 교재 검토를 통해 바꿔 쓰기 교육 내용을 살펴보았다. 검토 내용을 통해 바꿔 쓰기 교육이 가지고 있는 문제를 정리하면 다음과 같다.

첫째, 학문적 글쓰기에서 바꿔 쓰기를 독립적으로 다루고 있는 교재는 거의 없다. 바꿔 쓰기가 다른 쓰기 기술과 구분되는 쓰기임에도 불구하고 개별 특성에 대한 고려 없이 교육 내용에서 제외하거나 다른 기능에 포함시키는 것은 문제라고 할 수 있다. 특히 통사적으로 일차적인 변형을 해야 하는 바꿔 쓰기의 과정이 생략된 채 참고자료의 핵심 내용을 자신의 말로 표현하는 요약하기를 학습하는 것은 순서에 맞지 않을 수 있다.

둘째, 외국인 학습자의 언어 수준에 대한 고려가 미흡하다. 바꿔 쓰기가 포함되어 있는 교재라고 하더라도 독립된 장으로 분리하지 않아 외국인의 언어 능력을 고려한 개념 설명이 충분히 될 기회가 없다. 제시·설명 단계에서 바꿔 쓰기 기능에 대한 설명이 외국인들이 이해할 수 있는 수준으로 세밀하게 조정되어 이루어지지 않은 것으로 보인다.

셋째, 바꿔 쓰기 연습이 단계적으로 이루어지지 않는다. 이는 연구 결과가 교재에 적절히 반영되지 못했기 때문으로 보인다. 연구와 교재 내용의 차이를 3가지로 정리할 수 있다. ① 연구에서는 바꿔 쓰기에서 핵심어를 찾는 단계에 대한 언급이 있지만 교육 방안에서는 핵심어 찾기 연습 기회가 없다. 즉 핵심어를 찾는 것이 바꿔 쓰기에서의 첫 번째 쓰기 활동이어야 하나 생략된 경우가 많다는 것이다. ② 연구에서는 단어, 문장, 문단 단위로의 확장이 언급되어 있으나 실제 교육 방안에서는 확장의 단계가 드러나지 않는다. ③ 연구에서는 바꿔 쓰기의 유형이 세부적으로 제시되어 있으나 실제 교육 방안이나 교재에서는 하나의 연습 안에 유형들이 혼재되어 있어 각각의 목표 달성을 확인하기 어렵다.

넷째, 학문적 텍스트를 제시하고 있지만 최종 결과물은 학문 맥락에서 통용되는 형태가 아니다. 교재 내 텍스트들은 대부분 학문적 글쓰기 교재라는 점을 고려하여 학문 맥락에서 접할 수 있는 텍스트를 제시하고 있다. 그런데 학문적 글쓰기 교재라면 학습자가 쓰게 되는 글도 학문 맥락에서 요구되는 형태에 글이어야 한다. 그러나 현재는 바꿔 쓰기의 결과가 각 유형별 글쓰기이거나 짧은 문단 정도로 되어 있어 학문적 글쓰기에 바꿔 쓰기를 적절히 활용하고 있는지 확인할 수 없다.

다섯째, 전 단계에서 교사나 동료와의 상호작용 기회가 없다. 교재와 연구 내용에서는 순차적으로 쓰는 연습을 제시하고 있을 뿐 동료 학습자나 교사와의 상호작용을 유도하는 활동은 없다고 보인다. 특히 마지막 단계에서는 쓰기에 대한 동료 및 교사와의 피드백이 필요하다는 연구는 있으나 상호작용을 통한 피드백이 이루어질 수 있도록 교재 안에 장치를 둔 것은 찾아 볼 수 없다.

이상의 문제점을 보완하고 고려하는 차원에서 바꿔 쓰기 교육의 원리가 마련되고 이를 토대로 교육 방안의 실제가 고안되어야 할 것이다.

4. 바꿔 쓰기 교육의 원리와 실제

4.1 바꿔 쓰기 교육의 원리

이 절에서는 기존 교육 내용 고찰을 통해 제기된 문제들을 고려하여 학문적 글쓰기에서의 바꿔 쓰기 교육이 따라야 할 원리를 제시하고자 한다. 외국인 학부생을 위한 바꿔 쓰기 교육의 목표는 학습자가 참고자료의 핵심내용을 파악한 후 필요한 부분을 선별하여 통사적인 변형을 통해 바꿔 쓰기한 것이 포함된 하나의 학문적 글을 완성하는 것이다. 바꿔 쓰기 교육을 위한 원리 수립에서 기준으로 삼을 것은 외국인 학부생이라는 '학습자 특성'과 '기존 교육 방안과의 차별성'이다.

첫 번째 기준인 '학습자 특성'은 외국인 학부생이라는 점을 고려해야 한다는 것이다. 대학에서 내국인과 외국인이 써야 하는 글의 수준은 같지만 외국인의 한국어 능력이 같을 수는 없다. 또한 외국인 학부생은 한국에 대한 사회문화적 배경지식도 부족한 상태이다. 따라서 전 단계에서 외국인 학부생의 언어 및 배경지식을 고려한 교육이 계획되어야 할 것이다.

두 번째 기준인 '기존 교육 방안과의 차별성'은 기존 교재에서 미흡하게 다룬 부분들을 보완하는 차원에서 차별화된 교육 방안이 제안되어야 한다는 것이다. 앞 절에서 검토한 교재들은 바꿔 쓰기를 독립된 교육 내용으로 구분하지 않았기 때문에 교육 내용을 절차적으로 다룰 수 없었다. 따라서 바꿔 쓰기가 학문적 글쓰기 내에서 활용될 수 있도록 교육 내용과 방법을 구성할 필요가 있다.

이러한 기준 하에 바꿔 쓰기 교육의 원리를 제안하면 <표 5>와 같다.

〈표 5〉 바꿔 쓰기 교육의 기준과 원리

기준	원리
학습자 특성	· 학문적 텍스트를 생산할 수 있는 쓰기 활동 · 가공하지 않은 학문적 텍스트를 참고자료로 활용 · 외국인의 언어 능력 수준 고려 · 외국인의 배경지식을 고려한 주제의 참고자료 활용
기존 교육 방안과의 차별성	· 하나의 독립된 쓰기 기술로 구분 · 교육 내용의 세분화 및 연습 과정의 단계화 · 교사와 동료 피드백/ 학습자 간 피드백 활용

첫째, 학문적 담화 공동체에서 통용되고 공유되는 학문적 텍스트를 산출할 수 있는 쓰기 활동으로 구성되어야 한다. 바꿔 쓰기는 요약하기와 달리 바꿔 쓰기만으로 하나의 글을 구성할 수는 없다. 즉 대학에서 부과하는 과제를 수행할 때 바꿔 쓰기 기술은 부분적으로 활용된다. 그러므로 대학에서 접할 수 있는 실제성 있는 과제를 목표로 제시하여 학문적 글을 완성하는 과정에서 바꿔 쓰기를 활용하는 연습을 할 수 있게 해야 한다.

둘째, 대학교에서 실제로 접할 수 있는 가공하지 않은 학문적 텍스트를 참고자료로 활용해야 한다. 대학에서 바꿔 쓰기 해야 하는 대상은 학문적 맥락에서 접할 수 있는 서적, 학술논문, 전공 분야의 잡지 등이다. 이러한 학문적 텍스트가 참고자료로 제시되어야 현실성 있는 연습을 할 수 있다.

셋째, 외국인 학부생의 언어 능력 수준을 고려하여 바꿔 쓰기의 개념과 필요성을 명시적으로 제시하고, 설명할 때의 표현 방법과 수준을 조정해야 한다. 외국인 학부생과 내국인이 대학에서 수행해야 하는 활동은 같으나 그들이 학문적 글을 완성하기 위해 연습하고 준비하는 과정은 달라야 한다. 그러므로 외국인이 한국어를 통해 개념을 확인할 수 있는 기회를 명확히 제공하고 학습 내용의 양과 표현 방식도 달리해야 한다. 같은 내용이라도 풀어서 설명하고 어휘 난이도를 낮춰 표현함으로 쉽게 이해할 수 있도록 제시 정도와 방법에 차이를 두어야 한다.

넷째, 외국인 학부생의 사회문화적 배경지식을 고려한 주제의 과제와 텍스트를 활용해야 한다. 외국인 학부생은 한국인들과 다른 사회문화적 배경을 가지고 있을 가능성이 높다. 따라서 바꿔 쓰기에서 제시되는 참고자료나 과제의 주제가 한국의 상황에 국한되지 않는 범세계적이며 보편적인 것이어야 한다. 특히 바꿔 쓰기라는 기능을 학습하는 과정에서 참고자료의 내용 이해가 쓰기 활동에 장애가 되지 않도록 주의해야 할 것이다.

다섯째, 하나의 독립된 쓰기 기술로 구분하여 교육 내용과 활동을 계획해야 한다. 기존 교재에서 바꿔 쓰기는 요약이나 인용과 함께 교육되는 경우가 대부분이다. 그러나 바꿔 쓰기가 그만의 방법과 유형을 가지고 있는 글쓰기 기술이라는 점을 고려하여 요약이나 인용과 분리하여 교육되어야 할 것이다.

여섯째, 바꿔 쓰기에 초점을 맞춰 교육 내용을 세분화 하고 연습 과정을 단계화해야 한다. 바꿔 쓰기는 참고자료에서 선별된 부분이 통사적 차원에서 원문과 다르게 쓰이는 것을 말한다. 이를 위해서는 참고자료의 핵심 내용을 파악한 후 단어, 문장, 문단 수준의 바꿔 쓰기가 수행될 수 있다. 따라서 학문적으로 완성된 하나의 글을 쓰기까지 교육 내용을 세부 목표에 맞게 제시하고 연습도 단계적으로 이루어져야 한다.

일곱째, 교사와 동료 피드백을 통해 바꿔 쓰기의 과정과 결과물을 확인할 수 있도록 한다. 단계별로 학습자들 간에 확인하는 활동을 만들어 서로 도움을 주고받을 수 있게 한다. 이는 학습 효과를 높일 수 있을 뿐만 아니라 상호작용의 기회를 제공한다는 데에도 의미가 있다. 또한 교사의 명시적인 피드백은 학습자가 자신의 수행 과정과 결과를 확인할 수 있는 기회가 된다.

4.2 바꿔 쓰기 교육의 실제

이 절에서는 앞에서 제시한 일곱 가지 원리를 토대로 바꿔 쓰기 교육의 실제를 제시하고자 한다. 학문적 글쓰기로서의 바꿔 쓰기를 하나의 단원으로 독립시켜 교육 내용을 구성할 것이며 교육의 목표는 바꿔 쓰기를 사용해 대학에서 필요한 글쓰기 과제를 수행하는 것이다. 이 교육 방안은 고급의 언어 수준을 가진 외국인 학부생을 대상으로 한다. 전체 구성은 '도입-제시·설명-확인-연습-확장'으로 이루어지며 자기평가로 마무리할 것이다.[7]

가. 도입

도입 단계는 바꿔 쓰기의 목표와 필요성을 확인하는 단계이다. 이 단계에서는 먼저 참고자료를 읽고 수행해야 하는 과제의 예를 제시한다. 학습자는 과제의 실례를 보며 학문적 글쓰기에서 바꿔 쓰기가 반드시 활용되는 기술이라는 것을 알 수 있을 것이다. 그 후 바꿔 쓰기가 학문적 글쓰기에서 간접 인용을 할 때 사용됨을 밝힌다. 기존 교재에서 제시된 적 없는 이 단계를 통해 학습자는 바꿔 쓰기의 목표와 필요 상황을 인식할 수 있을 것이다.

> 참고자료를 간접 인용할 때는 원문의 내용을 나의 말로 바꿔 써야 한다. 원문의 출처를 밝혔더라도 간접 인용을 할 때 원문의 내용을 그대로 쓰는 것은 바람직하지 않다. 보통 원문의 내용이 너무 전문적이거나 사용된 표현이 어려울 때 바꿔 쓰기를 하기도 한다.

[그림 1] 도입의 예

---

7) 학문적 글쓰기에서 바꿔 쓰기를 사용하기 위해서는 참고자료를 검색하고 선별하여 인용 방법에 맞게 쓰는 것이 모두 포함될 수 있다. 그러나 이 연구는 바꿔 쓰기 교육 방안에만 초점을 맞춘 것이므로 참고자료 검색 및 선별과 직·간접 인용 방법은 교육 내용에 포함시키지 않는다.

나. 제시 · 설명

제시 · 설명 단계에서는 바꿔 쓰기의 유형, 방법 등을 단계적으로 제시한다. 하나의 과제를 파악하고 학문적 텍스트를 산출할 때까지의 과정 중 바꿔 쓰기가 언제 어떻게 사용될 수 있는지 외국인이라는 점을 고려하여 단계적으로 제시하고 상세하게 설명한다.

기존 교재에서 바꿔 쓰기는 독립된 쓰기 기술로 분리되지 않는 경우가 대부분이며 바꿔 쓰기가 교육 내용에 포함되어도 간접 인용이나 요약의 일부로 제시되었다. 이럴 경우 바꿔 쓰기의 여러 유형과 방법이 세밀하게 설명되기 어려우며 요약과 바꿔 쓰기를 동일한 기술로 인식하기 쉽다. 이런 점을 고려하여 이 논문에서는 앞 절에서 제시한 원리에 따라 바꿔 쓰기를 하나의 쓰기 기술 독립시키고 최종 결과물을 대학에서 요구하는 과제를 완성하는 것으로 한다.

참고자료를 읽고 바꿔 쓰기를 활용하여 부과된 과제를 완성하는 과정은 (1) 과제 파악하고 글의 구조 계획하기, (2) 참고자료에서 바꿔 쓸 내용 선별하기, (3) 핵심어, 핵심 내용 확인하기, (4) 핵심 내용을 중심으로 바꿔 쓰기, (5) 바꿔 쓴 글을 자신의 말로 바꿔 쓰기, (6) 원문과 비교하여 읽어 보기의 흐름을 갖는다.

먼저 (1)은 과제를 파악하고 글의 전체 구조를 계획하는 단계이다. 이때 '대체 에너지인 가스 하이드레이트에 대해 설명하고 이 에너지원에 대한 자신의 생각을 비판적으로 쓰라'와 같은 실제 과제를 제시한다. 과제의 유형은 특정 개념에 대한 설명이 필요한 것으로 하며 과제의 주제 및 내용은 외국인 학습자의 사회문화적 배경지식을 고려하여 한국에 국한되지 않은 것으로 한다. 과제 파악 후 개요를 작성하고 참고자료 인용이 필요한 부분을 판단하며 글의 구조를 계획할 수 있다는 정보를 학습자에게 순차적으로 제시한다.

(2)는 참고자료에서 바꿔 쓸 내용을 선별하는 단계이다. 과제에 필요한 참고자료를 정한 후 선별한 참고자료에서 자신의 글에 필요한 내용을 선별하는 단계이다. 이를 위해서는 참고자료 전체 내용을 파악하고 그중 (1)에서 인용이 필요하다고 판단한 부분에 쓸 내용을 참고자료에서 찾을 수 있어야 한다. 이때 외국인 학습자가 제시된 참고자료의 내용을 쉽게 파악할 수 있도록 글의 단락별 소주제를 함께 제시할 수 있다.

참고자료에서 자신의 글에 인용할 내용이 선별되었다면 (3)은 선별된 부분의 핵심어와 핵심 내용을 확인하는 단계이다. 핵심어와 핵심 내용 확인은 바꿔 쓰기가 가능한 것과 불가능한 용어 및 내용을 파악하기 위한 것이다. 따라서 참고자료에서 핵심어와 핵심 내용이 무엇인지 명시적으로 보여줄 필요가 있다. 이때 전문용어나 고유명사로 되어 있는 핵심어는 바꿔 쓰기의 대상이 되지 않는다는 것을 설명에 포함한다. 다음은 제시 · 설명 중 (3)의 과정에 해당하는 예의 일부이다.

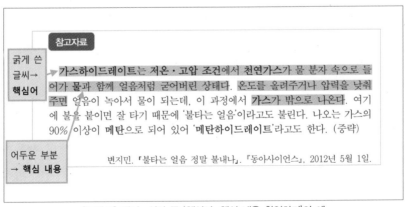

[그림 2] 제시 · 설명 중 '핵심어, 핵심 내용 확인하기'의 예

위에 제시되고 있는 부분은 (2)의 과정을 거쳐서 바꿔 쓰기할 내용

으로 선별된 문단에 해당한다. 그중 위의 예는 '가스 하이드레이트의 정의와 특성'을 인용할 수 있는 문단으로 바꿔 쓰기의 대상이 된다. 이 문단에서 '가스 하이드레이트'와 '저온·고압 조건', '천연가스' 같은 단어는 핵심어이므로 바꿔 쓸 수 없다. 음영으로 처리되어 있는 부분은 정의와 특성을 쓸 때에 바꿔 쓰기할 핵심 내용에 해당한다. 이와 같이 바꿔 쓰기에서 학습자가 스스로 해야 하는 과정을 절차화하고 예와 함께 단계적으로 설명하는 것은 외국인 학습자의 언어 수준을 고려한 제시 방법이라 할 수 있다.

이후 (4)는 핵심 내용을 중심으로 본격적인 바꿔 쓰기를 할 수 있도록 유형별로 정보를 제시한다. 바꿔 쓰기는 단어, 문장, 문단 수준에서 이루어질 수 있다. 따라서 각각의 수준에서 실제로 수행될 수 있는 바꿔 쓰기의 유형을 예문으로 보여줌으로써 학습자가 여러 차원에서 바꿔 쓰기를 활용할 수 있도록 세부 유형 정보를 제시한다.

(4)에서의 바꿔 쓰기는 ① 핵심어를 제외한 단어들을 유의어로 대체하기, ② 단어나 표현을 쉽게 풀어서 쓰기, ③ 문장에 사용된 문법을 유사한 의미의 다른 문법으로 바꾸기, ④ 긴 문장을 나누거나 짧은 문장을 합치기, ⑤ 문장이나 문단의 구조 바꾸기로 방법을 세분화하여 제시할 수 있다. 그중 ①에 해당하는 예를 제시하면 다음과 같다.

---

① 핵심어를 제외한 단어들을 유의어로 대체하기

- 온도를 올려주거나 압력을 낮춰주면 얼음이 녹아서 물이 되는데, 이 과정에서 가스가 밖으로 나온다.

→ 온도를 높이거나 압력을 낮추면 얼음이 녹아서 물로 변하는데 이 과정에서 가스가 배출된다.

[그림 3] 제시·설명 중 '핵심 내용을 중심으로 바꿔 쓰기'의 예

위의 예문은 참고자료에서의 핵심 문장에 해당한다. 이 문장에서 '온도', '압력', '물'과 같은 핵심어는 바꿀 수 없다. 그러나 핵심 내용 중 '온도를 올려주다', '압력을 낮춰주다', '물이 되다', '가스가 밖으로 나오다'에서의 동사들은 '높이다', '낮추다', '되다', '배출되다'로 의미 변화 없이 다른 표현으로 대체할 수 있다. 이러한 구체적인 예는 내국인 학습자라면 생략될 수 있는 설명이다. 그러나 외국인에게는 단어의 유의어를 생각하는 것이 핵심어 파악만큼 어려울 수 있다. 따라서 학습자에게 대체할 수 있는 유의어를 제시하여 이해를 도울 수 있게 한다.

(5)는 바꿔 쓴 글을 자신의 말로 바꿔 쓰는 단계이다. 바꿔 쓰기는 단순히 유의어로 대체하는 쓰기가 아니라 자신의 글의 문맥에 맞게 쓰는 것이 중요하다. 그렇기 때문에 참고자료의 핵심 내용이 학습자의 문체로 바뀐 후 전체 글 안에서 자연스럽게 읽히는지 확인하는 과정이 필요하다. 이때 바꿔 쓰기한 글을 함께 제시하도록 한다.

마지막으로 (6)은 원문과 비교하며 읽어 보는 단계이다. 이때 '참고자료의 핵심 내용이 훼손되지 않았는가', '내용이 이해하기 쉽게 바뀌었는가'와 같은 것을 확인하며 퇴고할 수 있게 한다.

다. 확인

확인은 제시·설명 단계에서 알게 된 바꿔 쓰기 과정과 방법을 실제 예를 통해 확인하는 단계이다. 학습자가 각 단계를 연습하기 전에 바꿔 쓰기를 사용하여 쓴 글을 보고 앞에서 제시된 정보들이 적절히 사용되었는지 확인할 수 있도록 한다.

기존 교재에서는 바꿔 쓰기한 문장이나 문단이 결과물이었기 때문에 완성된 텍스트 제시가 없었다. 그러나 학문적 텍스트 생산을 위한 쓰기 활동이 되려면 학습자가 전체 글 안에서 바꿔 쓰기가 어떻게 활용되었는지 확인하는 과정이 필요하다. 또한 이때 제시하는 과제와 참고자료는 외국인 학부생이 읽을 것임을 고려하여 한국의 사회문화적인 배경 지식이 요구되지 않는 것으로 한다.

예를 들어 '오이디푸스 콤플렉스에 대해 설명하고 이에 대한 자신의 생각을 쓰라'라는 과제를 주고 학습자가 참고할 수 있는 자료와 바꿔 쓰기를 활용해 쓴 과제의 일부를 제시할 수 있다. 참고자료에는 과제를 할 때 인용할 내용이 포함되어 있다. 참고자료 아래에는 학습자가 쓴 과제의 일부를 제시하는데 이 과제에는 참고자료를 인용한 부분이 포함되어 있다. 참고자료와 바꿔 쓰기를 통해 참고자료를 인용한 글을 보며 학습자는 인용 부분과 핵심 내용 전달 여부, 바꿔 쓰기 방법을 확인하게 된다. 또한 학습자가 인용 표시와 참고문헌 목록 작성 등에 익숙해질 수 있도록 실제 과제 글을 학문적 글쓰기 형식에 맞게 작성하여 제시한다. 확인의 예는 다음과 같다.

참고자료

오이디푸스 콤플렉스라는 개념은 20세기가 시작되는 시점에 지그문트 프로이트에 의해 전개되었다. 그는 임상 경험과 자기분석, 그리고 소포클레스의 희곡 전집, 특히 오이디푸스가 자신의 아버지를 죽이고 어머니와 결혼함으로써 비극적 결말을 맞는 희곡 『오이디푸스 왕 Oedipus Rex』을 연구에 사용하였다. 이 희곡은 오이디푸스가 근친상간 금기를 깨트림으로써 비극이 발생한 이야기다. 실제 상황에서, 오이디푸스 콤플렉스는 대략 만 세 살에서 만 여섯 살 사이의 아이들이 한쪽 부모에게 강렬한 사랑을 느껴 그 부모를 독점적으로 차지하려고 하는 반면, 다른 쪽 부모에게는 강한 부정적 감정을 가지는 것을 의미한다. (중략)

로버트 M. 영. 『오이디푸스 콤플렉스』. 2001. 이정은 역. 이제이북스, 2002. 7쪽.

　　세상에 알려진 여러 콤플렉스 중에서 오이디푸스 콤플렉스는 정신분석적으로 해석될 수 있는 콤플렉스이다. 이 콤플렉스는 처음 언급된 이후부터 지금까지 심리학계뿐만 아니라 여러 학문 영역에서 다양하게 해석되고 있다. 또한 부모가 자식과 어떤 관계를 맺으며 어떤 역할을 해야 하는지도 알려준다.

　　오이디푸스 콤플렉스는 20세기 초, 지그문트 프로이트에 의해 전개된 것으로 오이디푸스라는 말은 소포클레스의 희곡『오이디푸스 왕』에서 비롯되었다. 로버트 M. 영(2002:7)에 따르면 프로이트는 오이디푸스가 자신의 아버지를 살해하고 어머니와 혼인함으로써 비극적인 결말을 맞는 이야기를 연구에 사용하였다. 그에 따르면 실제 현실에서 오이디푸스 콤플렉스는 약 만 삼 세에서 육 세 사이의 아이들이 한쪽 부모에게 강한 사랑을 느껴 그 부모를 혼자서 독차지 하려고 하는 반면, 다른 쪽 부모에게는 강한 부정적 감정을 느끼는 것을 의미한다. (중략)

　　성장기에 아이들이 오이디푸스 콤플렉스를 원만하게 거치는 것은 행동과 성격 형성에 큰 영향을 미칠 수 있다. 특히 성역할 및 성정체성 형성에도 절대적인 영향을 줄 수 있다. 그렇기 때문에 아이들을 향한 엄마, 아빠의 관심과 사랑은 매우 중요하다. 아이들이 오이디푸스 시기를 거쳐 건강하게 성장하기 위해서는 부모와 자식의 관계가 친밀해야 한다. 또한 엄마와 아빠는 여성과 남성의 모습을 보여주는 모델 역할을 할 수 있어야 한다. 이런 원만한 부부의 모습과 부모와 자식 간의 관계 형성은 아이들이 오이디푸스 콤플렉스를 경험하고 건강하게 성장할 수 있게 도와줄 것이라고 본다.

<참고문헌>
홍준기. 『오이디푸스 콤플렉스, 남자의 성, 여자의 성』. 서울: 아난케, 2005.
로버트 M. 영. 『오이디푸스 콤플렉스』. 2001. 이정은 역. 서울: 이제이북스, 2002.

(1) 위의 글에서 참고자료가 인용된 부분은 어디인가?
(2) 참고자료의 핵심 내용이 잘 전달되었는가?
(3) 바꿔 쓰기의 어떤 방법들이 사용되었는가?

[그림 4] 확인의 예

라. 연습

연습 단계에서는 제시·설명 단계에서 알게 된 단어, 문장, 문단 수준에서의 5가지 유형별로 바꿔 쓰기 연습을 하게 한다. 연습 단계에서는 바꿔 쓰기 기술에 대한 연습에 초점을 맞추며 이후 확장 단계에서는 바꿔 쓰기를 활용하여 하나의 글을 완성하는 것을 목표로 한다.

기존 연구에서는 유형별로 바꿔 쓰기한 문장이나 문단이 바꿔 쓰기 교육의 마지막 결과물이었다. 또한 유형별 쓰기 연습이 분리되지 않고 하나의 연습 안에 여러 가지를 활용하게 되어 있었다. 그러나 외국인 학부생이 각각의 방법을 정확하게 사용할 수 있게 하려면 유형별 연습은 분리되어야 하며 절차적으로 이루어져야 할 것이다.

따라서 연습 단계에서는 5가지 유형별로 짧은 문장이나 문단을 쓰며 각각의 목표를 달성하는 연습을 하게 한다. 5가지 유형은 ① 핵심어를 제외한 단어들을 유의어로 바꿔 쓰기, ② 단어나 표현을 쉽게 풀어쓰기, ③ 문장에 사용된 문법을 유사한 의미의 다른 문법으로 대체하기, ④ 긴 문장을 나누거나 짧은 문장을 통합하기, ⑤ 문장이나 문단의 구조 바꾸기이다.

① 핵심어를 제외한 단어들을 유의어로 바꿔 쓰는 연습에서는 바꿀 수 없는 핵심어를 표시하여 제외한 후 유의어로 바꿀 수 있는 단어를 찾도록 한다. 그 후 바꿔 쓸 수 있는 단어를 대체할 표현을 찾아 바꿔 쓰게 한다. 이 과정이 절차적으로 이루어질 수 있도록 세부 문항을 주는 것이 연습에 도움이 될 것이다.

> 문학사는 단순한 연대기적 사실의 나열이 아니다. 작품의 나열만도 아니며, 시인이나 작가들의 삶에 얽힌 주변적 이야기도 아니다. 작품과 작품을 통하여 드러나는 내적 연관의 가능성들을 천착해야 될 것이며 이를 바탕으로 시대를 포괄하는 시각을 구축해야 할 것이다.
>
> 최동호. 「한국현대시사의 감각」, 서울: 고려대학교 출판부, 2004.

(1) 바꿀 수 없는 핵심어를 체크해 보자.
(2) 유의어로 바꿀 수 있는 단어에 밑줄을 쳐 보자.
(3) 밑줄 친 단어를 유의어로 바꿔 써 보자.

[그림 5] 연습 중 '핵심어를 제외한 단어들을 유의어로 대체하기'의 예

위의 연습의 목표는 핵심어를 제외한 단어들을 유의어로 바꾸는 것이다. 이러한 목표 하에 원문을 읽고 아래의 단계를 순차적으로 따라가면서 핵심어를 찾고 나머지 표현을 유의어로 대체하는 것에만 초점을 맞춰 연습할 수 있도록 한다. 이와 마찬가지로 ② 단어나 표현을 쉽게 풀어서 쓰기에서는 풀어쓸 수 있는 단어를 먼저 찾고 바꾸게 하는 절차가 필요하며, ③ 문장에 사용된 문법을 유사한 의미의 다른 문법으로 바꾸기에서는 바꿔 쓸 수 있는 문법을 찾고 난 후 다른 문법으로 바꿔 쓰게 하는 절차가 필요하다. ④ 긴 문장을 나누거나 짧은 문장을 합칠 때에도 나누거나 합칠 수 있는 부분을 찾은 후 바꿔 쓰기를 하게 한다. ⑤ 문장이나 문단의 구조 바꾸기의 경우 무조건 구조를 바꾸는 것이 아니라 학습자가 쓸 전체 글에 포함될 부분이라는 큰 그림을 생각하며 문장과 문단의 구조를 바꾸는 것이 중요하다. 따라서 학습자가 쓰는 전체 글의 문맥을 생각하며 자연스럽게 읽힐 수 있도록 문장과 문단의 구조를 바꿔 쓰게 한다.

마. 확장

확장 단계는 대학에서 제시되는 과제를 보고 연습한 것을 활용하여 학문적 글쓰기로 완성하는 단계이다. 이 단계에서는 연습 단계에서 개별적으로 연습한 바꿔 쓰기를 종합하여 적용하게 한다.

기존 연구에서는 (4)에서의 각 유형별 바꿔 쓰기를 연습한 문장이 바꿔 쓰기의 최종 쓰기 연습이므로 확장 단계는 존재하지 않았다. 그러나 3장에서 언급했듯이 바꿔 쓰기는 단독으로 쓸 수 있는 글쓰기가 아니기 때문에 바꿔 쓰기가 포함된 최종 결과물을 산출할 필요가 있다. 따라서 마지막 단계인 확장에서는 연습한 방법들을 종합적으로 활용하여 하나의 글을 완성하게 할 수 있다. 이를 위해 실제성 있는 과제를 제시하고 과제를 절차적으로 완성하는 과정에서 바꿔 쓰기가 적절히 활용될 수 있도록 안내해야 한다. 아래는 확장 단계의 예이다.

▣ '공정무역의 정의와 특성에 대해 써라'라는 과제에 대한 보고서를 쓰고자 한다. 참고자료를 찾아 바꿔 쓰기를 통해 인용하면서 한 편의 보고서를 완성해 보자.

1. 과제를 하기 위해 필요한 내용이 무엇일지 옆 사람과 같이 이야기하며 정리해 보자.
2. 어떠한 내용으로 글을 구성할 것인지 생각해 보고 개요로 정리해 보자.
3. 개요에서 참고자료의 인용이 필요하다고 생각되는 부분에 표시해 보자.
4. 참고자료를 읽고 인용할 부분을 선별해 보자.
5. 선별한 내용을 바꿔 쓰기를 통해 자신의 글에 인용하여 한 편의 글을 써 보자.
6. 옆 사람과 쓴 글을 바꿔 읽어 보자.
7. 옆 사람과 함께 서로의 글에서 개선되어야 할 부분은 무엇인지 이야기해 보자. 그리고 그 부분을 고쳐서 다시 써 보자.

[그림 6] 확장의 예

위의 예에서 제시하는 과제의 주제는 '공정무역의 정의와 특성'이다. 학습자는 과제에 필요한 내용을 동료와 상호작용을 하며 생각하는 시간을 갖는다. 과제 수행 시 필요한 필수 내용으로 전체 글을 어떻게 구성할 수 있을지 생각한 후 개요에서 참고자료 인용이 필요한 부분을 찾는다. 인용이 필요한 부분을 찾았다면 필요한 내용을 포함하고 있는 참고자료를 읽고 참고자료에서 인용할 부분을 선별하도록 한다. 이때 학습자가 방대한 자료를 읽고 참고자료를 찾게 하는 것은 바꿔 쓰기 교육 이외에 자료 찾기에 대한 교육이 될 수 있다. 그러므로 과제와 관련된 참고자료를 제시한 후 주어진 자료 내에서 인용할 부분을 찾는 연습을 하게 한다. 그 후 연습 단계에서 개별적으로 연습했던 방법을 종합적으로 활용하여 과제를 수행하게 한다. 글을 쓴 후에는 동료와 바꿔 읽고 피드백을 주고받은 후 퇴고의 과정을 거칠 수 있도록 한다. 동료와 바꿔 읽는 지시문을 제시할 때는 '참고자료의 내용이 글의 흐름에 맞게 인용되었는지', '참고자료의 핵심 내용이 훼손되지 않았는지', '이해하기 쉽게 바꿔 쓰기가 되었는지'와 같은 항목을 확인하며 읽게 한다. 이러한 체크 항목은 동료의 글을 읽을 때 읽기의 목표가 되며 동료 피드백을 구체화시켜 학습자가 고쳐 써야 할 대상을 정확히 알 수 있도록 할 것이다.

바. 자기평가

자기평가 단계는 바꿔 쓰기를 통한 글쓰기 학습을 마친 후 학습자가 스스로 배운 것을 점검하고 평가하는 단계이다. 이때 학습자는 바꿔 쓰기의 내용과 방법을 알고 학문적 글쓰기에 적절히 사용할 수 있는지 스스로 돌아보는 시간을 갖는다. 자기평가 단계는 학습의 정도를 확인할 수 있을 뿐만 아니라 주체적이고 능동적인 학습을 독려하는 장치로 기능한다.

5. 결론

이 논문은 외국인 학부생의 학문적 글쓰기에서 바꿔 쓰기 기술에만 집중하여 바꿔 쓰기의 개념과 특성을 정리하고 학문 맥락에서 바꿔 쓰기 교육의 필요성을 확인하였다. 이후 바꿔 쓰기의 학문적 필요를 전제로 기존의 바꿔 쓰기 교육 내용을 연구와 교재를 통해 검토한 후 바꿔 쓰기 교육의 원리와 방안을 제안하였다.

바꿔 쓰기는 요약하기와 같지 않은 쓰기 기술임에도 불구하고 학문적 글쓰기에서 교육 내용과 방법에 대한 고민이 활발하게 이루어지지 못한 기술 중 하나이다. 이는 외국어로서의 한국어 교육에서 바꿔 쓰기 교육 관련 연구가 많지 않고 교재에서도 바꿔 쓰기가 독립적으로 다루어지지 않는 것을 통해 알 수 있다. 이러한 점에 착안하여 이 논문에서는 기존 연구와 교재 검토를 통해 바꿔 쓰기 교육의 원리를 제안하였고 이를 토대로 교육의 실제를 제시하였다. 교육의 실제는 대학에서 요구하는 과제를 바꿔 쓰기를 활용하여 수행하는 것을 목표로 하였으며 교육 내용을 세분화 하고 연습을 절차화하여 제시하였다. 특히 선행 연구를 통해 바꿔 쓰기 교육의 핵심이 되는 내용들을 명시적으로 제시하였고, 쓰기 과정에서도 학문적 텍스트를 활용하여 실제적인 연습이 될 수 있도록 하였다.

바꿔 쓰기는 학문적 글쓰기에서 간접 인용을 할 때 사용되는 방법으로 쓰기 난이도를 고려했을 때 요약하기보다 먼저 교육되어야 하는 기술이다. 요약하기 교육 이전에 바꿔 쓰기 교육이 이루어져야 바꿔 쓰기와 요약하기, 이를 활용한 인용하기 모두를 글쓰기에 성공적으로 활용할 수 있을 것이다. 이러한 필요성에 주목하여 학문적 글쓰기로서의 바꿔 쓰기 교육 방안을 제시했다는 점에서 이 논문의 의의를 찾을 수 있을 것이다. 그러나 제안된 교육 방안이 학습자들에게 미치는 교육적 효과는 아직 증명하지 못한 상황이다. 따라서 앞으로 이 연구 결과를 토대로 바꿔 쓰기 교육 방안을 실제 수업에 적용하여 바꿔 쓰기 교육이 외국인 학부생의 학문적 쓰기에 미치는 교육적 효과를 검증하는 후속 연구를 기약한다. 이러한 연구들이 축적되어 외국인 학부생들의 학문적 글쓰기에 도움이 되기를 바란다.

제 2 장

외국인 학부생을 위한 바꿔 쓰기 교육의 효과

1. 서론

이 연구는 외국인 학부생들의 학문적 글쓰기를 위한 '바꿔 쓰기' 교육의 효과를 검증하고 교육 방안의 보완점을 제안하는 데에 목적이 있다. 바꿔 쓰기는 학문적 글쓰기에서 참고자료의 핵심 내용을 유지하며 단어, 문장, 문단을 새로운 표현과 구조로 바꿔 자신의 문체로 쓰는 것이다(Jones · Bizzaro · Selfe, 1997; Leki, 1998; Sebranek · Meyer · Kemper, 1997; 이인영, 2015; 박현진, 2017). 이러한 쓰기 기술은 학문적 글을 쓸 때 참고자료를 인용하는 방법 중 하나로 사용되기 때문에 기존의 연구들을 보면 학문 윤리와 관련해서 중요성이 거론되는 경우가 많았다. 학문적 글쓰기에서 참고자료를 활용할 때 인용 방법에 맞지 않으면 결과적으로 표절이 되어 학문 윤리에 어긋나게 되기 때문이다. 이런 점에서 '대학 글쓰기' 교과목에서는 글을 쓸 때의 윤리 의식 고취 및 인용 방법에 맞는 글쓰기를 위해 바꿔 쓰기 교육이 이루어져 왔다.

외국인 대상 글쓰기 교육에서의 바꿔 쓰기 교육도 학문적 글쓰기 맥락에서 그 필요성이 대두되었다(김지혜, 2009; 김미영, 2016, 박현진, 2017). 학문 목적 학습자가 증가함에 따라 학습자들은 학문 맥락에서 글을 써야 할 상황이 많아졌으며 이때 직·간접 인용을 적절히 사용해야 표절을 방지할 수 있다. 그런데 외국인 학습자의 경우 글쓰기 윤리 의식이 있다고 해도 참고자료의 내용을 제2언어인 한국어를 사용해 자신만의 표현으로 바꿔 쓰는 기술에 익숙하지 않을 수 있다. 이런 이유에서 바꿔 쓰기는 학문적 글쓰기 교육에서 반드시 교육되어야 할 기술 중 하나이다. 그러나 한국어 교육에서 바꿔 쓰기는 요약하기와 함께 언급되는 경우가 많아 바꿔 쓰기 교육 방안이 독립적으로 제안된 연구가 드물었다. 독립적인 바꿔 쓰기 교육이 시행되지 않았기 때문에 교육의 효과를 검증할 수 있는 기회도 거의 없었다. 이런 점에서 착안된 이 연구는 기존에 제시된 바꿔 쓰기 교육 방안을 현장에 적용한 후 바꿔 쓰기 교육 전후의 글쓰기를 통해 교육적 효과를 통계적으로 검증하고, 포커스 그룹 인터뷰 내용을 통해 보완점을 구체화할 것이다.

2. 바꿔 쓰기 교육 연구

학문적 쓰기에서의 바꿔 쓰기란 학문적 글쓰기에서 참고자료의 핵심 내용을 유지하며 단어, 문장, 문단을 새로운 표현과 구조로 바꿔 자신의 문체로 쓰는 것이라고 할 수 있다. 이러한 바꿔 쓰기를 교육하기 위해 교육 내용과 방법을 제안한 연구에는 Kissner(2006), Behrens·Rosen(2008), 김지혜(2009), 팜티튀린(2012), 김미영(2016), 박현진(2017) 등이 있다. 또한 인용이나 표절 방지 차원에서 바꿔 쓰기 교육의 효과를 연구한 것으로는 Barry, S.(2006), 김경미(2014) 등이 있다.

교육 방안에 대한 연구 중 Kissner(2006)는 바꿔 쓰기를 하기 위해서는 핵심 내용 파악이 시작이라고 하며 바꿔 쓰기 전략으로 단어, 순서, 구조를 바꿔 쓰는 것을 제시한다. 단어 바꿔 쓰기에서는 동의어와 유의어 사용을 방법으로 제시하고 있으며 문장 구조와 순서 바꿔 쓰기에서는 문법 기술을 활용할 것을 제안한다. 이와 유사하게 Behrens · Rosen(2008)도 '원문의 핵심 내용 이해→ 원문을 유의어, 동의어를 활용하여 자신의 말로 대체→ 자연스럽게 읽을 수 있도록 문장 구조와 순서 재배열'로 바꿔 쓰기 방법을 정리하고 있다.

한국어 교육에서의 바꿔 쓰기 연구 중 김지혜(2009)와 김미영(2016)은 바꿔 쓰기를 학문 목적 쓰기 능력 향상의 방법으로 연구하였으며 팜티튀린(2012)은 문법 교육을 위한 교육 방안으로 연구하였다. 이들 연구들은 다음과 같은 교육 단계를 따른다고 정리할 수 있다.

- 쓰기 전 단계: 바꿔 쓰기의 개념과 필요성 인식
　　　　　　　　　 참고자료의 핵심 단어, 주제와 소재, 의미 파악
- 쓰기 단계: 바꿔 쓸 항목 계획하기, 단어, 문장, 문단 바꿔 쓰기
- 쓰기 후 단계: 교사 피드백, 동료 피드백, 고쳐 쓰기

바꿔 쓰기의 교육 단계를 보았을 때 공통되는 지점은 바꿔 쓰기의 필요성을 인식하고 핵심을 파악하는 것이다. 필요성 인식은 글쓰기 내에서 바꿔 쓰기에 필요한 독해와 세부 쓰기 유형을 연습해야 하는 이유가 되기 때문에 매우 중요하다. 학문적 쓰기를 위한 쓰기 전 단계에서 바꿔 쓰기가 필요한 상황에 대한 인식이 이루어졌다면 쓰기 후 단계에서도 학문적 글 내에 바꿔 쓰기가 적절히 활용되었는지를 확인해

야 할 것이다. 그런데 기존의 연구를 보면 학문 목적으로 바꿔 쓰기 상황을 전제한 교육 방안임에도 피드백과 고쳐 쓰기의 대상이 개별적인 바꿔 쓰기 유형 확인으로 축소되어 있는 경우가 대부분이다.

이러한 점을 보완하며 학문적 글쓰기에 필요한 바꿔 쓰기 교육 방안을 제안한 박현진(2017)은 선행 연구 검토와 교재 분석을 한 후 바꿔 쓰기 교육의 문제를 바꿔 쓰기의 독립적인 교육 부재, 언어수준 고려 미흡, 단계적 연습 부재, 학문적 글쓰기 결과물 생산 연습 부재, 상호 작용 기회 미흡으로 지적한 바 있다. 이 연구는 바꿔 쓰기 교육에만 집중하여 학문적 맥락에서 바꿔 쓰기 교육이 기준으로 삼아야 할 원리를 제시하였으며 최종적으로 바꿔 쓰기를 활용하여 학문적 글을 완성하는 교육 방안을 제안하였다는 데에 차별성이 있다고 하겠다. 다음 <표 1>은 박현진(2017)에서 제안하는 바꿔 쓰기 교육 단계를 정리한 것이다.

〈표 1〉 바꿔 쓰기 단원 구성

단계	내용
도입	바꿔 쓰기가 사용되는 과제의 예와 함께 목표와 필요성을 확인함.
제시 · 설명	학문적 글쓰기 과제를 제시한 후 바꿔 쓰기의 유형과 방법을 단계적으로 제시하고 예를 통해 설명함.
확인	학문적 글쓰기 과제에 맞게 바꿔 쓰기가 사용된 예를 통해 글의 구조, 내용 선별, 핵심어와 핵심 내용, 핵심 내용 바꿔 쓰기가 어떻게 활용되었는지 확인함.
연습	핵심 내용을 중심으로 문장, 문단, 글 단위의 참고자료를 읽고 바꿔 쓰기 세부 방법을 절차적으로 연습함.
확장	실제 과제를 보고 개별적으로 연습한 것을 종합하여 최종적으로 하나의 글을 완성할 수 있도록 함.

박현진(2017)이 제안하고 있는 단원 구성은 학문적 글쓰기에서 바꿔 쓰기가 필요한 이유 확인으로 시작한다. 이후 세부 기능으로서의 바꿔 쓰기를 단계적으로 제시한 후 모범적인 글을 통해 학습한 내용을 확인하고 배운 내용을 유형별로 연습한 후 개별적으로 연습한 기능을 과제 수행을 위한 학문적 글 작성 시 적절히 활용하는 것으로 마무리하게 되어 있다.

바꿔 쓰기 교육의 효과와 관련된 연구들은 표절 방지를 위한 글쓰기 맥락에서 부분적으로 연구되었다. 그중 Barry, S.(2006)은 바꿔 쓰기 기술 교육이 '표절'에 대한 정의가 무엇인지를 교육하는 것보다 '표절'을 정의하는 데에 효과적임을 논의했다. 김경미(2014)도 바꿔 쓰기와 인용하기 교육이 표절하지 않고 글을 쓰는 데에 미치는 영향을 비교 분석하였다. 그 결과 인용하기만 가르친 그룹에 비해 바꿔 쓰기를 명시적으로 가르친 그룹에서 윤리적 글쓰기로의 유의미한 변화가 나타남을 확인할 수 있었다. 김경미(2014)는 바꿔 쓰기 교육에 대한 교육적 효과를 증명하고자 했다는 점에서 새로운 시도라고 할 수 있다. 그러나 인용하기와 바꿔 쓰기 교육이 어떻게 구분되는지 명확하지 않은 점은 아쉬움으로 남는다.

이상에서 살펴본 바와 같이 교육 방안 제시 및 표절 방지를 위한 바꿔 쓰기 연구는 시도된 바 있으나 최종 결과물을 학문적 글쓰기로 보고 이를 평가하여 바꿔 쓰기 교육의 효과를 검증하려는 시도는 없었다. 이 지점에서 본 연구는 박현진(2017)에서 제안한 바꿔 쓰기 교육 방안의 후속 연구로서 외국인 학부생을 대상으로 바꿔 쓰기 교육을 시행한 후 학문적 글쓰기에 미친 영향과 효과를 검증해 보고자 한다.

3. 연구 방법 및 내용

이 연구에서는 글쓰기 평가를 통한 교육 효과 검증을 위해 통계 방법을 사용하고 교육 방안에 대한 보완점을 구체화 하기 위해 포커스 그룹 인터뷰 방법을 사용할 것이다. 연구의 세부 절차와 참여자 정보, 분석 자료와 글쓰기 평가 방법은 다음과 같다.

3.1 연구 절차

이 연구에서는 우선 바꿔 쓰기 교육의 효과를 검증하기 위해 바꿔 쓰기 교육 전후의 학문적 글쓰기 과제를 평가하여 비교 분석할 것이다. 이때 바꿔 쓰기는 학문적 글쓰기에 필요한 인용의 방법 중 하나로 교육된다. 따라서 바꿔 쓰기 교육 전에 '인용의 목적과 효과'에 대한 이해가 필요하여 인용의 기능, 목적, 종류, 효과가 교육되었다.

인용 교육 후 참고자료를 활용하여 학문적 글을 쓰는 과제가 제시되었다. 본격적인 바꿔 쓰기 교육은 총 4차시로 나누어 수업이 진행되었다. 바꿔 쓰기 교육은 인용 중 간접 인용의 방법으로 교육되었으며 세부적인 교육 내용과 제시 방법은 박현진(2017)에서 제안한 교육 방안을 따랐다. 이 연구의 교육 방안을 따른 이유는 교육 대상을 외국인 학부생으로 명시하고 있으며 요약과 구분된 바꿔 쓰기 교육의 단계와 절차를 세분화 하고 있어 바꿔 쓰기 교육 효과를 검증하기에 적절하다고 판단했기 때문이다. 4차시 수업이 종료된 후에 수업 전과 동일한 과제가 제시되었다. 사전 과제와 사후 과제는 3주의 간격을 두고 수행되었다.

바꿔 쓰기 수업과 과제가 종료된 후 포커스 그룹 인터뷰가 시행되었다. 또한 수합된 글쓰기 자료는 한국어교육 전문가 3명에 의해 평가되었으며 이후 본 연구자가 통계처리 프로그램인 SPSS 22를 사용하여 양적 방법으로 분석하였다. 이상의 절차와 내용을 정리하면 다음 [그림 1]과 같다.

수업 전	· 인용 교육(4/25, 4/27) · 참고자료를 활용한 과제 수행(5/4)
⇩	⇩
1차시	· 바꿔 쓰기의 필요성 및 목표 확인 · 바꿔 쓰기의 방법 제시 설명(5/11)
2차시	· 바꿔 쓰기 방법 확인 및 문장 단위 연습(5/12)
3차시	· 바꿔 쓰기 문단 단위 연습(5/16)
4차시	· 과제를 통한 바꿔 쓰기 확인(5/18)
⇩	⇩
수업 후	· 참고자료를 활용한 과제 수행(5/30) · 포커스 그룹 인터뷰 시행(6/20) · 평가자 3인을 통한 과제 평가(8/9~16)

[그림 1] 연구 절차 및 교육 내용

3.2 교육 상황 및 연구 참여자 정보

이 연구는 2017년 1학기 서울 소재 대학교에서 '사고와 표현' 수업을 수강한 학습자 21명을 대상으로 이루어졌다. '사고와 표현' 수업은 학부생들의 학업 수행에 필요한 이해 및 표현 능력 함양을 목표로 하는 과목으로 내국인과 외국인 모두 필수로 수강하게 되어 있는 과목이다. 외국인 학부생 교육 과정의 경우 주제 중심 교수요목을 기반으로 한 이해 수업과 기능 중심 교수요목을 기반으로 한 기능 수업이 병행하게 되어 있다. 바꿔 쓰기 교육은 기능 수업에서 실시되었다.

참여자들의 학년 정보를 보면 1학년이 19명, 3학년이 2명이었으며, 성별은 남자 4명, 여자 17명, 국적은 중국 12, 대만 3명, 일본, 캐나다 각 2명, 호주, 러시아 각 1명으로 총 6개국이었다. 학습자들은 한국어 능력시험(TOPIK) 5, 6급을 소지한 고급 수준의 학습자였다.

포커스 그룹 인터뷰는 연구 참여자 중 지원을 받아 시행되었으며 지원자는 총 7명이었다. 지원자의 성별은 모두 여자였고 서구권 3명, 아시아권 4명이었다. 연구 참여자 정보를 정리하면 <표 2>와 같다.

〈표 2〉 연구 참여자 정보

구분	변수
학년	1학년(19명), 3학년(2명)
성별	남자(4명), 여자(17명)
국적	중국(12명), 대만(3명), 일본(2명), 캐나다(2명), 호주, 러시아(1명)
한국어 능력	TOPIK 5급(12명), TOPIK 6급(9명)

3.3 분석 자료

분석 자료는 크게 과제에 대한 학습자 글쓰기 자료와 포커스 그룹 인터뷰 전사 자료로 구분된다. 우선 글쓰기 평가 자료는 학습자 21명 이 바꿔 쓰기 수업 전후에 수행한 과제 결과물이다. 과제는 바꿔 쓰기 수업 전후에 두 차례 이루어졌으므로 사전 21개, 사후 21개로 총 42개의 글이 평가 대상이었다.

과제는 바꿔 쓰기 교육 전후에 동일한 과제가 제시되었다. 사전 과제는 학습자가 인용에 대한 필요성과 목적, 종류 등을 배우고 간접 인용의 구체적인 방법인 바꿔 쓰기나 요약하기의 방법을 아직 배우지 않은 상태에서 바꿔 쓰기를 어떻게 하는지 파악하기 위한 과제였다. 사후 과제는 바꿔 쓰기 교육 후에 학문적 글쓰기와 바꿔 쓰기 교육의 효과를 파악하기 위해 같은 과제로 실시되었다.

과제 유형은 설명과 자신의 견해가 함께 서술되어야 하는 것이었으며 주제를 '교양교육'으로 하여 특정 지식이 없어도 학습자가 자신의 생각을 서술할 수 있도록 했다. 과제 수행 시 활용할 참고자료의 분량은 자료1이 1000자, 자료2가 700자로 글자 수를 1000이내로 제한하였다. 과제는 50분 동안 수행되었다.[1]

7명의 지원자를 대상으로 한 포커스 그룹 인터뷰는 총 37분간 진행되었으며 녹음된 인터뷰 자료는 본 연구자에 의해 전사되었다. 전사에 사용한 표시는 Jefferson(2004)을 참고, 수정하여 사용하였다.

3.4 글쓰기 평가 방법

글쓰기 평가는 수업 전후의 글쓰기를 비교 분석함으로 교육의 효과를 검증하는 데에 평가의 목적이 있다. 제시된 과제는 참고자료를 활용하여 대상에 대해 설명하고 이에 대한 자신의 견해를 쓰는 것이다. 따라서 이에 대한 평가는 전체적으로 과제의 지시에 맞게 학문적 글

---

1) 과제는 부록2로 첨부한다.

을 완성하였는지와 인용 기능이 수행되었는지를 통해 이루어진다.

글쓰기 평가표는 4가지의 세부 항목으로 나눌 수 있다. 세부 항목을 보면 (가) 과제를 제대로 파악하고 이에 맞게 수행했는지, (나) 구성이 있는 글을 썼는지, (다) 학문적 글쓰기에 필요한 세부 기능을 알고 수행했는지, (라) 학문적 글에 맞는 어휘와 표현을 사용했는지이다. 평가 기준에 대한 세부 내용은 <표 3>과 같다.

〈표 3〉 학문적 글쓰기 평가 기준

항목 (점수)		내용	배점
가	과제 파악 및 수행 (10)	과제를 정확하게 파악하고 2개의 자료를 활용하여 대상을 설명하였으며 자신의 견해도 잘 썼다.	10
		과제를 파악하였으나 2개의 자료를 모두 활용하여 대상을 설명하지 않았으며 자신의 견해를 쓰는 데에 미흡한 점이 있다.	6
		과제를 정확하게 파악하지 못하고 2개의 자료를 활용한 설명과 자신의 견해를 정확하게 쓰지 못했다.	2
나	구성 (10)	하나의 글로서 구성을 가지고 있으며 문장 간, 문단 간 연결이 유기적으로 잘 이루어졌다.	10
		글의 구성이 미흡하며 문장 간, 문단 간 연결에서 자연스럽지 못한 부분이 있다.	6
		하나의 글로서의 구성이 없으며 문장 간, 문단 간 연결도 잘 되지 않았다.	2

다	기 능 수 행 (20)	핵 심 내 용 포 함 (10)	참고자료의 주제와 내용을 잘 이해하고 핵심어와 핵심 내용을 잘 정리하여 썼다.	10
			참고자료의 주제와 내용 이해에 미흡한 부분이 있어 핵 심 내용을 쓰는 데에 빠뜨린 부분이 있다.	6
			참고자료의 주제와 내용을 정확히 이해하지 못하여 핵심 이 아닌 내용을 썼다.	2
		변 형 표 현 (10)	참고자료를 자신의 말로 바꾸어 인용 방법에 맞게 썼다.	10
			참고자료를 자신의 말로 바꾸려고 했으나 그대로 쓴 부 분이 남아 있고 인용 방법에도 틀린 부분이 있다.	6
			참고자료를 자신의 말로 바꾸지 않고 그대로 베껴 썼다.	2
라	표현 (10)		학문 맥락에서 사용하는 어휘와 표현을 사용하여 글을 썼다.	10
			일상적으로 사용되는 어휘와 표현이 일부 사용되었다.	6
			일상적으로 사용되는 어휘나 구어적인 표현으로 글을 썼다.	2

　각각을 살펴보면 (가)는 전체 과제 수행을 평가하는 것으로 지문에 포함된 조건 수행 여부와 정도를 평가하게 된다. 평가 과제는 제시된 2개의 자료를 활용하여 대상을 설명하고 자신의 견해를 쓰는 것이므로 자료를 활용한 설명과 자기 견해가 잘 표현되었는지에 따라 점수가 달라진다.

(나)는 글의 구성을 보는 것으로 하나의 글이 갖추어야 할 처음 중 간 끝의 구조와 문단 간, 문장 간 유기적 연결을 평가한다. 이 과제는 특정 형식이 필요한 글은 아니지만 기본적인 글의 완결 구조를 갖추 고 있는지, 이를 구성하는 요소들의 연결이 자연스러운지에 따라 점수 가 달라진다.

(다)는 학문적 글쓰기에서 필수 기능인 인용 사용을 평가한다. 특히 이 과제에서는 참고자료를 인용할 것을 명시하였으므로 이 부분을 (다 1)핵심내용과 (다2)변형표현으로 나누어 평가한다. (다1)은 참고자료의 핵심 내용이 누락 없이 포함되었는지가, (다2)는 베껴 쓰지 않고 자신 의 말로 바꿔 썼는지가 평가 대상이 된다. 바꿔 쓰기를 통한 간접 인 용은 바꿔 쓰기 교육의 핵심으로 교육 단계에서 여러 차례 연습과 확 인이 이루어진 내용이다.

(라)는 학문적 글쓰기에 맞는 정확하고 다양한 표현으로 글을 썼는 지를 평가한다. 따라서 글쓰기가 학문적 맥락에서 사용되는 어휘 및 표현으로 작성되었는지 본다. 문법이나 맞춤법의 정확성도 이 항목에 서 평가된다.

글쓰기 자료는 이상의 평가 기준을 통해 3명의 평가자에 의해 평가 되었다. 평가자는 대학교나 어학기관에서 외국인 대상 한국어 교육을 5년 이상한 교수자들 중에 선정되었다. 이들은 모두 한국어교육학 박 사 학위 소지자였으며 본 연구의 교육 상황과 동일한 교과목을 담당 한 교수자들이었다. 글쓰기 자료는 사전 사후 정보 및 학습자 정보가 모두 제해진 상태에서 전달되었다. 평가 점수는 상 10점, 중 6점, 하 2 점이며 중간 점수를 허용할 수 있도록 하였다.

채점을 마친 평가표는 본 연구자가 수합하여 통계처리 하였다. 이때 채점자 간 신뢰도를 확보하기 위해 신뢰도 검사(reliability test)를 하였고 사전 사후 점수에 차이가 있는지를 확인하기 위해서 대응표본 t검정 (paired t-test)을 실시했다.

4. 바꿔 쓰기 교육의 효과 분석

4.1 평가자 간 신뢰도 분석

바꿔 쓰기 교육의 사전 사후 글쓰기 분석에 앞서 글쓰기 평가에 참여한 평가자 3명의 평가자 간 신뢰도 검사를 하였다. 평가자 3명의 채점에 대한 신뢰도가 확보되어야 글쓰기 수업 전후의 글쓰기를 나누어 비교 분석할 수 있기 때문이다. 이를 위해 평가자 3명이 학습자 21명의 사전 글쓰기를 평가한 것을 이용하여 평가자 간 신뢰도 검사를 실시하였다.

신뢰도 검사 결과, 이 연구에 참여한 평가자 3명의 사전 글쓰기에 대한 채점자 간 신뢰도 계수는 0.866로 나타났다. 사전 평가를 항목별로 나누어 보았을 때도 과제가 0.829, 구성이 0.790, 핵심 내용 파악이 0.543, 변형 표현이 0.644, 학문적 표현이 0.866으로 대부분의 Cronbach's 알파값이 0.7이상이었다. 이를 통해 채점자 간 신뢰도가 매우 높다는 것을 확인할 수 있었다.

〈표 4〉 채점자 간 신뢰도

구분	Cronbach's 알파값	항목수
총점	0.866	3
과제	0.829	3

구성	0.790	3
핵심 내용	0.543	3
변형 표현	0.644	3
표현	0.866	3

4.2 수업 전후의 글쓰기 분석

채점자 간 신뢰도를 확보한 후 바꿔 쓰기 수업 전후의 글쓰기를 분석하기 위해 대응표본 t 검정을 시행하였다. 그 결과 사전, 사후의 평균 차이는 5.02로 나타났으며 유의 수준 0.05에서 사전과 사후에 유의미한 차이가 있었다. 즉 바꿔 쓰기 교육을 받은 학생들의 전체 학문적 글쓰기 성적이 유의미하게 높아졌다는 것을 알 수 있었다. 이에 대한 결과는 <표 5>에서 확인할 수 있다.

〈표 5〉 총점에 대한 t검정

영역	구분	평균(최대점수:50)	표준편차	t	p
총점	사전	27.71	6.73	-3.419	0.003
	사후	32.73	3.59		

$p < 0.05$

항목별 평가에서도 유의미한 차이가 있는지를 알아보기 위해 각 항목의 점수를 분리하여 분석을 시도하였다. 그 결과 (가)과제는 사전 5.95점에서 사후 6.68점으로 0.73점 상향되었다. 그러나 이러한 차이가 통계적으로 유의미한 차이는 아니었다($p > 0.05$). 즉 (가)과제 점수는 바꿔

쓰기 교육을 통해 통계적으로 유의미하게 달라지지는 않았다는 것을 알
수 있었다. 이에 대한 결과는 <표 6>에서 확인할 수 있다.

〈표 6〉 과제 점수에 대한 t 검정

항목	구분	평균(최대점수:10)	표준편차	t	p
(가) 과제	사전	5.95	2.13	-1.553	0.136
	사후	6.68	1.14		

$p < 0.05$

(나)구성 점수는 수업 전에 5.14점에서 후에 6.41으로 1.27점 상향되었
다. 이는 통계적으로도 유의미한 차이였다($p<0.05$). (나)구성 점수의 유의
미한 차이는 바꿔 쓰기 교육이 하나의 완성된 글쓰기를 위해 교육된 것
이었기 때문에 결과적으로 글의 흐름을 의식하고 쓰게 된 것이라고 할
수 있다. 구성 점수에 대한 통계 값은 <표 7>에서 확인할 수 있다.

〈표 7〉 구성 점수에 대한 t 검정

항목	구분	평균(최대점수:10)	표준편차	t	p
(나) 구성	사전	5.14	1.86	-3.200	0.004
	사후	6.41	1.11		

$p < 0.05$

다음은 인용 기능 중 (다1)핵심 내용 파악에 해당하는 점수를 분석
한 결과이다. (다1)의 평균 점수는 2.09에서 5.84로 3.75점 상향되면서
가장 큰 차이를 나타냈다. 이러한 차이는 통계적으로 유의미하다고 판
명되었다($p<0.05$). 이는 인용이라는 기능 수행에서 핵심어, 핵심 문장

을 파악하는 활동이 바꿔 쓰기 이전에 충분히 연습된 결과라고 할 수 있다. 핵심 내용 파악에 대한 통계 결과는 <표 8>과 같다.

<표 8> 핵심 내용 파악에 대한 t 검정

항목	구분	평균(최대점수:10)	표준편차	t	p
(다1) 핵심 내용	사전	2.09	0.52	-10.471	0.000
	사후	5.84	1.81		

$p < 0.05$

인용 기능 중 (다2)변형 표현은 1.96에서 5.03으로 3.07의 평균 점수 차이를 보인 항목이다. 이러한 차이는 (다1) 다음으로 두 번째로 큰 변화를 보인 것이며 통계적으로 유의미한 차이였다($p<0.05$). (다2)변형 표현의 상승은 바꿔 쓰기 교육을 통해 표절에 대한 의식이 형성되었을 뿐만 아니라 인용 방법에 맞는 변형 시도를 연습한 결과라고 할 수 있다. 이에 대한 통계 결과는 <표 9>를 통해 확인할 수 있다.

<표 9> 변형 표현에 대한 t 검정

항목	구분	평균(최대점수:10)	표준편차	t	p
(다2) 변형 표현	사전	1.96	0.53	-10.412	0.000
	사후	5.03	1.16		

$p < 0.05$

마지막으로 (라)학문적 표현은 5.74에서 6.69로 평균 점수가 0.95점 상향되었다. 이러한 차이는 통계적으로 유의미했다($p<0.05$). (라)학문적 표현의 상승은 바꿔 쓰기 교육 과정 중 학문적 글의 노출과 학문적

글쓰기 연습이 표현의 정확성 향상에 영향을 미친 것으로 보인다. 이에 대한 통계 결과는 <표 10>을 통해 확인할 수 있다.

<표 10> 표현에 대한 t 검정

영역	구분	평균(최대점수:10)	표준편차	t	p
(라) 표현	사전	5.74	1.45	-2.926	0.008
	사후	6.69	0.84		

$p < 0.05$

4.3 포커스 그룹 인터뷰 분석

4.2에서는 학문적 글쓰기 평가 분석을 통해 바꿔 쓰기 교육의 효과를 통계적으로 검증하였다. 이 절에서는 포커스 그룹 인터뷰를 통해 학습자들이 바꿔 쓰기를 할 때 느끼는 구체적인 어려움을 파악하고 교육적으로 보완할 수 있는 방법을 고안할 것이다. 포커스 그룹 인터뷰는 쓰기에 대한 피드백이 모두 끝난 후에 시행되었으며 인터뷰에서 학습자들이 언급한 어려움은 (나)구성과 (다1)핵심 내용 파악, (다2)변형 표현에 해당했다. 각각이 어렵게 느껴진 이유를 중심으로 인터뷰 내용을 정리하였다.

(1) 어휘력 부족

가장 많이 언급된 어려움은 (다)핵심 내용을 파악해 변형된 표현으로 쓰는 것이었다. 인용을 잘 하려면 핵심 내용 파악과 변형 표현이 유기적으로 연결되어야 한다. 그런데 이때 학습자들은 단어 의미를 몰라서 의미 파악에 어려움을 겪거나 유사한 의미의 다른 단어를 몰라 제대로 표현할 수 없다고 언급한다.

> 교2): 이런 글을 쓸 때 제일 어려운 것은 무엇일까요?
>
> C: 읽는 거요
>
> 교: 읽는 거? 읽기가 어려워요? 그럼 뭐가 제일 어려워요?
>
> D: 요약하기. 왜냐면 요약을 하려면 그 텍스트를 자세하게 잘 이 해를 해야 하니까 <u>근데 모르는 단어가 있으니까 가끔씩 이게 뭐지? 내가 어떻게 요약하면 되지? 내가 알게 된 거는 이 텍스 트랑 다르면 어떻게 하지?</u>
>
> 교: 아, 단어를 몰라서. C는?
>
> C: <u>저도 단어를 바꿔야 되는데 뭘 바꿔야 하는지 생각이 안 나요.</u>
>
> 교: 아, 바꿀 단어가 생각이 안 난다?
>
> C: 네, 저는 읽을 때 읽는 속도가 되게 느려요. 그래서
>
> D: 저도요. 그래서 시험 볼 때도
>
> C: 단어는 진짜.
>
> 교: <u>고급반인데도 단어 때문에 어려운 게 있는 거구나?</u>
>
> C: 네, <u>왜냐하면 단어를 알면 단어를 바꿀 수도 있고 요약을 할 수 도 있어요. 그런데 단어를 모르면 조금 어렵죠.</u>

D는 모르는 단어 때문에 의미파악을 제대로 못하는 것에 대한 두려 움을 표현하고 있다. C도 단어 때문에 생기는 문제나 의미파악 후 표현할 어휘를 모르기 때문에 겪는 어려움을 이야기한다. D는 (다1)핵 심 내용 포함을 위한 참고자료를 해석하는 데에, C는 (다2)표현 변형을 위해 유사 의미의 단어를 쓰는 데에 어려움이 있다. 즉 어휘력 부족이 인용을 위해 글을 읽고 쓸 때 어려움을 야기하는 원인이 된다는 것을

---

2) 교사는 '교'로, 학습자는 'A'~'G'로 처리한다.

알 수 있다.

(2) 참고자료의 전체 내용 파악 부족

읽기를 할 때는 읽는 순간 의미를 파악하는 것뿐만 아니라 알게 된
내용을 전체 자료를 다 읽을 때까지 정확히 기억하고 있어야 한다. 특
히 학문 목적으로 읽게 되는 글은 분량이 긴 경우가 많기 때문에 전체
의 흐름을 파악하고 내용을 기억하는 것이 중요하다.

> F: 제일 큰 문제는 읽기인 거 같은데.
> 교: 아, F는 읽기가 더 문제예요? 왜요?
> F: 앞에 부분을 읽은 다음에 다음에 생각하면 그 뜻을 까먹을 수
>   있어요.
> 교: 까먹어요?
> F: 네.

F는 읽기에서 앞에 내용을 계속 기억하지 못하는 것을 언급한다. 학
문적인 글의 난이도와 자료의 분량 등으로 인해 읽다 보면 부분의 내
용이 정확히 생각나지 않는 경우가 있다. 이는 특정 부분을 기억하지
못하는 문제라기보다 글의 전체 흐름을 파악하지 못했기 때문에 발생
하는 문제라 할 수 있다. 현재 읽은 내용이 앞뒤 부분과 어떻게 연결
되는지 전체적인 구조를 파악하지 못한 결과일 가능성이 높기 때문이
다. 이를 방지하기 위해 바꿔 쓰기 교육을 할 때 문단별로 핵심 내용
을 자료 옆에 쓰게 하는 연습을 하였다. 그럼에도 학습자들은 전체를
읽고 그 의미를 명확히 파악하기 위한 세부적인 읽기, 전체 흐름을 파악
하는 읽기가 쉽지 않다는 것을 알 수 있다.

(3) 표현 변형 방법 연습 부족

앞의 내용은 (다1)핵심 내용 파악과 연관된 요인이었다. 그런데 학문적 글쓰기는 핵심 내용 파악뿐만 아니라 인용 방법에 맞게 표현하는 기술을 필요로 한다. 이런 이유에서 바꿔 쓰기 교육은 단어, 문장, 문단 차원에서 유형별로 시행되었다. 표현 변형을 위해 제시된 바꿔 쓰기 유형과 방법에 대해 학습자들은 개별적인 방법들이 복잡하다고 느끼기도 했다.

> 교: 바꿔 쓰기에 여러 가지 방법들이 있잖아요. 그것들은 괜찮아요?
> 모두: ……(8초)
> 교: 어렵지는 않아요?
> D: 그냥 복잡한 거 같아요. 어려운 거보다
> 교: 아, 쓰는 방법이?
> D: 네. 방법이 많으니까.

D는 바꿔 쓰기가 어려워서 할 수 없는 것이라기보다 복잡해서 번거롭거나 하기 싫은 쓰기로 인식하고 있다. 복잡한 이유는 방법이 많기 때문이다. 실제 교육에서 바꿔 쓰기는 '유의어 대체', '풀어쓰기', '유사 문법으로 대체', '문장 분리 및 통합', '문단 구조 변형'으로 세분화되어 제시되었다. 절차적으로 바꿔 쓰기 연습을 하게 하기 위해 유형을 분리하였으며 마지막에는 여러 유형과 방법을 통합하여 학습자가 쓸 수 있도록 하였다. 그러나 바꿔 쓰기 교육 전체를 완벽하게 따라오지 못한 학습자의 경우 통합적으로 사용해야 할 방법들이 개별적으로 느껴지고 복잡하다고 생각될 수 있다. 이는 학습이 충분히 이루어지지 못한 결과일 수도 있지만 제시 방법의 변화를 고려해볼 수도 있겠다.

(4) 서론 쓰기와 문장 간 연결 능력 부족

(나)구성에 해당하는 내용으로는 서론 쓰기와 유기적인 연결이 있었다. 서론 쓰기가 어렵다고 말한 A는 학문적 글쓰기에 필요한 개별 기능보다 "처음에 어떻게 쓰는지" 모르겠다며 전체 글의 구성 중 서론 쓰기의 어려움에 대해 언급했다. 이는 학문적 글의 전체 구조를 계획할 때 발생하는 어려움이라고 보인다.

E, G는 (다)에 해당하는 의미 파악과 쓰기 기술에 대한 어려움을 언급한 후 문장 간, 문단 간 연결도 어려운 점이라고 말하고 있다.

> 교: 그러니까 지금 두 사람 말은 핵심내용 파악이 어려워서 쓰기가 어렵다. 이거예요? 그리고?
> E: 그리고 어떻게 자연스럽게 쓸 수 있는지 구조도 문제인 거 같아요.
> 교: 음 연결 연결 하는 거요?
> G: 네, 뭔가 연결이 안 되면 좀 더 복잡해지는 느낌이 들어서요.
> 교: 그렇지. 뚝뚝 떨어지는 거 같지요? 그러니까 접속하는 것들이요?
> E, G: 네.

E와 G는 쓰기 중 구조 문제를 추가로 언급하고 있다. 여기서의 구조는 글의 구성이 아닌 개별 핵심 문장을 어떻게 유기적으로 연결할 수 있는지에 대한 것으로 보인다. E는 앞서 "쓰기 했을 때도 자체 흐름을 볼 때 제가 썼을 때 오히려 복잡스럽게 변해서 무슨 말인지 못 알아듣겠고 그래요."라고 말한 바 있다. 이 말에는 표현 변형과 유기적 연결의 어려움이 함께 포함되어 있다. 문장 간, 문단 간 연결이 잘

안되면 바꿔 쓰기 한 결과물이 참고자료보다 오히려 어려운 글이 될 수도 있다. 이와 같이 학습자들은 자신이 바꿔 쓰기한 글이 더 복잡하고 이해하기 힘든 글이 될까 봐 우려하고 있는 것으로 보인다.

5. 결론 및 제언

이 연구는 외국인 학부생 대상 글쓰기 교육에서 바꿔 쓰기 교육을 실시한 후 교육 전후의 글쓰기 평가 자료를 통계적으로 분석하여 교육 효과를 검증하고자 하였다. 또한 포커스 그룹 인터뷰 자료를 질적으로 분석하여 교육의 보완점을 제시하는 데에 목적이 있었다. 학문적 글에 대한 평가 결과를 정리하면 다음과 같다.

첫째, 바꿔 쓰기 교육은 핵심 내용 파악의 중요성을 인식하게 하고 인용 방법에 맞는 정확한 표현을 할 수 있게 했다. 항목별로 수업 전후의 글쓰기 점수를 비교했을 때 3.75점 상승으로 가장 큰 변화를 보인 항목은 '핵심내용파악'이었다. 두 번째로 큰 변화를 보인 항목은 3.07점 오른 '변형표현'이었다. 이 두 항목은 모두 바꿔 쓰기의 핵심 기능 수행에 해당하는 항목이다. 이러한 점수 변화는 통계적으로 유의미한 것으로 나타났다. 이를 통해 바꿔 쓰기 교육이 인용 대상을 파악하여 선별하고 방법에 맞게 쓸 수 있게 하는 능력을 향상시켰다는 것을 알 수 있었다.

둘째, 바꿔 쓰기 교육은 구성을 갖춘 하나의 글을 작성하는 능력을 향상시킨 것으로 보인다. 항목별로 수업 전후의 글쓰기 점수를 비교한 결과 구성에 해당하는 점수는 1.27점의 차이를 보였으며 이는 통계적으로 유의미한 변화였다. 이 연구에서 시행된 바꿔 쓰기 교육은 하나의 학문적 글을 완성하는 것을 목표로 하였다. 이러한 목표 하에 교육이 이루어졌기 때문에 구성에 맞는 글을 작성하는 능력이 본 교육을 통해 향상된 것이라 할 수 있다.

셋째, 학문적인 글을 맥락에 맞게 적절한 표현을 사용하여 쓸 수 있게 되었다. 학문적인 표현에 해당하는 항목의 사전 사후 점수 차이는 0.95점으로 큰 변화는 없었다. 그러나 이러한 변화도 통계적으로 유의미한 차이로 판명되었다. 이는 바꿔 쓰기 교육을 통해 학문적 어휘와 표현을 통해 글을 쓰는 연습을 했을 뿐만 아니라 직·간접적으로 학문적 텍스트를 읽고 접하면서 학문 맥락에 익숙해진 결과라고 할 수 있다.

이상의 내용처럼 바꿔 쓰기 교육은 세부 인용 기술뿐만 아니라 전반적인 학문적 글쓰기 능력 향상에 긍정적인 영향을 미쳤다고 하겠다. 그러나 학습자들이 보다 견고한 글을 완성하게 하기 위해서는 다음과 같은 사항이 보완될 필요가 있다.

첫째, 참고자료로 제공되는 텍스트 난이도에 차등의 폭을 조금 더 둘 필요가 있다. 제2언어로 한국어를 접하고 학문적 글을 읽는 환경을 고려한다면 어휘 수준과 분량을 고려하여 처음 연습할 때와 마지막 과제에서의 텍스트 난이도의 차를 조금 더 두어 학습자가 모르는 단어나 표현으로 인해 독해부터 실패하지 않도록 할 필요가 있을 것으로 보인다.

둘째, 긴 자료를 읽을 때 내용 파악에 도움을 주기 위해 자료 옆에 소주제나 핵심 내용을 쓸 수 있는 공간을 제공할 필요가 있다. 현재도 도입, 제시에서는 참고자료 측면에 핵심 내용을 제공하고 있다. 그러나 노출만으로는 학습자가 혼자서 읽기를 할 때는 문단별 핵심 내용을 쓰지 않아 전체 주제를 파악하지 못하는 경우가 있는 것으로 보인다. 이를 보완하기 위해 연습 단계에서도 학습자가 핵심 내용을 쓸 수 있는 공간을 추가로 제공할 수 있을 것이다.

셋째, 바꿔 쓰기의 다양한 방법이 복잡하게 느껴지지 않도록 통합적 연습을 추가할 필요가 있다. 교육 방안에서 바꿔 쓰기 유형 다섯 개는 단계적으로 제시·연습되며 마지막 과제에서 통합적으로 활용하게 되어 있다. 여기에서 개개의 유형이 충분히 연습되지 못하면 각각이 개별적인 공식처럼 느껴져 복잡하게 인식될 수 있다. 따라서 마지막 과제 이전에 다섯 개의 방법을 통합적으로 적용할 수 있는 연습을 추가할 필요가 있다.

넷째, 문단과 문장 사이에 필요한 접속사를 추가로 제공할 수 있다. 교육 방안에서는 개별 문장과 문단 사이에 접속사를 넣은 것이 모범 글로 제공되어 있으며 유사문법을 사용한 변형에서도 연습이 이루어진다. 그러나 학습자들은 다양한 접속사, 연결 표현을 모를 수 있으므로 의미 맥락에 맞게 다양한 접속사를 제시하여 선택하여 쓸 수 있게 하는 것도 필요할 것으로 보인다.

바꿔 쓰기는 학문적 글쓰기 맥락에서 필수적인 기술임에도 불구하고 외국인 한국어 학습자를 대상으로 한 바꿔 쓰기 교육이 독립적으로 제안, 실현되지 못했던 것이 사실이다. 이 연구는 기존에 제시된 바꿔 쓰기 교육 방안을 실제에 적용하고 그 효과를 학문적 글쓰기를 통해 검증하고자 했다는 데에 의의가 있다. 연구 방법 측면에서도 글쓰기 평가뿐만 아니라 포커스 그룹 인터뷰를 통해 학습자들이 실제로 어려워하는 항목과 이유를 세밀하게 듣고자 하였다는 점도 새로운 시도라고 하겠다. 이 연구를 통해 보완 수정된 교육 방안이 외국인 학부생들의 학문적 글쓰기 교육에 적용되어 학업 활동에 도움이 될 수 있기를 바란다. 아울러 바꿔 쓰기의 세부 유형 중 학습자들이 취약한 쓰

기 방법이 무엇이며, 어떻게 향상시킬 수 있을지에 대해서는 후속 연
구가 이어져야 할 것이다.

제 3 장

외국인 학부생을 위한 바꿔 쓰기와
요약하기 교육 효과 비교

1. 서론

이 연구는 외국인 학부생들을 대상으로 한 바꿔 쓰기와 요약하기 교육이 학문적 글쓰기에 어떤 효과로 나타나는지 비교, 분석하는 데에 목적이 있다. 학문적인 글쓰기는 학문적 담화 공동체의 일원이 된 외국인 학생들에게 필요한 글쓰기이다. 일반적인 글쓰기와 달리 학문적 글은 참고자료의 내용을 이해하고 지식을 통합하여 새로운 내용을 생성해야 한다.

이처럼 학문적 글쓰기는 기존의 자료를 통합 정리 하거나, 근거 자료를 통해 자신의 생각을 표현하기 때문에 쓰기 전에 읽기가 전개될 수밖에 없다. 즉 학문적 쓰기란 읽기와 쓰기가 연계된 것으로 참고자료의 지식과 정보를 읽고 글의 목표와 관련된 정보를 구별한 후 또 다른 창조적 텍스트를 만드는 활동이라 할 수 있다(공성수 · 이요안 2017)[1]

특히 학문 맥락에서의 자료 기반 글쓰기는 텍스트에 대한 이해의 정확성, 특정 글쓰기 기술의 사용, 형식에 맞는 표기를 갖추어야 한다. 텍스트에 대한 이해가 정확하게 이루어지지 않으면 인용의 의미가 없어지며, 정확히 이해했다고 하더라도 자신의 말로 바꾸어 인용 형식에 맞게 표기하지 않으면 표절 문제가 발생하기 때문이다.

이때 텍스트의 이해와 인용에 맞는 글쓰기를 위해 필요한 기술이 바꿔 쓰기와 요약하기이다. 바꿔 쓰기는 원문 텍스트의 특정 부분을 자신의 글로 옮길 때 사용되며 요약하기는 원문 텍스트의 부분 또는 전체의 핵심 내용 파악과 축약이 함께 요구되는 글쓰기이다. 읽기와 쓰기가 함께 필요한 글쓰기라는 점에서 바꿔 쓰기와 요약하기 기술은 참고자료를 인용하는 방법 중 가장 빈번히 사용된다. 그러나 대부분의 학문 목적 학습자들은 참고 자료를 수집하는 방법을 잘 모르고, 자료를 찾아도 핵심을 파악하는 것을 어려워하며, 자신의 말로 내용을 통합 재구성한 후 인용 방법에 맞게 인용하지 못하고 베껴 쓰는 경우가 많다(김지혜, 2009; 장은경, 2009; 이윤진, 2012). 이와 같이 학문 목적 학습자가 가진 문제가 특정 언어 기능에 국한되어 있지 않다는 점에서 읽기와 쓰기가 연계되어 있는 글쓰기인 바꿔 쓰기와 요약하기 교육은 학문적 글쓰기 맥락에서 반드시 필요한 교육이라고 하겠다.

제2언어 글쓰기 교육에서도 이러한 필요성을 인지하고 바꿔 쓰기와 요약하기 관련 연구들이 점차 많아지고 있는 추세이다. 구체적인 교육 방법 및 모형 연구(장은경, 2009; 김경미, 2014; 이유경, 2016; 박현진, 2017a), 각각의 교육이 미치는 교육적 효과 연구도 시도되고 있다(남미정·이미혜, 2013; 이유경, 2017; 박현진, 2017b). 요약하기와 바꿔 쓰기는 참고 자

---

1) 공성수·이요안(2017)은 '자료 기반 글쓰기'란 용어를 통해 학문 맥락에서의 글쓰기를 표현하고 있다.

료의 이해를 기반으로 한다는 점에서 같은 맥락에서 언급되는 글쓰기 기술이다. 그런데 요약하기는 이해와 분석, 종합을 통해 원문을 압축적으로 보이는 데 반해, 바꿔 쓰기는 선별한 원문의 일부를 바꿔 표현한다는 점에서 쓰기의 절차와 과정이 다르다. 이런 차이가 있음에도 불구하고 선행 연구와 교재 내 교육 내용을 보면 요약하기 위주로 언급되거나 바꿔 쓰기를 요약의 일부로 취급하는 경우가 다수 존재함을 알 수 있다.[2] 이런 점에서 이 연구에서는 요약하기와 바꿔 쓰기를 개별 글쓰기 기술로 보고 각각의 교육이 학문적 글쓰기에 어떤 교육적 효과를 나타내는지 살펴볼 것이다.

따라서 이 연구에서는 학문 목적 학습자를 대상으로 학문적 글쓰기에 필요한 바꿔 쓰기와 요약하기 교육을 실시한다. 이후 각 그룹의 학문적 글쓰기에 어떤 효과가 나타나는지 통계적으로 비교할 것이다. 또한 그 차이를 실제 글쓰기 자료를 통해 확인함으로 통계적 수치가 갖는 내재적 의미를 살펴보고자 한다. 이상의 내용을 연구 문제로 정리하면 다음과 같다.

1) 바꿔 쓰기와 요약하기 교육은 학문적 글쓰기 능력 향상에 효과가 있는가?
2) 바꿔 쓰기와 요약하기 교육에 따른 교육 효과 변화 양상에는 차이가 있는가?
3) 실제 자료에서 나타나는 각 교육 효과의 변화 양상은 어떠한가?

---

2) 바꿔 쓰기를 교재에서 독립적으로 다루는 경우는 거의 없으며 연구 차원에서도 학문적 글쓰기의 일환으로 다루고 있다(박현진, 2017a).

2. 이론적 배경

2.1 학문적 글쓰기에서의 바꿔 쓰기와 요약하기

학문적 글쓰기는 필자의 생각이 그대로 쓰이기보다 참고자료의 사실, 아이디어, 개념과 이론 등을 인용과 바꿔 쓰기, 요약하기, 간단한 언급의 방법을 활용하여 작성된다(Campbell, 1990). Campbell(1990)은 참고 자료를 활용한 글쓰기 유형으로 인용하기, 바꿔 쓰기, 요약하기, 원문 설명하기를 제시하고 있다. 이중 바꿔 쓰기와 요약하기는 간접 인용의 하위 기술로서 학문적 글쓰기에서 가장 빈번히 사용되는 기술이라고 하겠다(Eco, 2001:275-276).

이렇게 참고자료를 활용한 글쓰기라는 맥락에서 사용되는 바꿔 쓰기와 요약하기의 개념 정의는 여러 연구를 통해 시도된 바 있다. 먼저 바꿔 쓰기에 대해 보면, Campbell(1998:86)에서는 "원문의 아이디어를 자신의 글 안에 자연스럽게 녹이기 위해 원문에 쓰인 특정 부분을 원문과는 다른 구와 절을 사용하여 표현하는 것"이라고 정의하고 있으며 Uemlianin(2000:349)은 "원본의 내용과 구조를 재생산하는 것"이라고 하였다. Behrens, Rosen(2008:34)은 "자신의 문체로 원문과 다른 형식의 문장이나 표현으로 그 의미를 더 명료하게 하는 표현법"이라고 설명한다. 여러 연구들의 개념 정의를 바탕으로 바꿔 쓰기를 재정의한 이인영(2015), 박현진(2017a)도 있다. 이인영(2015:151)은 "학술적 글쓰기 과정에서 저자의 어조나 아이디어, 논지 등을 훼손하거나 왜곡하지 않으면서 원문의 어휘나 문장 구조, 순서 등을 바꿔 자신의 말로 재진술하는 것"이라고 하였으며 박현진(2017a:383)은 "학문적 글쓰기에서 참고자료의 핵심 내용을 유지하며 단어, 문장, 문단을 새로운 표현과 구조로 바꿔 자신의 문체로 쓰는 것"이라고 정의한 바 있다. 이를 통해 바꿔 쓰기는 '원문의 핵심 내용과 어조 유지', '어휘 및 문장의 구조와 순서 등의 변형', '필자의 문체로 작성'이라는 것이 중요하다는 것을 확인할 수 있다.

요약하기에 대한 정의는 연구마다 크게 다르지 않다. Campbell(1998)은 참고 텍스트를 활용하는 글쓰기 유형을 구분하며 요약하기란 "참고 텍스트의 정보의 핵심만을 뽑아서 내용을 전달하기 위해 통사나 어휘를 변형시켜 구나 문장으로 쓴 것"이라고 말한다. 요약은 대학 교육 내에서 중요한 내용으로 평가받고 있는데 최근 연구 중에서 공성수·이요안(2017:227)은 요약하기에 대해 "자료를 한 두 문장으로 함축하여 가장 핵심적인 정보나 의의를 일목요연하게 정리하는 글쓰기 기술"이라고 정의하고 있다. 이를 통해 요약하기는 '핵심 내용 함축', '내용 정리', '변형 표현'이 중요한 내용이라는 것을 알 수 있다. 또한 학문 활동을 하는 학습자라면 내·외국인에 상관없이 요약하기 능력이 필요하다는 것을 알 수 있다. 각각의 글쓰기 특성이 교육적으로 실현될 수 있도록 한 연구들에 대해서는 다음 절에서 살펴볼 것이다.

2.2 바꿔 쓰기와 요약하기 교육 관련 연구

학문 목적으로 제2언어를 공부하는 데에 필요한 기술로 요약과 바꿔 쓰기를 언급한 연구로는 Jordan(1997)이 있다. 학문 맥락에서 사용되는 바꿔 쓰기와 요약하기의 중요성은 여러 연구에서 언급되며 교육방안 연구로 이어졌다(Kirkland & Saunders, 1991; Jordan, 1997; Reid, 2006; 나은미, 2009; 이유경, 2016; 박현진, 2017a).

그중 바꿔 쓰기 교육 연구는 교육 방법을 제안한 연구가 대부분이다(Kissner, 2006; Behrens & Rosen, 2008; 김지혜, 2009; 팜티튀린, 2012; 김미영, 2016; 박현진, 2017a). 선행 연구들을 종합해 보면, 바꿔 쓰기 교육의 첫 단계는 텍스트의 핵심 내용 파악에 있다. 이때 바꿔 쓰기의 필요성을 학습자가 인식할 수 있게 하는 것이 중요하다. 내용을 파악한 후에는 유의어와 유사 문법 등을 활용하여 원문을 자신의 말로 바꾸는 전략이 활용된 글쓰기를 하게 된다. 이후 학습자는 바꿔 쓰기가 포함된 글이 하나의 글로 완성될 수 있도록 자연스럽게 쓰는 단계가 필요하다. 마지막으로는 바꿔 쓰기가 포함된 글이 잘 쓰였는지 교사, 동료를 통한 피드백이 이루어져야 하며 고쳐 쓰기로 이어질 수 있게 한다. 그런데 위와 같은 순서가 교육 단계 제시 차원에서 연구 내용에 포함되어 있으나 실제 교육 방안에서는 박현진(2017a)을 제외한 대부분의 연구들에서 많은 부분이 축소·생략되고 있음을 확인할 수 있다. 처음 단계에서의 바꿔 쓰기 필요성 인식은 대부분 간과되고 있으며 최종 글에서 바꿔 쓰기가 어떻게 포함되었는지 확인하는 과정이 미흡하다는 것이 그 예이다.

요약하기 교육의 중요성은 여러 연구를 통해 언급되어 왔으며 요약 규칙과 교육 단계에 대한 연구도 꾸준히 이루어져 왔다. 그중 van Dijk, T. A. & Kintsch, W(1983:68-69)는 요약 규칙을 삭제(deletion), 일반화(Generalization), 선택(Selection), 구성(Construction)으로 제시하고 있다. 또한 Behrens & Rosen(2008:3-6)은 압축성(brevity), 완벽성(completeness), 객관성(objectivity)을 유지하는 일은 요약하기의 중요한 조건이 된다고 언급한 바 있다.

이러한 규칙과 조건들이 교육적으로 실현되기 위해서는 단계별 학습이 중요하다. 이런 측면에서 나은미(2009)는 대학에서의 학문 활동

맥락에서 요약하기 교육 전략을 읽기와 쓰기로 나누고 단계별로 제시한다. 특히 외국인 학부생을 대상으로 요약하기를 하나의 과제 완성 과정에서의 글쓰기 기술로 본 연구로는 이유경(2016)이 있다. 이 연구는 대학에서의 과제 수행에 목표를 두고 참고자료를 활용한 요약하기 교육을 단계적, 절차적으로 제시하고 있다.

이상의 바꿔 쓰기와 요약하기 선행 연구들을 살펴본 결과 대부분의 연구에서 이론적으로는 단계를 중시하고 있었다. 그러나 교육 방안 차원에서 구체적인 절차를 제시하고 있는 연구가 많지 않은 점은 아쉬움으로 남는다.

본 연구의 목적은 학문적 글쓰기에서 바꿔 쓰기와 요약하기 교육이 어떤 효과를 나타내는지를 비교 분석하는 데에 있다. 따라서 학문적 맥락에서 외국인 학부생을 대상으로 한 바꿔 쓰기와 요약하기 교육 방안이 정교하게 계획, 실현된 후 효과 검증이 이루어져야 한다. 이에 본 연구에서는 학문 맥락에서 각 쓰기 기술의 특성을 파악하고 원리를 기반으로 교육 방안을 제시한 박현진(2017a), 이유경(2016)을 참고하여 본 연구의 교육 단계에 적용하고자 한다. 완성된 글쓰기 과제를 목표로 하는 두 연구에서 제시하고 있는 교육 단원 구성을 정리하면 다음과 같다.

〈표 1〉 바꿔 쓰기와 요약하기 단원 구성

단계	바꿔 쓰기	요약하기
도입	바꿔 쓰기가 사용되는 과제의 예와 함께 목표와 필요성을 확인함.	요약하기가 사용되는 상황에 대한 예를 설명하여 학습 목표를 이해하고 필요성을 확인함.

제사 설명	학문적 글쓰기 과제를 제시한 후 바꿔 쓰기의 유형과 방법을 단계적으로 제시하고 예를 통해 설명함.	학문적 글쓰기 과제를 제시한 후 요약하기의 방법과 절차를 단계적으로 제시하고 예를 통해 설명함.
확인	과제에 맞게 바꿔 쓰기가 사용된 예를 통해 글의 구조, 내용 선별, 핵심어와 핵심 내용, 핵심 내용 바꿔 쓰기가 어떻게 활용되었는지 확인함.	요약하기가 사용된 과제의 예를 통해 글의 구조, 핵심 내용 파악, 핵심어와 핵심 문장 선별, 삭제, 재구성 등이 어떻게 활용되었는지 확인함.
연습	핵심 내용을 중심으로 문장, 문단, 글 단위의 참고자료를 읽고 바꿔 쓰기 세부 방법을 절차적으로 연습함.	분량의 차이가 있는 참고자료를 읽고 요약의 방법을 적용하여 한 문장, 한 문단으로 요약하기 연습을 함.
확장	실제 과제를 보고 개별적으로 연습한 것을 종합하여 최종적으로 하나의 글을 완성함.	실제 과제를 보고 요약의 방법을 종합하여 최종적으로 요약이 포함된 글을 완성함.

박현진(2017a), 이유경(2016)의 바꿔 쓰기, 요약하기 교육 방안의 단계는 동일하다. 학문적 글쓰기 과제를 완성하는 데에 각 글쓰기 기술이 필요함을 확인한 후 예를 통해 단계적으로 설명한다. 제시된 내용은 모범 글을 통해 확인되고 단계적, 절차적인 연습을 통해 하나의 글을 완성하는 것을 목표로 하고 있다.

위 교육은 외국인 학부생을 대상으로 하고 있으며 각 연구 내에 구체적인 교육 방안을 제시하고 있다. 또한 마지막 단계가 세부 기능 확인에서 그치지 않고 완성된 하나의 과제를 목표로 하고 있다는 점에서 바꿔 쓰기와 요약하기 기술의 효과를 비교하기에 적절한 방안이라고 하겠다. 이런 이유에서 이 연구에서는 박현진(2017a), 이유경(2016)에서의 교육 방안으로 교육한 후 각각의 교육이 학문적 글쓰기에 어떤 영향을 미치는지 효과를 비교 분석하고자 한다.

3. 연구 방법

3.1 연구 절차

이 연구에서는 바꿔 쓰기와 요약하기 교육의 효과를 검증하기 위해 두 개의 반에서 수집된 교육 전후의 학문적 글쓰기 과제를 평가·비교할 것이다. 양적으로는 두 그룹의 글쓰기 점수를 비교할 것이고, 질적으로는 각 그룹의 특징을 잘 나타내는 사례를 살펴볼 것이다.

바꿔 쓰기와 요약하기는 인용의 방법 중 하나로 교육된다. 두 개 반의 학습자들은 바꿔 쓰기와 요약하기 교육 이전에 인용에 대한 교육을 받은 상태이다. 각 교육은 총 4차시로 구성되었고 수업은 동일한 교수자에 의해 진행되었다. 학습자들은 바꿔 쓰기와 요약하기 수업 전후에 참고자료를 활용한 학문적 글쓰기 과제를 수행했다. 바꿔 쓰기와 요약하기 교육의 세부 교육 내용과 제시 방법은 박현진(2017a)과 이유경(2016)[3]을 따랐다. 본 연구를 위한 수업 절차와 내용을 보면 다음과 같다.

---

3) 이유경(2016)은 중급 수준의 학습자를 대상으로 하였기 때문에 본 연구에서는 텍스트의 수준과 내용을 달리했다.

	그룹 A(바꿔 쓰기 수업)	그룹 B(요약하기 수업)
사전	인용 수업(2017.4.25., 4.27.) 학문적 글쓰기 과제 수행(2017.5.4.)	
	⇩	⇩
1차시 (2017.5.11.)	필요성 및 목표 확인 바꿔 쓰기의 방법 제시 설명	필요성 및 목표 확인 요약의 절차와 방법 설명
2차시 (2017.5.12.)	바꿔 쓰기 방법 확인 문장 단위 연습	요약 절차와 방법 확인 문장 단위 연습
3차시 (2017.5.16.)	문단 단위 연습	문단 단위 연습
4차시 (2017.5.18.)	과제 수행을 위한 바꿔 쓰기 확인	과제 수행을 위한 요약하기 확인
	⇩	⇩
사후	학문적 글쓰기 과제 수행(2017.5.30.) 학문적 글쓰기 과제 평가(2017.8.9.~8.16.)	

[그림 1] 실험 절차 및 내용

3.2 연구 참여자 정보

이 연구는 2017년 1학기 서울 소재 대학교에서 '사고와 표현' 수업을 수강한 학습자 42명을 대상으로 이루어졌다. 이 수업은 주제 중심 교수요목을 기반으로 한 이해 수업과 기능 중심 교수요목을 기반으로 한 기능 수업이 병행하게 되어 있다. 바꿔 쓰기와 요약하기 교육은 기능 수업에서 실시되었다.

연구 참여자 42명은 두 그룹으로 나누어졌다. 그룹 A 구성원의 성별은 남자 4명, 여자 17명이었으며 국적은 중국 12, 일본 2, 대만 3명,

캐나다 2명, 호주, 러시아 각 1명이었다. 그룹 B 구성원의 성별은 남자 5명, 여자 16명이었으며 국적은 중국 12명, 일본 3명, 몽골 2명, 대만, 뉴질랜드, 이란, 루마니아 각 1명이었다. 이들은 입학 시 한국어능력시험(TOPIK) 5, 6급을 소지하고 있었다.

<표 2> 연구 참여자 정보

그룹	인수	국적(인수)
A. 바꿔 쓰기	21명	중국(12), 대만(3), 일본(2), 캐나다(2), 호주(1), 러시아(1)
B. 요약하기	21명	중국(12), 일본(3), 몽골(2), 대만(1), 뉴질랜드(1), 이란(1), 루마니아(1)

3.3 과제 설계

과제 유형은 대상에 대한 설명과 자신의 견해를 함께 기술하는 것으로 주제는 '교양교육'이었다. 교양은 모든 대학생이 교육받고 있는 것으로 특정 분야의 전문 지식이 없어도 자신의 생각을 논할 수 있는 주제라고 판단하였다. 과제를 위해 참고자료로 제시된 자료는 총 두 개로 자료1은 신문자료, 자료2는 논문의 일부였다.[4] 분량은 자료1이 1000자, 자료2가 700자로 글자 수를 1000이내로 제한하였다. 과제는 50분 동안 수행되었다.

학문적 글쓰기 과제는 교육 전후에 두 그룹에 동일하게 제시, 수행

---

4) 자료1은 도정일이 쓴 "대학교육에서 '교양'이란 무엇인가"(한겨레, 2014.2.20.)의 일부이 며 자료2는 김인환이 쓴 "교양교육으로서의 글쓰기 프로그램"(어문논집, 61, 2010)의 일 부이다.

되었다. 학습자는 인용에 대한 필요성과 목적, 종류 등을 배운 후 사전 과제를 수행하였다. 사전 과제는 인용 교육만 받은 학습자가 학문적 글쓰기를 어떻게 수행하는지 파악하기 위한 것이었다. 바꿔 쓰기와 요약하기를 배운 각각의 그룹은 사전 과제를 수행한 지 약 한 달 후에 같은 글쓰기 과제를 수행하였다 사후 과제는 각각의 교육이 학문적 글쓰기에 어떤 영향을 미치는지를 파악하기 위한 것이었다.

3.4 과제 평가 방법

평가 대상은 그룹 A(바꿔 쓰기 그룹), 그룹 B(요약하기 그룹)의 교육 전후에 수행된 글쓰기 과제 결과물이다. 두 그룹으로 나누어진 학습자 42명의 사전 42개, 사후 42개의 글이 평가 대상에 해당한다. 두 그룹의 학문적 글쓰기를 비교 분석하기 위해 사용한 학문적 글쓰기 평가표는 총 4개의 범주로 세부 범주를 나눌 수 있다. 4개의 범주는 과제 파악, 구성, 세부 기능, 표현이다.

본 연구에서의 글쓰기 기술은 학문적 글을 완성하는 데에 필요한 세부 기술로서 교육되었다. 따라서 대학에서 수행할 수 있는 과제를 완성하는 것을 목표로 하여 글쓰기 과제 평가가 이루어질 수 있도록 하였다.[5]

---

5) 학문적 글쓰기로서의 과제 수행 평가를 위해 박현진(2017b)에서 제시한 글쓰기 평가 기준을 참고하였다.

〈표 3〉 학문적 글쓰기 평가 기준

범주(점수)		항목	배점
가	과제 파악 및 수행 (10)	과제를 정확하게 파악하고 2개의 자료를 활용하여 대상을 설명하였으며 자신의 견해도 잘 썼다.	10
		과제를 파악하였으나 2개의 자료를 모두 활용하여 대상을 설명하지 않았으며 자신의 견해를 쓰는 데에 미흡한 점이 있다.	6
		과제를 정확하게 파악하지 못하고 2개의 자료를 활용한 설명과 자신의 견해를 정확하게 쓰지 못했다.	2
나	구성 (10)	하나의 글로서 구성을 가지고 있으며 문장 간, 문단 간 연결이 유기적으로 잘 이루어졌다.	10
		글의 구성이 미흡하며 문장 간, 문단 간 연결에서 자연스럽지 못한 부분이 있다.	6
		하나의 글로서의 구성이 없으며 문장 간, 문단 간 연결도 잘 되지 않았다.	2
다	기능 수행 (20) · 핵심 내용 포함 (10)	참고자료의 주제와 내용을 잘 이해하고 핵심어와 핵심 내용을 잘 정리하여 썼다.	10
		참고자료의 주제와 내용 이해에 미흡한 부분이 있어 핵심 내용을 쓰는 데에 빠뜨린 부분이 있다.	6
		참고자료의 주제와 내용을 정확히 이해하지 못하여 핵심이 아닌 내용을 썼다.	2
	표현 변형 (10)	참고자료를 자신의 말로 바꾸어 인용 방법에 맞게 썼다.	10
		참고자료를 자신의 말로 바꾸려고 했으나 그대로 쓴 부분이 남아 있고 인용 방법에도 틀린 부분이 있다.	6
		참고자료를 자신의 말로 바꾸지 않고 그대로 베껴 썼다.	2

라	표현 (10)	학문 맥락에서 사용하는 어휘와 표현을 사용하여 글을 썼다.	10
		일상적으로 사용되는 어휘와 표현이 일부 사용되었다.	6
		일상적으로 사용되는 어휘나 구어적인 표현으로 글을 썼다.	2

첫 번째 범주인 (가) 과제 수행은 지문에 포함된 조건 수행 여부와 정도를 평가하는 것이다. 제시된 과제는 참고자료 2개를 활용하여 대상을 설명하고 견해를 쓰는 것이므로 자료를 활용한 설명과 자기 견해 표현 정도가 평가의 기준이 된다.

(나) 구성은 글의 완결성과 응집성을 평가한다. 제시된 과제는 참관 보고서나 실험 보고서와 같이 정해진 형식이 있는 과제가 아니지만 글이 처음, 중간, 끝의 구조를 가지고 있으며 개별 문장과 문단이 유기적으로 연결되는 정도가 평가의 기준이 된다.

(다) 기능 수행은 학문적 글쓰기에 필요한 인용 사용을 평가한다. 인용 기능 평가는 (다1) 핵심 내용과 (다2) 표현 변형으로 나누어 평가하는데 (다1)은 참고자료의 핵심 내용이 누락 없이 포함되었는지를, (다2)는 베껴 쓰지 않고 자신의 말로 표현했는지를 평가한다. 이 내용은 바꿔 쓰기와 요약하기 교육에서 모두 강조된 교육 내용이다.

(라) 표현은 학문적 글에 맞는 표현과 표현의 정확성, 다양성을 평가한다. 과제에서 요구하는 내용이 적절한 어휘와 문법을 통해 표현되었는지, 자신의 생각이 객관성을 가지고 표현되었는지를 평가한다.

글쓰기 과제는 위와 같은 평가표를 가지고 3명의 평가자에 의해 진행되었다. 평가자 3명은 한국어 교육 경력이 5년 이상이며 대학에서 외국인 대상 한국어 교육을 하고 있는 한국어교육 전문가이다. 연구자는 평가 전에 평가자들에게 연구의 목적과 평가 범주, 상중하 점수에 대한 기준을 안내하였고 중간 점수가 허용됨을 알렸다.

3.5 통계 분석 방법

3명의 평가자가 작성한 평가표는 본 연구자가 수합하여 통계처리 하였다. 이때 평가자 간 신뢰도를 확보하기 위해 신뢰도 검사(reliability test)를 하였다. 이후 두 그룹의 각 그룹 내에서 사전과 사후를 비교하였을 때 교육에 따른 효과가 있는지, 사전 사후의 평가에 따른 효과가 그룹에 따라 형태를 달리하는지를 살펴보고자 반복측정 분산분석 (repeated measure ANOVA)을 실시하였다. 반복측정 분산분석은 그룹의 수가 2개 이상이며, 반복측정된 값을 대상으로 반복측정에 따른 그룹 내 효과와 반복측정에 따른 시간의 효과가 그룹에 따라 형태를 달리하는지의 여부를 살펴볼 때 사용된다.

4. 연구 결과

4.1 평가자 간 신뢰도 분석

그룹 A, B의 글쓰기 분석 전에 평가자 3명의 평가자 간 신뢰도 검사 (reliability test)를 하였다. 평가자 3명의 채점에 대한 신뢰도가 확보되어야 수업 전후의 글쓰기를 나누어 분석할 수 있기 때문이다. 이를 위해 평가자 3명이 그룹 A, B의 학습자 42명의 사전 글쓰기 평가를 이용하여 평가자 간 신뢰도 검사를 실시하였다.

그 결과 평가자 3명의 그룹 A, B의 사전 글쓰기에 대한 채점자 간 신뢰도 계수는 그룹 A가 0.866, 그룹 B가 0.890으로 높게 나타났다. 사전 평가를 항목별로 나누어 보았을 때도 대부분의 Cronbach's α가 0.7 이상이었다. 이를 통해 채점자 간 신뢰도가 높다는 것을 확인할 수 있었다.

<표 4> 평가자 간 신뢰도

구분	그룹 A Cronbach's α	그룹 B Cronbach's α	항목수
총점	0.866	0.890	3
과제 파악 및 수행	0.829	0.853	3
구성	0.790	0.895	3
핵심 내용 포함	0.643	0.867	3
표현 변형	0.644	0.673	3
표현	0.866	0.710	3

4.2 그룹에 따른 학문적 글쓰기 변화 양상의 차이

1) 총점

바꿔 쓰기와 요약하기 교육에 따른 학습자의 학문적 글쓰기 변화 양상을 살펴보기 위해 반복측정 분산분석(repeated measure ANOVA)을 실시하였다. 반복측정 분산분석을 적용하기 위해서는 오차항의 공분산 행렬 구조가 반복측정 분산분석 모형에서 상정하고 있는 구조와 동일한지 여부를 검증해야 한다. 이를 위해 Mauchly의 구형성 검증을 실시하였다.[6] 그 결과 총점은 $p<.05$로 구형성 가정을 만족하지 않는 것으로 나타났다. 구형성 검정을 만족하지 않았으므로 Greenhouse-Geisser로 통계적 오류를 조정하였다. 두 그룹의 사전, 사후 총점의 평균과 표준편차를 제시하면 표 5와 같다.

〈표 5〉 그룹별 사전 사후 총점의 평균과 표준편차

시기	그룹	평균(최대점수:150)	표준편차	N
사전	A. 바꿔 쓰기	83.14	20.19	21
	B. 요약하기	68.04	18.44	21
	전체	75.59	20.57	42
사후	A. 바꿔 쓰기	98.19	10.77	21
	B. 요약하기	79.52	19.68	21
	전체	88.85	18.30	42

두 그룹의 사전과 사후 점수를 보면 그룹 A는 사전에 83.14점에서 사후에 98.19점으로 15.05점이 상승히였다. 그룹 B는 사전에 68.04에서 사후에 79.52점으로 11.48점 상승하였다. 두 그룹의 사전 사후 점수의 주효과 및 평가 시기와 교육의 상호작용 결과를 나타내면 <표 6>과 같다.

---

6) 구형성 검정에서의 귀무가설은 분석하고자 하는 데이터가 반복측정 분산분석에서 가정하고 있는 오차항의 공분산행렬에 대한 가정을 적용시킬 수 있다는 것이다(유성모, 2013:120).

〈표 6〉 총점에 대한 반복측정 분산분석 결과

	제곱합	자유도	평균제곱합	F	유의확률
그룹 간	5984.298	1	5984.298	13.061	.001
오차	18327.905	40	458.198		
그룹 내 전후	3693.440	1	3693.440	22.043	.000
전후 * 그룹	66.964	1	66.964	.400	.531
오차	6702.095	40	167.552		

사전 사후 평가 시기에 따른 주효과를 살펴보면 F값은 22.043(p<.05)로 나타나 반복평가 시기에 따라 유의미한 결과가 나타났다. 즉 각각의 교육을 통해 사전과 사후의 글쓰기 총점은 통계적으로 차이를 갖는다는 것이다. 평가 시기와 그룹 간의 상호작용효과를 살펴보면 F값은 .400(p>.05)으로 유의미하지 않은 것으로 나타났다. 이는 바꿔 쓰기와 요약하기 그룹과 평가 시기 간에는 교효작용이 없다는 것을 의미한다.

2) 과제

바꿔 쓰기와 요약하기 교육에 따른 학습자의 학문적 글쓰기 중 과제 항목의 변화 양상을 살펴보기 위해 반복측정 분산분석을 실시하였다. 우선 공분산 행렬의 구형성을 살펴보기 위해 Mauchly의 구형성 검증을 실시하였다. 그 결과 과제 점수는 p<.05로 구형성 가정을 만족하지 않는 것으로 나타나 Greenhouse-Geisser가 제안한 교정값을 측정하였다. 두 그룹의 사전과 사후 과제 점수의 평균과 표준편차를 제시하면 <표 7>과 같다.

〈표 7〉 그룹별 사전 사후 과제 점수의 평균과 표준편차

시기	그룹	평균(최대점수:30)	표준편차	N
사전	A 바꿔 쓰기	17.85	6.39	21
	B 요약하기	13.42	5.94	21
	전체	15.64	6.49	42
사후	A 바꿔쓰기	20.04	3.44	21
	B 요약하기	16.76	4.91	21
	전체	18.40	4.51	42

두 그룹의 사전과 사후 과제 점수를 보면 그룹 A는 사전에 17.85점에서 사후에 20.04점으로 2.19점 상승한 것을 알 수 있다. 그룹 B는 사전에 13.42에서 사후에 16.76점으로 3.34점 상승하였다. 두 그룹의 사전 사후 점수의 주효과 및 평가 시기와 교육의 상호작용 결과를 나타내면 <표 8>과 같다.

〈표 8〉 과제 점수에 대한 반복측정 분산분석 결과

	제곱합	자유도	평균제곱합	F	유의확률
그룹 간	312.429	1	312.429	7.957	.007
오차	1570.524	40	39.263		
그룹 내 전후	160.190	1	160.190	9.479	.004
전후 * 그룹	6.857	1	6.857	.406	.528
오차	675.952	40	16.899		

사전 사후 평가 시기에 따른 주효과를 살펴보면 F값은 9.479($p<.05$)로 반복평가 시기에 따라 유의미한 결과가 나타났다. 평가 시기와 그룹 간의 상호작용효과를 살펴보면 F값은 .406($p>.05$)으로 유의미하지 않은 것으로 나타났다. 이는 과제 점수는 바꿔 쓰기와 요약하기 그룹과 평가 시기에 따라 차이가 없음을 의미한다.

3) 구성

학문적 글쓰기 중 구성 항목의 변화 양상을 살펴보기 위해 반복측정 분산분석을 실시하였다. 먼저 공분산 행렬의 구형성을 살펴보기 위해 Mauchly의 구형성 검증을 실시한 결과, 과제 점수는 $p<.05$로 구형성 가정을 만족하지 않는 것으로 나타났다. 이에 Greenhouse-Geisser가 제안한 방법을 통해 통계적 오류를 교정한 값을 측정하였다.

〈표 9〉 그룹별 사전 사후 구성 점수의 평균과 표준편차

시기	그룹	평균(최대점수:30)	표준편차	N
사전	A. 바꿔 쓰기	15.42	5.58	21
	B. 요약하기	11.95	4.86	21
	전체	13.69	5.46	42
사후	A. 바꿔 쓰기	19.23	3.33	21
	B. 요약하기	15.38	4.37	21
	전체	17.30	4.30	42

두 그룹의 사전과 사후 구성 점수를 보면 그룹 A는 사전에 15.42점에서 사후에 19.23점으로 3.81점 상승하였다. 그룹 B는 사전에 11.95에서 사후에 15.38점으로 3.43점 상승하였다. 두 그룹의 사전 사후 점수의 주효과 및 평가 시기와 교육의 상호작용 결과를 나타내면 <표 10>과 같다.

〈표 10〉 구성 점수에 대한 반복측정 분산분석 결과

	제곱합	자유도	평균제곱합	F	유의확률
그룹 간	282.333	1	282.333	9.541	.004
오차	1183.667	40	29.592		
그룹 내 전후	275.048	1	275.048	21.272	.000
전후 * 그룹	.762	1	.762	.059	.809
오차	517.190	40	12.930		

사전 사후 평가 시기에 따른 주효과를 살펴보면 F값은 21.272($p<.05$)로 반복평가 시기에 따라 유의미한 결과가 나타났다. 즉 그룹 A, B 모두 교육을 통해 구성 점수가 상승했다는 것을 알 수 있다. 다음으로 평가 시기와 그룹 간의 상호작용 효과를 살펴보면 F값은 .059($p>.05$)으로 유의미하지 않은 것으로 나타났다. 이는 구성 점수는 두 그룹 간에 평가 시기에 따른 변화 양상에 차이가 없음을 의미한다.

4) 기능 수행 1: 핵심 내용 포함

바꿔 쓰기와 요약하기 교육에 따른 학습자의 학문적 글쓰기 중 기능 수행 1 항목의 변화 양상을 살펴보기 위해 반복측정 분산분석을 실시하였다. 우선 공분산 행렬의 구형성을 살펴보기 위해 Mauchly의 구형성 검증을 실시하였다. 그 결과 과제 점수는 $p < .05$로 구형성 가정을 만족하지 않는 것으로 나타나 Greenhouse-Geisser가 제안한 교정값을 측정하였다.

〈표 11〉 그룹별 사전 사후 기능수행 1(핵심 내용 포함) 점수의 평균과 표준편차

시기	그룹	평균(최대점수:30)	표준편차	N
사전	A. 바꿔 쓰기	6.28	1.58	21
	B. 요약하기	12.23	4.82	21
	전체	9.26	4.65	42
사후	A. 바꿔 쓰기	17.52	5.45	21
	B. 요약하기	15.80	4.71	21
	전체	16.66	5.11	42

두 그룹의 사전과 사후 구성 점수를 보면 그룹 A는 사전에 6.28점에서 사후에 17.52점으로 11.24점이나 상승한 것을 알 수 있다. 그룹 B는 사전에 12.23에서 사후에 15.80점으로 소폭(3.57점)의 차이를 보였다. 두 그룹의 사전 사후 점수의 주효과 및 평가 시기와 교육의 상호작용 결과를 나타내면 〈표 12〉와 같다.

〈표 12〉 기능 수행 1(핵심 내용 포함)에 대한 반복측정 분산분석 결과

	제곱합	자유도	평균제곱합	F	유의확률
그룹 간	94.298	1	94.298	3.308	.076
오차	1140.095	40	28.502		
그룹 내 전후	1151.440	1	1151.440	110.589	.000
전후 * 그룹	308.583	1	308.583	29.638	.000
오차	416.476	40	10.412		

사전 사후 평가 시기에 따른 주효과를 살펴보면 F값은 110.589($p<.05$)로 반복평가 시기에 따라 유의미한 결과가 나형났다. 이는 그룹 A, B 모두 교육을 통해 기능 수행 1 점수가 통계적으로 유의미하게 상승했다는 것을 의미한다. 다음으로 평가 시기와 그룹 간의 상호작용효과를 살펴보면 F값은 29.638($p<.05$)로 유의미하게 차이가 있는 것으로 나타났다. 이는 바꿔 쓰기를 교육을 실시한 그룹 A의 기능 수행 1 점수가 큰 폭으로 상승한 데 비해 요약하기를 교육한 그룹 B는 점수 상승 폭이 크지 않은 데에서 온 통계적인 차이라고 할 수 있다.

5) 기능 수행 2: 표현 변형

바꿔 쓰기와 요약하기 교육에 따른 학습자의 학문적 글쓰기 중 기능 수행 2 항목의 변화 양상을 살펴보기 위해 반복측정 분산분석을 실시하였다. 우선 공분산 행렬의 구형성을 살펴보기 위해 Mauchly의 구형성 검증을 실시하였다. 그 결과 기능 수행 2 점수는 $p<.05$로 구형성 가

정을 만족하지 않는 것으로 나타나 Greenhouse–Geisser의 교정값을 사용하였다. 두 그룹의 사전과 사후 과제 점수의 평균과 표준편차를 제시하면 표 13과 같다.

〈표 13〉 그룹별 사전 사후 기능 수행 2(표현 변형) 점수의 평균과 표준편차

시기	그룹	평균(최대점수:30)	표준편차	N
사전	A. 바꿔 쓰기	5.90	1.60	21
	B. 요약하기	13.57	3.95	21
	전체	9.73	4.89	42
사후	A. 바꿔 쓰기	15.09	3.49	21
	B. 요약하기	14.33	4.79	21
	전체	14.71	4.16	42

두 그룹의 사전과 사후 구성 점수를 보면 그룹 A는 사전에 5.90점에서 사후에 15.09점으로 9.19점 상승한 것을 알 수 있다. 그룹 B는 사전에 13.57에서 사후에 14.33점으로 0.76점의 차이를 보였다. 두 그룹의 사전 사후 점수의 주효과 및 평가 시기와 교육의 상호작용 결과를 나타내면 〈표 14〉와 같다.

〈표 14〉 기능 수행 2(표현 변형)에 대한 반복측정 분산분석 결과

	제곱합	자유도	평균제곱합	F	유의확률
그룹 간	250.298	1	250.298	14.203	.001
오차	704.905	40	17.623		

그룹 내 전후	520.012	1	520.012	57.062	.000
전후 * 그룹	372.964	1	372.964	40.926	.000
오차	364.524	40	9.113		

사전 사후 평가 시기에 따른 주효과를 살펴보면 F값은 57.062($p<.05$)
로 반복평가 시기에 따라 유의미한 결과가 나타났다. 이는 그룹 A, B
모두 교육을 통해 기능 수행 2의 사전 사후 점수가 변화했다는 것을
의미한다. 평가 시기와 그룹 간의 상호작용 효과를 살펴보면 F값은
40.926($p<.05$)으로 통계적으로 유의미한 차이가 있었다. 바꿔 쓰기를
교육을 실시한 그룹 A와 요약하기 교육을 실시한 그룹 B의 시기에 따
른 평가에 그룹 간 차이가 있다는 것이다. 이 또한 기능 수행 1과 유사
하게 그룹 A의 점수 상승폭과 그룹 B의 점수 상승폭이 다르기 때문이다.

6) 표현

학문적 글쓰기 중 표현 항목의 변화 양상을 살펴보기 위해 반복측
정 분산분석을 실시하였다. 먼저 공분산 행렬의 구형성을 살펴보기 위
해 Mauchly의 구형성 검증을 실시한 결과, 과제 점수는 $p<.05$로 구형성
가정을 만족하지 않는 것으로 나타났다. 이에 Greenhouse-Geisser가 제
안한 방법을 통해 통계적 오류를 교정한 값을 측정하였다.

〈표 15〉 그룹별 사전 사후 표현 점수의 평균과 표준편차

시기	그룹	평균(최대점수:30)	표준편차	N
사전	A. 바꿔 쓰기	17.23	4.36	21

	B. 요약하기	16.85	4.06	21
	전체	17.04	4.17	42
사후	A. 바꿔 쓰기	20.09	2.52	21
	B. 요약하기	17.23	4.25	21
	전체	18.66	3.74	42

두 그룹의 사전과 사후 구성 점수를 보면 그룹 A는 사전에 17.23점
에서 사후에 20.09점으로 2.86점 상승한 것을 알 수 있다. 그룹 B는 사
전에 16.85에서 사후에 17.23점으로 0.38점의 근소한 차이를 보였다.
두 그룹의 사전 사후 점수의 주효과 및 평가 시기와 교육의 상호작용
결과를 나타내면 <표 16>과 같다.

<표 16> 표현에 대한 반복측정 분산분석 결과

	제곱합	자유도	평균제곱합	F	유의확률
그룹 간	55.048	1	55.048	2.769	.104
오차	795.238	40	19.881		
그룹 내 전후	55.048	1	55.048	5.413	.025
전후 * 그룹	32.190	1	32.190	3.166	.083
오차	406.762	40	10.169		

그룹 내 평가 시기에 따른 주효과를 살펴보면 F값은 5.413($p<.05$)로
반복평가 시기에 따라 크지는 않지만 통계적으로 유의미한 차이가 있

었다. 이는 두 그룹 모두 각각의 교육 후에 표현 점수가 다소 변화했다는 것을 말한다. 평가 시기와 그룹 간의 상호작용효과를 살펴보면 F 값은 3.166(p>.05)으로 통계적으로 유의미한 차이가 없는 것으로 나타났다. 즉 바꿔 쓰기를 한 그룹 A와 요약하기를 한 그룹 B의 시기에 따른 평가에 그룹 간 차이가 없다는 것이다. 이는 두 그룹 모두 사전 사후 점수의 변화가 크지 않아 유사한 양상으로 점수 변화가 나타나고 있기 때문인 것으로 보인다.

4.3 학문적 글쓰기 변화 양상의 실제

두 그룹의 학문적 글쓰기 변화 양상은 통계 분석을 통해 알 수 있듯이 기능 수행1, 2에 해당하는 '핵심 내용 포함'과 '표현 변형'에서만 유의미한 차이가 있는 것으로 나타났다. 이 절에서는 두 그룹의 통계적 차이를 실제 예를 통해 확인하고자 한다. 바꿔 쓰기를 교육한 그룹 A와 요약하기를 교육한 그룹 B 중 글쓰기 사전 평가 점수가 유사한 학습자들의 사후 글쓰기 자료를 비교하여 어떤 차이가 발생했는지 살펴볼 것이다. 비교할 자료는 그룹 A의 학습자10과 그룹 B의 학습자1, 그룹 A의 학습자16과 그룹 B의 학습자12이다.[7] A10은 69→104로, B1은 67→85로 사전 사후 점수 변동이 있었으며, A16은 58→97로 B12는 56→78로 점수 변동이 있었다.

먼저 A10과 B1의 사후 글쓰기를 비교해 보고자 한다. 이 둘의 사전 글은 2점 차이밖에 나지 않았으나 사후에는 19점 차가 발생했다. A10(69→104)의 사후 글(104점)을 보면 다음과 같다.

---

7) 그룹과 학습자 번호를 결합하여 그룹 A의 학습자 10을 A10로 표기하겠다.

　　<A10 사후 글>

　　(······) 교양교육은 직업 기술이나 전문적 기능을 가르치는 교육과 다르다. <자료1>에 따르면 교양은 박식, 잡식, 다식과 같은 것을 소개하는 일반 지식 용어가 아니다. 무엇보다 그것은 철학 기초를 가진 교육학적 용어이고 진리 발견과 인식에 관한 방법론이며 인간의 창조력을 향상시키도록 할 때의 정신적 훈련과 상관되어 있다. 교양교육은 '리버럴 에듀케이션'(liberal education)이라는 말에서 유래된다. <자료1>에 따르면 하버드대학은 2007년 학부 교육과정을 조정하면서 낸 보고서에서 "하버드 교육의 목적은 '리버럴 에듀케이션'을 실행하는 것 있다"고 발표하고 있다. 그쪽에서 '리버럴 에듀케이션'(liberal education)이라는 것이 지금 한국에서 '교양교육'이다. 리버럴 에듀케이션이란 일반 지적 잡식 교육이 아니라 '격식에 얽매이지 않는 자유로운 탐구와 교육'이다. 격식에 얽매이고 제한하는 교육 아닌 격식을 타파하고 나가는 교육, 이미 존재하는 진리체계, 지식과 진리주장들을 당연한 것으로 접수하지 않는 비판적 사고력의 수양, 지식을 단순히 가르치거나 배우는 것 보다 가르치는 게 추월하고 새로운 지식을 생길 수 있는 상상력, 호기심, 이해력의 자극과 확대다. (······)[8]

　　A10은 교양교육을 설명하기 위해 자료1을 활용하고 있다. 자료1에서 교양교육을 설명하는 핵심 문단을 잘 선택하였고 원문에 "교양이란 말은 박식, 잡식, 다식 같은 것을 가리키는 일반적 상식어가 아니다. 무엇보다 그것은 철학 기반을 가진 교육학적 용어이고 진리 발견과 인식에 관한 방법론이며 인간의 창조적 능력을 상향 조성하고자 할 때의 정신적 훈련과 관계되어 있다."를 인용하기 위해 단어와 표현을 바꿔 쓰기한 것을 볼 수 있다. 예를 들어 "일반적 상식어"는 "일반

---

8) 과제 중 일부를 인용하여 싣는다. 생략된 부분은(······)로 표하였고, 밑줄은 요약과 바꿔 쓰기가 시도된 부분을 강조하기 위해 연구자가 표시하였다.

지식 용어"로, "상향 조성하고자"는 "향상시키도록"과 같이 유사 의미 범주 내에서 변형하여 표현한 것이다. 그러나 직접 인용 표시가 끝난 다음 문장인 "그쪽에서~ '교양교육'이다"는 따옴표 없이 원문과 같은 문장이 쓰여 잘못 인용된 문장임을 알 수 있다. 전체적으로 문단의 구조가 참고자료와 같지 않고 인용 표시를 했으며 간접 인용 시 단어와 문법 바꿔 쓰기 시도가 되었다는 것을 확인할 수 있었다. 다음은 요약 교육을 받은 B1(67→85)의 사후 글(85점)이다.

<B1 사후 글>
(……)그에 역사적인 유래를 살펴보면, 한국 해방한후에 미국학제를 따라 배워 하버드 대학 에서 '리버럴 에듀케이션'불리는 것이 한국어로 번역해 "교양교육"라고 불렸다. 그러나 한국에 말한 "교양교육"은 미국과 이야기하는 리버럴 에듀케이션이 미묘한 차이가 있다. "대학교육에서 '교양'이란 무엇인가" 한겨레, 2014년 2월 20일, 43면에 따르면 리버럴 에듀케이션이란 상식적 잡식 교육이 아니라 '틀에 갇히지 않는 자유로운 탐구와교육'이라는 말을 하였다. 원래 리버럴 에듀케이션은 자유롭게 탐구와 교육을 대표를 하였으나 한국에서 리버럴 에듀케이션의 전통이 거의 없기 때문에 그의 원래 의미를 완벽하게 못 이루어졌다. (……)

요약하기를 배운 B1은 자료1의 세 문장을 위의 첫 번째 문장과 같이 요약했음을 알 수 있다. 그룹 A의 학습자들이 핵심 문장을 선택해서 바꾸기를 시도한 것에 반해 그룹 B의 학습자인 B1은 여러 문장을 줄여서 핵심 문장을 요약문으로 쓰고 있다. 그 후의 문장을 보면 직접 인용된 문장이 다수 존재한다. 전체적으로 학습자는 간접 인용의 형태로 썼으나 사실은 자료와 표기가 똑같아 직접 인용에 해당하는 것과 표시 없이 직접 인용한 문장이 다수 존재함을 확인할 수 있었다. 이는 요약하기 교육에서 핵심 문장을 선별하여 그대로 요약문으로 활용될 수 있다는 내용이 잘못 이해되었기 때문에 생긴 문제라고 보인다.

다음 예는 낮은 점수에서 변화를 보인 A16(58→97)과 B12(56→78)의 사례이다. 먼저 A16의 사후 글(97점)을 보면 다음과 같다.

<A16 사후 글>

(……) (한겨레, 2014)에는 하버드대학교가 2007년에 학부 교육과정을 개편하면서 낸 보고서 "하버드 교육의 목적은 '리버럴 에듀케이션' 의 사례를 인용하여 '리버럴 에듀케이션'(liberal education)이라 불리는 것이 지금 한국에서 '교양교육' 이라고 하는데 이는 상식적 잡식 교육이 아니라 '틀에 갇히지 않는 자유로운 탐구와 교육' 이다. 즉 틀에 가두고 갇히는 교육이 아닌 틀을 깨고 나가는 교육이라는 것이다. 이런 교육은 그냥 단순한 지식의 전달이 아니라 우리로 하여금 자동적으로 사고하게 하고 창조력, 상상력과 판단력을 키우며 실재 상황에 맞설 때도 두렵고 무력감을 덜 느끼게 할 것이다.

(김인환, 2010)에 의하면 학생들에게 지식체계를 알려주는 것보다 연구 방법을 알려주는 것이 교육적으로 볼 때 적절하고 한국 대학의 교양교육은 학생들이 고등학교에서 배운 knowing that을 knowing how로 바꿈으로써 학생들이 "사실은 재미있는 것이었는데 그때는 몰랐었구나!"하는 느낌을 느끼도록 하는 것이 목적이며 원리를 연구는 과목이거나 단계를 연구는 과목이거나 괴로운 지식을 즐거운 지식으로 바꾸는 데 교양 교육의 목표를 두어야 한다고 하였다. 이렇게 하여야만 이 봉건적인 교육방식을 개혁할 수 있고 시회에 공헌을 줄 수 있는 훌륭한 인재들을 많이 배양할 수 있다.

A16을 보면 자료1은 신문 출처 표기를 정확하게 하지는 못했지만

표기를 시도하고 있으며 교양을 설명하기 위해 자료1을 참고하여 설명하고 있다. 이때 원문의 문장을 부분적으로 인용하고 있으며 필요하지 않다고 생각되는 부분은 삭제하였다. 그래서 자료1에는 하버드 교육의 목적인 리버럴 에듀케이션이 한국에서 교양교육이라 번역된 것이 안타깝다는 필자의 의도가 드러나 있지만 A16은 사실 정보만을 선택하여 요약하였다. 또한 "즉~"이후에 앞의 문단을 자신의 말로 풀어 쓰고 진정한 교양교육이 가지는 의미에 대해 쓰고 있다. 이는 인용 후에 인용 부분이 자신의 글에서 어떤 의미를 갖는지 해석한 것으로 바른 인용의 방법이다.

반면 자료2는 출처 표시만 있을 뿐 직접 인용에 가깝게 작성되었다. 문장과 문장을 합치거나 다른 방식으로 연결한 것 이외에는 단어나 표현, 문장 구조의 변화 없이 그대로 썼기 때문에 표절에 가깝다. 그러나 이 문단 마지막에도 인용 부분에 대한 의미와 효과에 대해 문장을 추가하고 있다. 전체적으로 출처 표기가 바르지 못하고 개별 표현의 변형이 많지는 않지만 핵심 내용을 정확히 찾아서 자신의 해석을 덧붙여 쓰는 것을 알고 있다는 것을 확인할 수 있다. 다음은 요약교육을 받은 B12(56→78)의 사후 글(78점)이다.

<B12 사후 글>
(……) 그러면 교양교육의 최대한 작용을 발휘할 수 있기 위해서는 과연 어떻게 해야 할까? 자료 2에서는 "원리를 다루는 과목이거나 단계를 다루는 과목이거나 과로운 지식을 즐거운 지식으로 전환하는 데 교양 교육의 목표를 두어야 할 것이다." 한 마디로 교양 교육을 살리기 위하여 교양 과목의 성취도부터 기르는 것이 제일이다. 학생이 성취가 있어야 교양교육의 발전하는 방향으로 향하여 고유적 지식을 배우면서 새로운 것을 스스로 생산해 내며 풍부한 사유를

가질 수 있기 때문이다. 그러므로 교양교육은 학교가 학생의 사고 능력을 깨우는 임무이며 학생이 스스로를 더 발전할 수 있도록 하는 계발이다. 지식을 얻는 방법을 파악하여 한계를 깨고 끊임없이 미지를 향하여 탐색하는 것이 바로 진정한 교양교육이다.

B12는 요약을 통해 자료를 인용하는데 잘한 것과 그렇지 못한 것이 구분된다. 위의 글 앞부분은 자료1의 핵심 내용을 정확히 파악하고 요약을 한 후 그에 대한 해석까지 잘 작성하였다. 또한 "~과연 어떻게 해야 할까?"와 같은 문장을 통해 다음 문단이 교양 교육 방법과 관련된다는 것을 암시하고 있다. 그런데 자료2를 활용한 것은 핵심 내용 파악을 잘못하여 요약이 잘못된 것을 알 수 있다. 자료2는 교육 내용보다 방법이 중요하다는 것을 말하고 있다. 그런데 B12는 "성취도부터 기르는 것이 제일이다"로 핵심을 잘못 파악하여 이어지는 해석도 어색하게 되는 결과를 낳았다. 같은 맥락에서 직접 인용한 것도 직접 인용을 할 만한 대상이 아님을 알 수 있다. 전체적으로 직접 인용의 횟수가 많고 요약이 시도되었으나 핵심 내용 파악이 성공적으로 이루어지지 않았다고 할 수 있다.

5. 논의 및 결론

이 연구는 외국인 학부생 대상 글쓰기 교육에서 바꿔 쓰기와 요약하기 교육을 실시한 후 교육 전후의 글쓰기와 두 그룹의 글쓰기 결과를 비교 분석하는 것을 목적으로 하였다. 이를 위해 (1) 바꿔 쓰기(그룹 A)와 요약하기(그룹 B) 교육이 학문적 글쓰기에 효과가 있는지, (2) 효과가 있다면 각각의 교육에 따라 효과의 변화 양상에 차이가 있는지, (3) 변화 양상을 살펴볼 수 있는 실제적 예는 어떠한지를 연구 문제로 상정하였다. 연구 문제에 따른 결과를 중심으로 논의하면 다음과 같다.

첫 번째 연구 문제는 바꿔 쓰기와 요약하기 교육이 학문적 글쓰기에 효과가 있는지였다. 두 그룹으로 나누어진 학습자 42명의 글쓰기 자료를 분석한 결과 바꿔 쓰기와 요약하기 교육 전후에 통계적으로 유의미한 차이가 나타났다. 총점과 다섯 개 항목별 점수 모두에서 교육 전후의 글쓰기 점수 차이가 드러난 것을 통해 바꿔 쓰기와 요약하기 교육이 학문적 글쓰기에 효과가 있다는 것을 알 수 있었다. 이는 각각의 교육 효과를 검증한 박현진(2017b), 이유경(2017)과 같은 결과임을 알 수 있다. 이를 통해 각 교육이 참고자료를 활용한 학문적 글쓰기에 반드시 필요한 교육임을 확인할 수 있었다.

두 번째 연구 문제는 그룹에 따라 교육 효과에 변화가 있는지였다. 이를 위해 두 그룹의 사전 사후 점수 변화 양상을 분석한 결과, 총점에서는 두 집단의 차이가 없었으나 항목별로는 다른 결과가 나타났다. 글쓰기 평가의 세부 항목인 (가)과제, (나)구성, (다1)핵심 내용 파악, (다2)표현 변형, (라)학문적 표현에서 과제와 구성, 학문적 표현에서는 두 그룹의 차이가 없었으나 인용 기술에 해당하는 핵심 내용 파악과 변형 표현에서는 통계적으로 유의미한 차이가 있는 것으로 나타났다. 이는 두 집단의 점수 차이를 비교했을 때 그룹 B의 (다1), (다2) 점수 변화가 그룹 A보다 작았기 때문이다. 두 교육은 모두 핵심어와 핵심 내용을 찾는 교육이 이루어진 후, 그룹 B는 전체를 축약하여 자신의 말로 쓰는 단계가 있다면 그룹 A는 선택한 것을 구체적으로 바꾸는 기술을 연습한다. 이때 개별적으로 바꿔 쓰기 유형을 학습한 것이 더 빈번히 글쓰기에 사용되어 점수 차이를 낼 수 있었던 것으로 보인다. 이러한 결과는 김경미

(2014)와 상통한다. 그의 연구를 보면 인용하기만 배운 집단보다 인용과 바꿔 쓰기를 함께 배운 집단이 사후 검사에서 유의미한 차이를 나타냈다. 즉 바꿔 쓰기라는 구체적인 고쳐 쓰기가 표절을 예방하고 인용을 활용한 글쓰기에 긍정적인 영향을 미친다는 것이다. 또한 바꿔 쓰기 교육의 효과만을 보았을 때도 박현진(2017b)에서 핵심 내용 파악과 표현 변형에서 가장 큰 점수 변화가 있었던 것과도 같은 결과이다. 다른 항목에서도 글쓰기 능력의 향상이 있지만 바꿔 쓰기와 요약하기 교육이 인용 기술 사용에 가장 큰 영향을 미친다는 것을 알 수 있다.

세 번째 연구 문제는 실제 자료에서 나타나는 각 그룹의 변화 양상을 살펴보는 것이었다. 두 번째 연구 문제에서의 변화 양상 차이가 실제로 어떤 점에서 기인하는지 살펴보기 위해 사전 점수가 유사했던 4명의 학습자의 사후 글쓰기를 비교하였다. 그 결과 그룹 A의 글은 기본적으로 문단의 구조와 단어, 문법, 표현의 변형을 계속 시도하고 있었다. 자료의 핵심 내용을 정확하게 파악하여 인용하고 있었으며 인용 후 자신의 해석을 덧붙이기도 했다. 이에 반해 그룹 B는 직접 인용이 많이 사용되었고 인용 부호 없이 직접 인용한 부분도 다수 존재했다. 가장 두드러지는 특징은 자료의 핵심을 정확하게 파악하지 못해서 요약 내용이 달라지는 것이었다. 두 그룹 모두 자료1, 2에서 핵심이 되는 부분을 인용하고 있었다. 그러나 그룹 B의 경우 내용이해가 부족하여 요약문이 원문의 내용과 달라져 결과적으로 (다1)핵심 내용 파악 점수가 하향 조정되었다. 전체적으로 그룹 A의 학습자들은 바꿔 쓰기 유형을 개별적으로 교육받고 연습한 것을 적극적으로 사용해 글을 쓰려 한 것을 알 수 있다. 그룹 B는 바꿔 쓰기와 같은 개별 유형이 없는 상황에서 핵심 내용을 자신의 말로 요약하는 데에 부담이 컸던 것으로 보이며 이로 인해 직접 인용의 빈도가 높아졌을 것이라 본다. 이러한 문제는 박현진(2017b)에서 학습자들이 언급한 전체 주제 파악의 어려움과 일맥상통하는 결과이다. 또한 개별적으로 하나씩 바꿔나가는 바꿔 쓰기와 달리 요약하기는 핵심 내용을 자신의 말로 다시 써야 하는 화학적인 변화에 가까워 학습자들이 성공적으로 사용하기에 어려움이 있었던 것이라 보인다.

이상의 연구 결과와 논의를 바탕으로 볼 때 바꿔 쓰기와 요약하기는 교육적 효과가 있으며 특히 바꿔 쓰기의 경우 핵심 내용 파악과 변형 표현을 하는 데에 효과적이라는 것을 알 수 있었다. 따라서 바꿔 쓰기가 요약하기 교육 전에 선행된다면 바꿔 쓰기의 개별 유형을 확실히 사용할 수 있게 할 뿐만 아니라 요약에서의 핵심 내용 파악과 적절한 어휘를 선별하고 사용하는 데에 부담이 줄어들 것으로 보인다.

바꿔 쓰기와 요약하기는 참고자료를 활용한 학문적 글쓰기에서 반드시 사용되는 기술이다. 각 글쓰기 기술에 대한 필요성을 인지하고 있음에도 불구하고 외국인 학부생들을 대상으로 한 개별 교육 방안과 효과 검증 연구는 아직 충분히 이루어지지 못하였다. 글쓰기 윤리 차원에서 인용 교육을 통한 표절 예방이 학문 맥락에서 필수적인 만큼, 각 교육이 충실히 이루어지는 것 못지않게 각 교육의 효과를 제대로 아는 것은 중요하다. 이 연구는 선행 연구들에서 제시한 교육 방안을 토대로 교육하고 그 효과를 검증함과 동시에 비교 분석하려한 첫 번째 시도라는 점에서 의의가 있다. 연구 방법에서도 글쓰기 자료를 통계적으로 분석하였으며 실제 예를 통해 변화 양상을 살펴보려 하였다. 이 연구 결과를 통해 학문적 글쓰기에 필요한 개별 글쓰기 기술 교육 방안이 보다 견고해지고 부족한 부분이 보완될 수 있기를 기대한다. 또한 이 연구에서 한 걸음 더 나아가 어떤 교육 내용이 학습자의 학문적 글쓰기 능력 향상에 직접적인 영향을 미치는지에 대한 고찰도 필요할 것이다.

참고문헌

[제1부]

권유진·김영주(2011), 「한국어 학습자의 외국어 불안과 모험시도가 학업성취도에 미치는 영향」, 『이중언어학』 45, 이중언어학회, 27-9쪽.

김경령(2004), 「한국어 학습자의 불안도와 쓰기 관련 변인들과의 상관관계 연구」, 『한국언어문화학』 13-3, 국제한국언어문화학회, 29-68쪽.

김성연(2010), 「재미 한국계 대학생들의 한국어 학습 불안, 성취동기, 학업성취도에 관한 연구」, 『외국어교육연구』 24-1, 한국외국어대학교 외국어교육연구소, 243-267쪽.

김영주(2014), 「미국인 대학생 한국어 학습자의 읽기 불안과 읽기 전략 사용 연구」, 『외국어로서의 한국어교육』 41, 연세대학교 언어연구교육원 한국어학당, 61-88쪽.

김인규(2003), 「학문 목적을 위한 한국어 요구 분석 및 교수요목 개발」, 『한국어교육』 14-3, 국제한국어교육학회, 81-113쪽.

김정숙(2000), 「학문적 목적의 한국어 교육과정 설계를 위한 기초 연구-대학 진학생을 위한 교육과정을 중심으로」, 『한국어교육』 11-2, 국제한국어교육학회, 1-19쪽.

리셔첸(2010), 「한국어 학습자의 읽기 불안이 읽기 전략 사용에 미치는 영향」, 『언어와 문화』 6-3, 한국언어문화교육학회, 107-133쪽.

박현진(2018), 「한국어 읽기 불안도와 불안 요인의 상관성 -중급 수준의 한국어 학습자를 대상으로-」, 『우리어문연구』 60, 우리어문학회, 361-393쪽.

박현진(2018), 「학문 목적 한국어 학습자의 L1, L2 쓰기 불안과 학업 성취도의 관계-중급 수준의 한국어 학습자를 대상으로」, 『어문논집』 83, 민족어문학회, 5-38쪽.

박현진·김정은(2017), 「외국인 학부생의 한국어 읽기 불안과 학업 성취도의 관계- 고급 수준의 한국어 학습자를 대상으로」, 『이중언어학』 67, 이중언어학회, 129-160쪽.

박현진·김정은(2017), 「불안 요인이 제2언어 학습자의 읽기 불안 증감에 미치는 차별적 영향」, 『외국어교육연구』 31-2, 한국외국어대학교 외국어교육연구소, 277-299쪽.

배윤경 외 3인(2011), 「학문 목적 한국어 학습자를 위한 쓰기 교육 프로그램 개발: 중국인 학습자를 대상으로」, 『한국어교육』 22-4, 국제한국어교육학회, 163-191쪽.

성일호(1995), 「학습자의 정의적 요인들이 영어 학습에 미치는 영향」, 『영어영문학연구』 19-2, 대한영어영문학회, 343-368쪽.

신현미(2003), 「대화일지 쓰기가 한국어 학습자들의 쓰기 불안감 감소에 미치는 영향 연구」, 연세대학교 석사학위논문.

이길영・이숙정(2007), 「중학생들의 영어 듣기 전략과 듣기 불안 분석」, 『외국어교육연구』 21-2, 한국외국어대학교 외국어교육연구소, 129-153쪽.

이다슴・박성희(2019), 「베트남인 한국어 학습자의 읽기 불안 연구 -초・중급을 중심으로」, 『학습자중심교과교육연구』 19-18, 학습자중심교과교육학회, 271-289쪽.

이덕희(2003), 「요구 분석을 통한 학문 목적의 한국어 교육과정 설계 연구」, 연세대학교 석사학위논문.

이선영(2016), 「학문 목적 한국어 학습자의 말하기 불안 통제 전략 사용 양상」, 『우리어문학회』 56, 우리어문연구, 321-352쪽.

이은진・권연진(2019), 「한국어 학습자의 읽기 불안 양상에 관한 연구학습자의 읽기 불안 연구」, 『학습자중심교과교육연구』 19-11, 학습자중심교과교육학회, 501-520쪽.

이효신(2012), 「읽기 동기 및 불안과 한국어 읽기의 관계에 관한 연구」, 영남대학교 박사학위논문.

장혜・김영주(2014), 「중국인 한국어 학습자의 읽기 불안 연구」, 『언어학연구』 32, 중원언어학회, 229-253쪽.

전형길(2016), 「한국어 학습자의 쓰기 불안에 관한 연구-모국어 쓰기 불안과 한국어 쓰기 불안 간의 관련성을 중심으로」, 『우리어문』 56, 우리어문연구, 381-409쪽.

정설군・김영주(2016), 「중국인 한국어 고급 학습자의 말하기 불안과 구어 숙달도 간의 상관관계: 정확성과 유창성을 중심으로」, 『국어교육』 153, 한국어교육학회, 267-294쪽.

조인・김영주(2015), 「중국인 한국어 학습자의 쓰기 불안 연구」, 『인문학논총』 38, 경성대학교 인문과학연구소, 95-122쪽.

최숙기(2011), 「국어교육: Rasch 평정척도 모형을 이용한 쓰기불안 척도 분석」, 『새국어교육』 87, 한국국어교육학회, 273-300쪽.

최정순・윤지원(2012), 「연구 동향 분석을 통해 본 학문 목적 한국어교육 연구의 실태와 제언」, 『어문연구학회』 74, 어문연구, 131-156쪽.

Aida, Y.(1994), Examination of Horwitz, Horwotz, and Corpes construct of foreign language anxiety: the case of students of Japanese. *The Modern language Journal.* 78. pp.155-168.

Al-Ahmad, S.,(2003). *The Impact of Collaborative Lerning on l1 and l2 College Students' Apprehension About and Attitudes Toward Writing*, Doctoral dissertation, Indiana University of Penneyivania.

Bedford, A.(1997). On Clark-Watson's tripartite model of anxiety and depression. *Psychological Reports. 80(1)*. pp.125-126.

Bloom, L. Z.(1985). *Anxious writers in context: Graduate school and beyond.* When a writer can't write, New York: Guilford Press, pp.119-133.

Brantmeier, C.(2005). Anxiety about L2 reading or L2 reading tasks? A study with advanced language learners. *Reading. 5(2)*. pp.67-83.

Brown, H.(2007). *Principles of language and teaching* (5th ed.), 이흥수·박주경·이병민 역(2007), 『외국어 교수·학습의 원리』, 서울:Pearson Education Korea.

Chen, M. C., & Lin, H. J.(2009). Self-efficacy, foreign language anxiety as predictors of academic performance among professional program students in a general English proficiency writing test. *Perceptual and Motor Skills. 109(2)*. pp.420-430.

Cheng, Y. S.(1998). *Examination of two anxiety constructs: Second language class anxiety and second language writing anxiety*, Doctoral dissertation, University of Texas at Austin.

Cheng, Y. S.(2002). Factors associated with foreign language writing anxiety. *Foreign language annals. 35(6)*. pp.647-656.

Cheng, Y. S.(2004). A measure of second language writing anxiety: Scale development and preliminary validation. *Journal of second language writing. 13(4)*. pp.313-335.

Cheng, Y. S. Horwitz, E. K., & Schallert, D. L.(1999). Language anxiety: Differentiating writing and speaking components. *Language learning. 49(3)*. pp.417-446.

Clément, R., & Kruidenier, B. G.(1985). Aptitude, attitude and motivation in second language proficiency: A test of Clément's model. *Journal of language and Social Psychology. 4(1)*. pp.21-37.

Clément, R.(1987). Second language proficiency and acculturation: An investigation of the effects of language status and individual characteristics. *Journal of Language and Social Psychology. 5*. pp.271-290.

Coady, J.(1979). "A psycholinguistic model of the ESL reader" in R. Mackay, B. Barkman, & R. R Jordan (Eds.), *Reading in a second language. Rowley,* Mass: Newbury House.

Comrey, A. L., & Lee, H. B.(1992). *A first course in factor analysis*, Hillsdale, NJ: Erlbaum.

Daly, J. A., & Miller, M. D.(1975). Apprehension of writing as a predictor of message intensity. *The Journal of psychology. 89(2)*. pp.175-177.

Daly, J. A., & Wilson, D. A.(1983). Writing apprehension, self-esteem, and personality. *Research in the Teaching of English.* 17. pp.327-341.

Ely, C. M.(1986). An analysis of discomfort, risk-taking, sociability, and motivation in the L2 classroom. *Language Learning.* 36. pp.1-25.

Eskey, D. E.(1973). "A model program for teaching advanced reading to students of English as a second language.". *Language Learning.* 23(2). pp.169-184.

Gardner, R. C., & MacIntyre, P. D.(1993). On the measurement of affective variables in second language learning. *Language Learning.* 43. pp.157-194.

Goodman, K.(1976). Reading: A psycholinguistic guess game. *Literacy Teacher and Instruction.* 6(4). pp.126-135.

Hadaway, N. L.(1978). *Writing apprehension among second language learners,* Unpublished doctoral dissertation, Texas A & M University.

Hohl, M.(1982). *Necessary English at the University of Petroleum and Minerals,* Dharhran, Saudi Arabia: A Faculty Survey. *Team,* 42.

Horwitz, E. K., Horwitz, M. B. & Cope, J.(1986). Foreign language classroom anxiety. *The Modern Language Journal.* 70(2). pp.125-132.

Hsiao, T-Y.(2002). Unidimensionality of the Chinese version of the Foreign Language Reading Anxiety Scale. *Perceptual and motor skills.* 95(3). pp.927-933.

Hsu, Y. C.(2004). *A study on junior college students' reading anxiety in English as a foreign language,* Unpublished Master's Thesis, International Chung Cheng University.

Jordan, R.(1997). *English for academic purposes: A guide and resource book for teachers,* Cambridge: Cambridge University Press.

Kaplan, R. B.(1966). Cultural thought patterns in inter cultural education. *Language learning.* 16. pp.1-20.

Kim, K. J.(2006). Writing apprehension and writing achievement of Korean EFL college students. *English teaching.* 61(1). pp.135-154.

Krashen, S. D.(1982). *Principles and Practice in second language acquisition,* Oxford: Pergamon Press.

Krashen, S. D. & T. D. Terrell.(1983). *The Natural Approach: Language Acquisition in the Classroom,* Oxford: Pergamon and Alemany.

Kuru-Gonen, I.(2005). The sources of foreign language reading anxiety of students in a turkish EFL context, Unpulished Master's Thesis, Anadolu University.

Latif, M. A.(2007). The factors accounting for the Egyptian EFL university students' negative writing affect. *Essex Graduate Student Papers in Language & Linguistics.* 9(7). pp.57-82.

Lee, S. Y.(2005). Facilitating and inhibiting factors in English as a foreign language writing performance: A model testing with structural equation modeling. *Language learning. 55(2)*. pp.335-374.

Matsumura, Y.(2001). An Inquiry into foreign language reading anxiety among EFL learners. *The Society of English Studies. 31.* pp.23-38.

MacIntyre, P. D., & Gardner, R. C.(1991). Language anxiety: Its relationship to other anxieties and to processing in native and second languages. *Language Learning. 41.* pp.513-534.

MacIntyre, P. D., & Robert C. Gardner(1994). The subtle effects of language anxiety on cognitive processing in the second language. *Language learning. 44(2)*. pp.283-305.

McLeod, S.(1987). Some thoughts about feelings: The affective domain and the writing process. *College composition and communication. 38-4.* pp.426-435.

Ostler, S. E.(1980). A survey of academic needs for advanced ESL. *TESOL Quarterly. 14(4)*. pp.489-502.

Saito, Y., & Keiko K. S.(1996). Foreign language Anxiety and Language Performance: A Study Learner Anxiety in Beginning International, and Advanced-Level College Students of Japanese. *Foreign Language Annals. 29(2)*. pp.239-252.

Saito, Y., Garza, T. J., & Horwitz, E. K.(1999). Foreign language reading anxiety. *The Modern Language Journal.* 83(2). pp.202-218.

Samimy, K. K., & Tabuse, M.(1992). "Affective Variables and a Less Commonly Taught Language: A Study in Beginning Japanese Classes.". *Language Learning. 42.* pp.377-398.

Scovel, T.(1978). The effect of affect on foreign language learning: A review of the anxiety research. *Language Learning. 28(1)*. pp.129-142.

Selfe, C. L.(1981). *The Composing Processes of High and Low Writing Apprehensives: A Modified Case Study.*

Sparks, R. L., & Ganschow, L.(1991). Foreign language learning differences: Affective or native language aptitude differences?. *The Modern Language Journal. 75(1)*. pp.3-16.

Spielberger, C. D.(1983). *Manual for the state-trait anxiety inventory (STAI-from Y)*, Palo Alto, Ca: Consulting Psychologists Press.

Sellers, V. D.(2000). Anxiety and reading comprehension in Spanish as a *foreign language*. *Foreign Language Annals.* 33(5). pp.512-520.

Shi, Y. Z. and Liu. Z. Q.(2006). Foreign language reading anxiety and its relationship to 151 English achievement and gender. *Journal of PLA University of Foreign Languages.* *29.* pp.59-65.

Tallon, M.(2009). Foreign language anxiety and heritage students of Spanish: A quantitative study. *Foreign Language Annals.* *42(1).* pp.112-137.

Thompson, M. O. R.(1980). *Classroom Techniques for Reducing Writing Anxiety: A Study of Several Cases.*

Tucker, G., Hamayam, E., & Genesee, F.(1976). Affective, cognitive, and social factors in second language acquisition. *The Canadian Modern Language Review.* 32. pp.214-226.

Young, D. J.(1986). The Relationship Between Anxiety and Foreign Language Oral Proficiency Ratings. *Foreign Language Annals.* 19. pp.439-445.

Young, D. J.(1990). An investigation of students' perspectives on anxiety and speaking. *Foreign Language Annuals.* 23. pp.539-554.

Wu, Y.(1992). *First and second language writing relationship: Chinese and English, Doctoral dissertation,* Texas A & M University.

Zhao, A., Dynia, J., & Y. Guo.(2013). Foreign language reading anxiety: Chinese as a foreign language in the United States. *The Modern Language Journal.* 97(3). pp.764-778.

대학알리미, 「2017년 외국인 유학생 현황」, (http://search.academyinfo.go.kr/ itrinity_new/search/search.jsp)
이정우, 「외국인 유학생 20만명 유치계획 3년 늦춰」, 세계일보, 2015.7.7. (http://www.segye.com/newsView/20150707004850)

[제 2 부]

공성수·이요안(2017), 「자료기반 글쓰기(Source-Based Writing)를 통한 읽기-쓰기 통합 교육 모형 연구」, 『교양교육연구』 11(2), 한국교양교육학회, 211-254쪽.

김경미(2014), 「외국인 유학생의 한국어 학문적 글쓰기에서 인용하기와 바꿔 쓰기 훈련 이 표절예방에 미치는 영향 분석」, 이화여자대학교 석사학위논문.

김미영(2016), 「정보 활용 글쓰기에 나타난 '바꿔 쓰기' 전략 분석」, 『어문연구』 88, 한 국어문교육연구회, 305-332쪽.

김인환(2010), 「교양교육으로서의 글쓰기 프로그램」, 『어문논집』 61, 민족어문학회, 5- 26쪽.

김지혜(2009), 「바꿔 쓰기를 통한 학문 목적 한국어 학습자의 쓰기 능력 향상 방안 연구」, 경희대학교 석사학위논문.

김희경(2015), 「유학생의 학술적 요약 쓰기 지도 방안 연구」, 『한성어문학』 34, 한성대학교 한성어문학회, 319-351쪽.

나은미(2009), 「대학에서 학문 활동을 위한 글쓰기 교육의 한 방안: 요약문 쓰기를 중심으로」, 『한국어학』 44, 한국어학회, 147-175쪽.

남미정·이미혜(2013), 「사고 지도를 활용한 한국어 요약문 쓰기 수업 효과 연구」, 『외국어교육』 20(3), 한국외국어교육학회, 371-394쪽.

도정일(2014.2.20.), 「대학교육에서 '교양'이란 무엇인가」, 『한겨레』 30쪽.

박현진(2017), 「외국인 학부생의 학문적 글쓰기를 위한 '바꿔 쓰기' 교육에 대한 연구」, 『학습자중심교과교육연구』 17(10), 학습자중심교과교육학회, 381-404쪽.

박현진(2017), 「외국인 학부생을 위한 바꿔 쓰기 교육의 효과」, 『한국어교육』 28(4), 국제한국어교육학회, 63-86쪽.

이유경(2016), 「외국인 유학생의 학술적 글쓰기에서 인용 교육 방안에 대한 연구」, 『한국어교육』 27(3), 국제한국어교육학회, 203-232쪽.

이윤진(2012), 「외국인 유학생의 자료 사용의 윤리성에 대한 연구」, 연세대학교 박사학위논문.

이인영(2015), 「'바꿔쓰기(paraphrasing)'가 학문윤리의식에 미치는 영향」, 『교양교육연구』 9(1), 한국교양교육학회, 149-180쪽.

이준호(2005), 「대학 수학 목적의 쓰기 교육을 위한 교수요목 설계: 보고서 쓰기 교육을 중심으로」, 고려대학교 교육대학원 석사학위논문.

이성만(1998), 「텍스트 이해에서 '바꿔 쓰기'의 구조와 기능」, 『텍스트언어학』 5, 텍스트언어학회, 59-85쪽.

장은경(2009), 「한국어 학문 목적 쓰기 교육 방안 연구: 참고텍스트의 내용 통합과 재구성을 중심으로」, 고려대학교 교육대학원 석사학위논문.

팜티튀린(2012), 「'바꿔 쓰기' 활동을 통한 한국어 문법 교수 학습 방안 연구」, 서울대학교 석사학위논문.

Barry, S.(2006). Can paraphrasing practice help students define plagiarism? *College Student Journal.* 40. pp.377-385.

Behrens & Rosen(2008). *Write and reaing across the curriculum.* New York: Pearson Longman.

Campbell, C.(1990). *Writing with others' words: Using background reading text in academic compositions. In B. Kroll(Ed.),* Second language writing: Research insights for the classroom. Cambridge: Cambridge University Press. pp.211-230

Campbell, C.(1998). *Teaching second language writing: Interacting with text.* Boston: Heinle

& Heinle.

Choi, Y. R.(2012). Paraphrase practices for using sources in L2 academic writing. *English Teaching. 67(2)*. pp.51-79.

Eco, Umberto(1977). *Come si fa una tesi di laurea*. Milano: V. Bompiani. 김운찬 역(2006), 『움베르토 에코의 논문 잘 쓰는 방법』, 서울: 열린책들.

Hirvela, A. & Du, Q.(2013). Why am I paraphrasing?: Undergraduate ESL writers' engagement with source-based academic writing and reading. *Journal of English for Academic Purpose. 12*. pp.87-98.

Jefferson, G.(2004). Glossary of transcript symbols with an introduction. *Pragmatics and Beyond New Series 125*. pp.13-34.

Ji, N. Y.(2012). Modes of paraphrasing attempted by Korean L2 writers, *English Teaching. 67(4)*. pp.131-148.

Jones, Bizzaro & Selfe(1997). *The Harcourt Brace guide to writing in the disciplines*. Harcourt Brace College Publishers.

Jordan, R.(1997). *English for academic purposes: A guide and resource book for teachers*. Cambridge: Cambridge University Press.

Keck, C.(2006). The use of paraphrasing in summary writing: A comparison of L1 and L2 writers. *Journal of Second Language Writing. 15*. pp.261-278.

Keck, C.(2014). Copying, paraphrasing, and academic writing development: A re-examination of L1 and L2 summarization practices. *Journal of Second Language Writing. 25*. pp.4-22.

Kirkland, M. R & Saunders, M.A.P(1991). Maximizing student performance in summary writing: Managing cognitive load. *TESOL Quarterly. 25(1)*. pp.105-121.

Kissner, E.(2006). *Summarizing, paraphrasing and retelling: Skills for better reading, writing, and test taking*. Heinemann.

Leki(1998). *Academic writing: exploring processes and strategies*. Cambrige University Press.

Reid Joy M.(2006). *Essentials of teaching academic writing*. Boston: Houghton Mifflin.

Sebranek, Mayer & Kemper(1997). *Write for college: a student hand book*. Wilmington: Write Source, Great Source Education Group.

Uemlianin, I. A.(2000). Engaging text: assessing paraphrase and understanding. *Studies in Higher Education. 25*. pp.347-358.

Ungeheuer, G.(1969). Paraphrase und syntaktische Tiefenstruk-tur. *Folia Linguistica. 3*. pp.178-227.

Van Dijk, T. A., & Kintsch, W.(1983). *Strategies of discourse comprehension*. New York: Academic Press.

Wunderlich, D.(1980). *Arbeitsbuch Semantik*. Frankfurt/M.

분석 교재 목록

경희대학교 후마니타스칼리지 외국인을 위한 글쓰기 교재편찬위원회(2013),『유학생을 위한 대학 글쓰기』, 서울: 역락.

연세대학교 한국어학당편(2012),『대학 강의 수강을 위한 한국어 쓰기 고급』, 서울: 연세대학교 출판문화원.

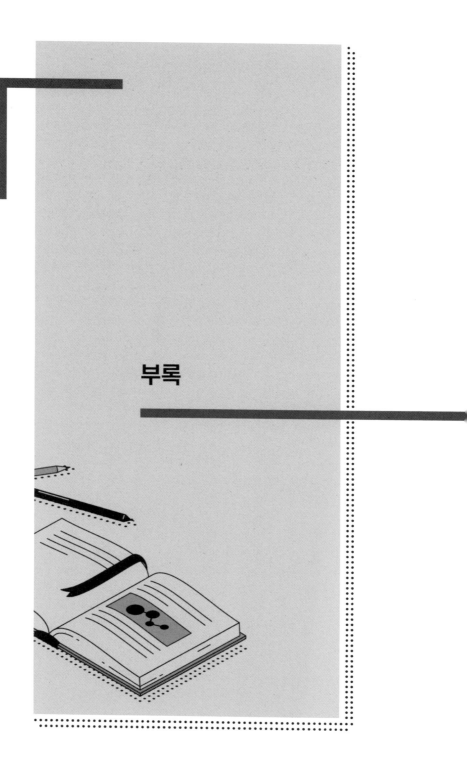

부록

부 록 1

〈한국어 읽기 불안(FLRAS) 측정 문항 20개〉

번호	내용
1	나는 한국어 읽기를 할 때 글 전체의 의미를 정확히 파악하고 있다는 확신이 들지 않으면 불안하다. I get upset when I am not sure whether I understand what I am reading in Korean. 在閱讀韓國語文章時，当我不确定自己是否正确理解了文章的內容時，我會很焦慮不安。
2	나는 한국어 읽기를 할 때 글 속의 단어들의 의미를 알고 있지만 필자가 하고자 하는 말이 무엇인지 이해하지 못 할 때가 있다. When reading Korean, I often understand the words but still can't quite understand what the author is saying. 在閱讀韓國語文章時，我經常是能够理解文章中的單詞，却仍然不十分理解作者在說什么。
3	나는 한국어 읽기를 할 때 긴장되고 혼란스러워 지금 읽고 있는 내용에 대하여 기억을 잘 못한다. When I'm reading Korean, I get so confused I can't remember what I am reading. 在閱讀韓國語文章時，我感到很困惑煩躁，以至于我記不住我讀的內容。

4	나는 온통 한국어로 쓰여진 페이지를 보면 두려워진다. I feel intimidated whenever I see a whole page of Korean in front of me. 当我看到一整頁的韓語擺在我面前時, 我感到很恐惧。
5	나는 한국어 읽기를 할 때 내가 잘 알지 못하는 장르, 주제에 대한 내용이 나오면 긴장된다. I am nervous when I am reading a passage in Korean when I am not familiar with the topic. 在閱讀韓國語文章時, 如果是我所不熟悉的主題, 我會感到很緊張。
6	한국어 읽기를 할 때 모르는 문법규칙이 나오면 당황스럽다. I get upset whenever I encounter unknown grammar when reading Korean. 在閱讀韓國語文章時, 每当遇到不會的語法我就會很焦慮不安。
7	한국어 읽기를 할 때 모든 단어를 이해하지 못하면 긴장이 되고 당황스럽다. When reading Korean, I get nervous and confused when I don't understand every word. 在閱讀韓國語文章時, 当我不能理解每一个單詞的意思時, 我會感到緊張和煩躁。
8	한국어 읽기를 할 때 내가 발음할 수 없는 단어가 나오면 혼란스러워진다. It bothers me to encounter words I can't pronounce while reading Korean. 在閱讀韓國語文章時, 如果出現不會發音的單詞, 會很困扰我。
9	나는 한국어 읽기를 할 때 단어 하나하나를 번역한다. I usually end up translating word by word when I am reading Korean. 在閱讀韓國語文章時, 我經常一个詞一个詞地逐字翻譯。

10	처음 보는 한국어 단어를 보면 나는 읽고 있는 내용을 기억하기 힘들다. By the time I get past the funny letters and symbols in Korean, it's hard to remember what you're reading about. 在閱讀韓國語文章時, 当我讀完那些奇怪的韓國語字母和符号, 我發現我很難記住我讀的內容。
11	한국어 읽기를 할 때 새로운 한국어 단어를 알아야 한다는 것은 괴로운 일이다. I am worried about all the new symbols I have to learn in order to read in Korean. 爲了進行韓國語閱讀, 我必須學習所有新的單詞, 這讓我很担憂。
12	나는 한국어 읽기를 좋아한다. I enjoy reading Korean. 我很樂于閱讀韓國語文章。
13	나는 한국어 읽기를 할 때 자신감이 있다. I feel confident when I am reading in Korean. 在閱讀韓國語文章時, 我感覺充滿自信。
14	일단 익숙해지면 한국어 읽기는 별로 어렵지 않다. Once I get used to it, reading Korean is not so difficult. 一旦習慣的話, 韓國語閱讀也并不很難。
15	한국어를 배우는데 가장 어려운 부분은 읽기(독해)이다. The hardest part of learning Korean is learning to read. 學習韓國語最難的部分就是閱讀了。

16	한국어 독해보다는 한국어 말하기를 배우는 것이 좋다. I would be happy just to learn to speak Korean rather than having to learn to read as well. 跟閱讀比起來, 我宁愿去學習韓國語口語。
17	여러 사람 앞에서 큰소리로 한국어 지문을 읽는 것은 긴장되고 불편하다. I don't mind reading to myself, but I feel very uncomfortable when I have to read Korean. 自己閱讀韓國語我并不介意, 但是当我不得不大聲朗讀的時候, 我會感到很不自在。
18	지금 나의 한국어 읽기 능력 수준에 만족한다. I am satisfied with the level of reading ability in Korean that I have achieved so far. 對于自己目前所達到的韓國語閱讀能力我感到很滿意。
19	한국의 문화와 사고방식이 나에게는 익숙하지 않다. Korea culture and ideas seem very foreign to me. 韓國的文化和思想對于我來說似乎太陌生了。
20	한국어 독해를 잘하기 위해서 한국의 역사와 사회, 문화에 대하여 잘 알고 있어야 한다고 생각한다. I have to know so much about Korea history and culture in order to read Korean. 要閱讀韓國語, 就必須知道很多韓國歷史文化的相關知識。

〈한국어 쓰기 불안 측정 문항 28개〉

번호	내용
1	나는 한국어로 글쓰기를 싫어해서 피한다. I avoid writing in Korean. 我因爲不喜歡韓語寫作所以會逃避。
2	내가 한국어로 쓴 글을 다른 사람이 평가해도 두렵지 않다. I Have no fear of my Korean writing being evaluated 当別人評价我用韓語寫的文章時不會害怕。
3	내 생각을 한국어로 쓰는 시간이 기다려진다. I look forward to writing down my ideas in Korean. 我會期待用韓語寫下我自己的想法。
4	내가 쓴 한국어 글이 평가된다고 생각하면 글을 쓰기가 두렵다. I am afraid of writing essays in Korean when I know they will be evaluated. 想到會有人評价我寫的韓語文章時會害怕。
5	한국어 글쓰기 수업은 아주 두려운 것이다. Taking a Korean composition course is a very frightening experience. 會很害怕韓語寫作課。
6	한국어로 글을 써서 선생님께 제출하면 기분이 좋아진다. Handing in a Korean composition makes me feel good. 向老師提交我寫的韓語文章會心情很好。
7	한국어로 글을 쓰기 시작하면 아무 생각도 나지 않는다. My mind seems to go blank when I start to work on a Korean composition. 提筆開始寫韓語文章時大腦會變得一片空白。

8	한국어로 글을 써서 생각을 표현하는 것은 시간을 낭비하는 것 같다. Expressing ideas through writing in Korean seems to be a waste of time. 會覺得用韓語表達自己想法這件事好像是在浪費時間。
9	평가를 받거나 출판하기 위해서 잡지에 한국어로 글을 쓰는 것은 재미있을 것이다. I would enjoy submitting my Korean writing to magazines for evaluation and publication. 爲了得到評价或出版而在雜志上刊登自己寫的韓語文章的話會覺得有趣。
10	내 생각을 한국어로 쓰는 것을 좋아한다. I like to write my ideas down in Korean. 喜歡用韓語寫下自己的想法。
11	내 생각을 한국어 글로 분명하게 표현하는 데에 자신감이 있다. I feel confident in my ability to clearly express my ideas when writing in Korean. 我對用韓語文章明确的表達自己的想法這一点有信心。
12	내가 한국어로 쓴 글을 친구들이 읽도록 하고 싶다. I like to have my friends read what I have written in Korean. 我愿意讓朋友們讀到我寫的韓語文章。
13	나는 한국어로 글을 쓰는 것이 걱정된다. I'm nervous about writing in Korean. 我會担心要用韓語寫作。
14	내가 한국어로 쓴 글을 사람들이 좋아하는 것 같다. People seem to enjoy what I write in Korean. 會覺得大家會喜歡我寫的韓語文章。

15	나는 한국어로 쓰는 것을 좋아한다. I enjoy writing in Korean. 我喜歡韓語寫作。
16	내 생각을 분명하게 한국어로 쓸 수 없을 것 같다. I never seem to be able to clearly write down my idea in Korean. 我的想法好像不能用韓語明确的寫出來。
17	한국어 쓰기가 아주 재미있다. Writing in Korean is a lot of fun. 韓語寫作很有趣。
18	수업에 들어가기 전에 한국어 쓰기 수업이 별로 기다려지지 않는다. I expect to do poorly in Korean composition classes even before I enter them. 我一点都不期待韓語寫作課。
19	내 생각을 한국어로 쓴 글을 보는 것을 좋아한다. I like seeing my thought on paper in Korean. 我喜歡閱讀我用韓語寫下的自己的想法。
20	한국어로 쓴 내 글에 대해서 다른 사람들과 이야기하는 것이 즐겁다. Discussing my Korean writing with others is an enjoyable experience. 和別人討論關于我寫的韓語文章時會很開心。
21	한국어 글쓰기 시간에 내 생각을 정리하는 시간이 아주 두렵다. I have a terrible time organizing my ideas a Korean composition course. 會很害怕韓語寫作課上整理自己想法的時間。
22	한국어 글쓰기 숙제를 내야 하면 나는 잘 못할 것이라고 생각한다. When I hard in a Korean composition, I know I'm going to do poorly. 我會認爲自己不能很好得完成韓語寫作作業。

23	한국어 글을 잘 쓰는 것이 나한테는 쉬운 일이다. It's easy for me to write good Korean compositions. 寫好韓語寫作對我來說是件簡單的事。
24	나는 내가 대부분의 다른 사람들처럼 한국어로 글을 잘 쓴다고 생각하지 않는다. I don't think I write in Korean as well as most other people. 我不認爲我像大部分其他人一樣擅長寫韓語文章。
25	내가 쓴 한국어 글을 평가 받는 것이 싫다. I don't like my Korean compositions to be evaluated. 我不喜歡接受對我所寫的韓語文章的評价。
26	나는 한국어 글쓰기를 잘하지 못 한다. I'm not good at writing in Korean. 我不擅長韓語寫作。
27	한국어로 쓰기를 할 때, 종종 문법을 실수할까 봐 걱정된다. When writing in Korean, I often worry about making grammatical mistakes. 寫韓語文章時，總會担心語法失誤。
28	한국어로 쓰기를 할 때, 나는 쓸 내용을 찾지 못할까 봐 불안하다. When writing in Korean, I feel anxious if I cannot come up with anything to write about. 寫韓語文章時，找不到卽將寫的文章素材時會感到不安。

〈모국어 쓰기 불안 측정 문항 28개〉

번호	내용
1	나는 글쓰기를 싫어해서 피한다. I avoid writing. 我因爲不喜歡寫作所以會逃避。
2	내가 쓴 글을 다른 사람이 평가해도 두렵지 않다. I Have no fear of my writing being evaluated. 当別人評价我寫的文章時不會害怕。
3	내 생각을 쓰는 시간이 기다려진다. I look forward to writing down my ideas. 我會期待寫下我自己的想法。
4	내가 쓴 글이 평가된다고 생각하면 글을 쓰기가 두렵다. I am afraid of writing essays when I know they will be evaluated. 想到會有人評价我寫的文章時會害怕。
5	글쓰기 수업은 아주 두려운 것이다. Taking a composition course is a very frightening experience. 會很害怕寫作課。
6	글을 써서 선생님께 제출하면 기분이 좋아진다. Handing in a composition makes me feel good. 向老師提交我寫的文章會心情很好。
7	글을 쓰기 시작하면 아무 생각도 나지 않는다. My mind seems to go blank when I start to work on a composition. 提筆開始寫文章時大腦會變得一片空白。

8	글을 써서 생각을 표현하는 것은 시간을 낭비하는 것 같다. Expressing ideas through writing seems to be a waste of time. 會覺得用文章表達自己想法這件事好像是在浪費時間。
9	평가를 받거나 출판하기 위해서 잡지에 글을 쓰는 것은 재미있을 것이다. I would enjoy submitting my writing to magazines for evaluation and publication. 爲了得到評价或出版而在雜志上刊登自己寫的文章的話會覺得有趣。
10	내 생각을 쓰는 것을 좋아한다. I like to write my ideas down. 喜歡寫下自己的想法。
11	내 생각을 글로 분명하게 표현하는 데에 자신감이 있다. I feel confident in my ability to clearly express my ideas when writing in the first language. 我對用文章明确的表達自己的想法這一点有信心。
12	내가 쓴 글을 친구들이 읽도록 하고 싶다. I like to have my friends read what I have written in the first language. 我愿意讓朋友們讀到我寫的文章。
13	나는 글을 쓰는 것이 걱정된다. I'm nervous about writing. 我會担心要寫作。
14	내가 쓴 글을 사람들이 좋아하는 것 같다. People seem to enjoy what I write. 會覺得大家會喜歡我寫的文章。

15	나는 쓰는 것을 좋아한다. I enjoy writing. 我喜歡寫作。
16	내 생각을 분명하게 쓸 수 없을 것 같다. I never seem to be able to clearly write down my idea. 我的想法好像不能通過文字明确得寫出來。
17	쓰기가 아주 재미있다. Writing is a lot of fun. 寫作很有趣。
18	수업에 들어가기 전에 쓰기 수업이 별로 기다려지지 않는다. I expect to do poorly in composition classes even before I enter them. 我一点都不期待寫作課。
19	내 생각을 쓴 글을 보는 것을 좋아한다. I like seeing my thought on paper. 我喜歡閱讀我寫下的自己的想法。
20	내가 쓴 글에 대해서 다른 사람들과 이야기하는 것이 즐겁다. Discussing my writing with others is an enjoyable experience. 和別人討論關于我寫的文章時會很開心。
21	글쓰기 시간에 내 생각을 정리하는 시간이 아주 두렵다. I have a terrible time organizing my ideas a composition course. 會很害怕寫作課上整理自己想法的時間。

22	글쓰기 숙제가 있을 때 나는 잘 못할 것이라고 생각한다. When I hand in a composition, I know I'm going to do poorly. 我會認爲自己不能很好得完成寫作作業。
23	글을 잘 쓰는 것이 나한테는 쉬운 일이다. It's easy for me to write good compositions. 寫好文章對我來說是件簡單的事。
24	나는 내가 대부분의 다른 사람들처럼 글을 잘 쓴다고 생각하지 않는다. I don't think I write as well as most other people. 我不認爲我像大部分其他人一樣擅長寫作。
25	내가 쓴 글을 평가 받는 것이 싫다. I don't like my compositions to be evaluated. 我不喜歡接受對我所寫的文章的評价。
26	나는 글쓰기를 잘하지 못 한다. I'm not good at writing. 我不擅長寫作。
27	나는 글을 쓸 때 종종 문법을 실수할까 봐 걱정된다. When writing in the first language, I often worry about making grammatical mistakes. 寫作時，總會担心語法失誤。
28	나는 글을 쓸 때 쓸 내용을 찾지 못할까 봐 불안하다. When writing in the first language, I feel anxious if I cannot come up with anything to write about. 寫文章時，找不到即將寫的文章素材時會感到不安。

부 록 2

◎ 〈자료1〉, 〈자료2〉를 인용하여 대학에서의 교양교육에 대해 설명하라. 그리고 이에
대한 자신의 생각을 써라. (A4 1장 이내)

〈자료 1〉

대학교육에서 '교양'이란 무엇인가

도정일 (문학평론가 · 경희대 후마니타스칼리지 대학장), 한겨레, 2014.2.20.

　신문 지면에서 교양론을 편다는 것은 무리한 일이다. 핵심적인 얘기만 추
리도록 하자. 핵심 중의 하나는 이제 우리 대학들이, 다수 교수와 학생들이,
교양교육이랄 때의 그 '교양'이란 말에 대한 틀에 박힌 상식과 이해를 완전
히(그렇다, 완전히) 벗어던져야 한다는 것이다. 교양은 잡학, 상식, 장식물이
아니고 심지어 박학다식이랄 때의 '다식'(多識)도 아니다. 많이 읽고 많이 아
는 사람의 다식을 꼭 흠잡을 일은 아니지만 이것저것 많이 알기만 할 때의
박학다식은 철학자 앨프리드 노스 화이트헤드의 적절한 지적처럼 '백해무
익'하다. 교양이란 말은 박식, 잡식, 다식 같은 것을 가리키는 일반적 상식어
가 아니다. 무엇보다 그것은 철학 기반을 가진 교육학적 용어이고 진리 발견
과 인식에 관한 방법론이며 인간의 창조적 능력을 상향 조성하고자 할 때의
정신적 훈련과 관계되어 있다.

이럴 때는 사례를 드는 것이 좋다, 하버드대학은 2007년 학부 교육과정을 개편하면서 낸 보고서에서 "하버드 교육의 목적은 '리버럴 에듀케이션'을 실시하는 데 있다"고 선언하고 있다, 그쪽에서 '리버럴 에듀케이션'이라 불리는 것이 지금 한국에서 '교양교육'이다, 두 용어의 의미와 역사는 상당히 다르기 때문에 우리가 해방 후 미국 학제를 도입하면서 그쪽의 리버럴 에듀케이션을 '교양교육'이라 번역해서 수입한 것은 매우 불행한 사건에 속한다, 리버럴 에듀케이션이란 상식적 잡식 교육이 아니라 '틀에 갇히지 않는 자유로운 탐구와 교육'이다, 틀에 가두고 갇히는 교육 아닌 틀을 깨고 나가는 교육, 기성의 진리체계, 지식, 진리주장들을 당연한 것으로 받아들이지 않는 비판적 사고력의 함양, 지식의 단순 전수와 답습보다는 전수를 넘어 새로운 지식을 생산해낼 수 있는 상상력, 호기심, 이해력의 자극과 확대-몇 마디로 요약하자면 이런 것이 '틀을 깨고 나가는' 교육으로서의 리버럴 에듀케이션, 우리식 표현으로는 '교양교육'이다, 문제는 서구식 교육방법으로서의 리버럴 에듀케이션의 전통이 거의 없는 한국에서(이것은 중국·일본을 포함한 동아시아 국가들의 공통점이다) 그 전통에서 나온 교육법을 가져다 정신과 알맹이는 빼고 '교양'이라는 모호한 말 속에 담으려고 한 것이 우리의 교양교육이다, 교양이라는 말 자체는 나쁠 수 없다, 그러나 우리 사회에서 상식화된 의미의 교양은 대학 교양교육이랄 때의 '교양'을 크게 왜곡하는 요인이 되고 있다, 이건 우리가 교육편제 도입에서 반드시 했어야 할 정리 작업 가운데 무엇을 소홀히 했는가에 대한 자성적 차원의 지적이다, 교양교육이랄 때의 '교양'의 의미, 철학, 교육방법을 수십년이 지나도록 제대로 정립하지 못한 것이다,

〈자료 2〉

교양교육으로서의 글쓰기 프로그램

김인환(고려대학교 교수), 민족어문학회, 〈어문논집〉 61권, 2010.

현대의 경우에 문학, 역사, 철학과 수학, 물리학을 3학 2과라고 할 수 있을 것이다. 플라톤과 아리스토텔레스를 공부하거나 시경과 서경을 공부 할 때에는 학습내용이 이미 주어져 있었기 때문에 표준교과를 정하기가 용이했지만, 현대의 학문은 질풍처럼 바뀌고 있으므로 학습내용이 항상 불안정하고 따라서 교육방법도 항상 쇄신되지 않으면 안 된다. 그러나 17세기의 과학혁명과 20세기의 상대성이론/양자론은 반드시 교육내용에 포함되어야 할 것이고 모국어와 외국어 능력, 자연과학과 사회과학의 연구 방법 등이 교양과목에 추가될 수 있을 것이다. 비트겐슈타인이 말했듯이 수학은 수학자 들이 하는 일이고 물리학은 물리학자들이 하는 일이다. 기지에서 미지로 나아가는 수학자와 물리학자의 연구에 초점을 맞추지 않고 수학 교과서와 물리학 교과서 또는 수학 사전이나 물리학 사전의 내용을 수학이나 물리학이라고 한다면 수학과 물리학은 나날이 쇄신되는 탐구가 아니라 폐쇄된 지식의 체계가 되어 버린다. 진정한 의미의 수학은 수학 교과서와 수학 사전에 구멍을 내는 창조적 파괴행위라고 해야 할 것이다. 그러므로 학생들에게 지식체계를 가르치는 것보다 연구 방법을 가르치는 것이 교육적으로 볼 때 적절하다. 현재 한국 대학의 교양교육은 학생들이 고등학교에서 배운 knowing that을 knowing how로 바꿈으로써 학생들이 "사실은 재미있는 것이었는데 그때는 몰랐었구나!"하는 느낌을 가지도록 하는 데 그 목적이 있다. 원리를 다루는 과목이거나 단계를 다루는 과목이거나 괴로운 지식을 즐거운 지식으로 전환하는 데 교양 교육의 목표를 두어야 할 것이다.

본문 논문 일람

제1부 학문적 읽기·쓰기와 정의적 요인의 관계

박현진, 김정은(2017.6), 「외국인 학부생의 한국어 읽기 불안과 학업 성취도의 관계-고급 수준의 한국어 학습자를 대상으로-」, 『이중언어학』 67, 129-160쪽.

박현진, 김정은(2017.7), 「불안 요인이 제2언어 학습자의 읽기 불안 증감에 미치는 차별적 영향」, 『외국어교육연구』 31-2, 277-299쪽.

박현진(2018.1), 「한국어 읽기 불안도와 불안 요인의 상관성 -중급 수준의 한국어 학습자를 대상으로-」, 『우리어문연구』 60, 361-393쪽.

박현진(2018.8), 「학문 목적 한국어 학습자의 L1, L2 쓰기 불안과 학업 성취도의 관계-중급 수준의 한국어 학습자를 대상으로」, 『어문논집』 83, 142-176쪽.

박현진(2018.9), 「한국어와 모국어의 쓰기 불안과 불안 요인의 상관관계-중급 수준의 한국어 학습자를 대상으로-」, 『한국언어문학』 106, 243-267쪽.

박현진(2020.1), 「초급 한국어 학습자의 읽기 불안 요인 연구」, 『우리어문학회』 66, 337-366쪽.

제2부 학문적 글쓰기 방법

박현진(2017.5), 「외국인 학부생의 학문적 글쓰기를 위한 '바꿔 쓰기' 교육에 대한 연구」, 『학습자중심교과교육연구』 17-10, 381-404쪽.

박현진(2017.12), 「외국인 학부생을 위한 바꿔 쓰기 교육의 효과」, 『한국어교육』 28-4, 63-86쪽.

박현진(2018.11), 「외국인 학부생을 위한 '바꿔 쓰기'와 '요약하기' 교육 효과 비교」, 『외국어교육연구』 32-4, 209-239쪽.

저자 소개

박 현 진

1981년 서울에서 태어나 고려대학교 국어국문학과와 같은 대학원을 졸업하였다. 2014년 고려대학교에서 '한국어 학습자를 위한 비판적 문식성 교육 방안 연구'로 문학박사 학위를 받았다. 현재 전주대학교 한국어문학과에서 학생들을 가르치고 있다.

학문 목적 한국어 학습자를 위한 읽기·쓰기 연구

초판 1쇄 인쇄 2020년 2월 14일
초판 1쇄 발행 2020년 2월 24일

지은이 박현진
펴낸이 이대현

책임편집 이태곤 | **편집** 권분옥 문선희 백초혜
디자인 안혜진 최선주 김주화 | **마케팅** 박태훈 안현진
펴낸곳 도서출판 역락 | **등록** 1999년 4월 19일 제303-2002-000014호
주소 서울시 서초구 동광로46길 6-6(반포4동 577-25) 문창빌딩 2층(우06589)
전화 02-3409-2060(편집부), 2058(영업부) | **팩시밀리** 02-3409-2059
전자우편 youkrack@hanmail.net
홈페이지 www.youkrackbooks.com

ISBN 979-11-6244-479-5 93710

정가는 뒤표지에 있습니다.

* 잘못된 책은 바꿔 드립니다.

* 이 도서의 국립중앙도서관 출판예정도서목록(CIP)은 서지정보유통지원시스템 홈페이지(http://seoji.nl.go.kr)와
  국가자료종합목록 구축시스템(http://kolis-net.nl.go.kr)에서 이용하실 수 있습니다.(CIP제어번호 : CIP2020004806)